Wheeler/Hayward · Holzschnitzen — Flachschnitzen — Vergolden

William Wheeler · Charles H. Hayward

Holzschnitzen
Flachschnitzen
Vergolden

Werkzeuge – Handgriffe – Muster

2. Auflage

AUGUSTUS VERLAG AUGSBURG

Übersetzung der englischen Originalausgabe
„Practical Woodcarving and Gilding"
by William Wheeler and Charles H. Hayward

Übersetzt von Kurt W. Nachtsheim

Der Übersetzer dankt der Firma Wilh. Schmitt & Comp., Remscheid (Holzschnitzen) und Herrn Hans Riffel, Wuppertal (Vergolden) für ihre fachmännische Beratung.

CIP-Titelaufnahme der Deutschen Bibliothek

Wheeler, William:
Holzschnitzen, Flachschnitzen, Vergolden: Werkzeuge – Handgriffe – Muster/William Wheeler; Charles H. Hayward. [Übers. von Kurt W. Nachtsheim]. – 2. Aufl. – Augsburg: Augustus-Verl., 1989
Einheitssacht.: Practical woodcarving and gilding <dt.>
ISBN 3–8043–0109–6
NE: Hayward, Charles H.:

1. Auflage 1985, Bauverlag, Wiesbaden und Berlin
2. Auflage 1989

AUGUSTUS VERLAG AUGSBURG

Druck: Wenschow-Franzis-Druck GmbH, 8000 München 50

ISBN 3–8043–0109–6

Einführung

Das Interesse für die Holzschnitzerei hat in den letzten Jahren insbesondere bei den Heimwerkern spürbar zugenommen. Ob Kerbschnitzarbeiten an Möbelstücken, die Herstellung kleiner individueller Gegenstände oder die Großbildhauerei an Statuen oder ähnlichen Skulpturen, mehr Menschen als je zuvor in den letzten drei oder vier Jahrzehnten beschäftigen sich mit dieser handwerklichen Kunst.

In der Tat gibt es kein anderes Gebiet, auf dem sich handwerkliches Können und künstlerischer Ausdruck in so idealer Weise vereinigen lassen. Was das Handwerk betrifft, so ist Holz ein anspruchsvolles Material, das auf sachgemäße Behandlung zwar angenehm reagiert, sich aber gegen Mißhandlungen energisch wehrt. Die ausgeprägten Eigenschaften seines Fasergefüges müssen begriffen und berücksichtigt werden, wenn das Ergebnis der Arbeit nicht mit dem Makel der halbfertigen Mittelmäßigkeit behaftet sein soll.

In künstlerischer Hinsicht sind die Wertschätzung von Formen und Proportionen und ein Auge für gestalterische Ausgeglichenheit wesentliche Faktoren. Man kann in der Tat sagen, daß der Mangel an künstlerischem Ausdruck durch ein noch so hohes Maß an technischem Können nicht wettgemacht werden kann. Für den Lernenden kann dies zu einer Gefahr werden, denn wenn er sich ausschließlich auf die technische Perfektion konzentriert, verliert er leicht den Blick für die Schönheit der Form.

Sollten mit diesen beiden grundlegenden Forderungen zu hohe Ansprüche verbunden sein, so mag der Leser sich mit der Erkenntnis trösten, daß er auf beiden Gebieten gewaltige Fortschritte machen kann. Die Technik läßt sich dabei leichter aneignen, denn sie ist weitgehend eine Frage der praktischen Übung. Wie bei jeder Arbeit kommt die Geschicklichkeit mit der Praxis, und nur durch sie läßt sich ein Handwerk letzten Endes meistern. Allerdings gibt es gewisse fundamentale Fertigkeiten, die im Laufe der Jahre erworben werden müssen, um sich viele Stunden der Verzweiflung und Enttäuschung zu ersparen.

Der künstlerische Blick stellt sich nicht so schnell ein, und hier sind die eingehende Betrachtung guter Holzarbeiten aus Vergangenheit und Gegenwart und das Bestreben nach dem Erkennen ihrer Qualitäten die besten Wege zum Erfolg. Viele gute Holzschnitzereien gibt es in Museen, Kirchen und anderen Gebäuden zu sehen. Bemüht man sich dann, selbst etwas in dieser Richtung zu versuchen, so wird es nicht lange dauern, bis man einen Blick für die guten Seiten entwickelt hat. Bekanntlich lernt man Qualität erst richtig schätzen, wenn man sich selbst bemüht hat, sie zu erreichen. Erst dann wird man gewahr, welches Können der Kunsthandwerker in seine Arbeit investiert hat.

Die hier angeführten Beispiele sind mit einem bestimmten Ziel ausgewählt worden: Sie sollen sowohl dem Anfänger als auch demjenigen helfen, der schon Erfahrungen in beschränktem Maße erworben hat. Meistens sind die Muster auf ein Quadratnetz gezeichnet, so daß der Leser sie mit etwas Geschick im Zeichnen kopieren kann. Besser wäre es jedoch für ihn, wenn er sie nur als Arbeitsgrundlage betrachten und versuchen würde, so weit wie möglich eigene Arbeiten zu entwerfen.

W. Wheeler
C. H. Hayward

Der Mitverfasser dieses Buches, C. H. Hayward, dankt Mr. W. Wheeler für die tatkräftige Unterstützung und verständnisvolle Anleitung beim Schnitzen vieler der in diesem Buch angeführten Beispiele, verbunden mit der Wertschätzung seines unvergleichlich größeren Könnens als Künstler, Handwerker und Lehrer.

Inhalt

Inhalt

Kapitel 1
Werkzeuge und Einrichtungen

Bildhauerbeitel gibt es in außerordentlich vielen (fast 900) Größen und Formen, so daß dem Anfänger die Wahl schwer werden kann. Tatsächlich aber braucht man für gewöhnlich nur verhältnismäßig wenige. Als Handwerker mag der Holzschnitzer möglicherweise über etwa achtzig Werkzeuge verfügen, von denen er jedoch nur zwanzig oder dreißig für seine tägliche Arbeit benötigt. Die übrigen hält er für besondere Aufgaben bereit, denn wenn er sie einmal braucht, dann dringend; im allgemeinen Gang seiner Arbeit tritt ein solcher Fall jedoch selten ein.

Beitel unterscheiden sich in folgenden drei Punkten:

– Schnittbreite, d.h. Breite der Werkzeugschneide;
– Längsprofil, d.h. gerade oder gebogen;
– Querschnitt, d.h. mit flacher, hohler oder V-förmiger Schneide.

Hinzu kommen weitere Formen, wie die kurze, lange oder verkehrte Kröpfung.

Das Universalwerkzeug des Schnitzers ist das gerade Hohleisen, ein ziemlich robustes Werkzeug, das auch Klüpfelschläge verträgt und für alle Einstecharbeiten usw. verwendet wird. Es kann auch für Schnitzereien jeder Art benutzt werden, obwohl das leichtere und feinere Blumeneisen beim Fertigmodellieren und für Sonderarbeiten bequemer zu handhaben ist.

Blumeneisen haben ebenso wie die sogenannten Schweizer- und Tiroler Eisen eine in Längsrichtung konische Form (Abb. 1.3).

Abb. 1.1 Kästchen in Sykomore, Eiche und Schmelzüberzügen von W. Wheeler

Abb. 1.2 Schnitzwerk in Kastanienholz

Die Werkzeugbezeichnungen weichen unter den Herstellern ein wenig voneinander ab; die gängigen deutschen Begriffe können der Abb. 1.5 entnommen werden.

Gerade Beitel

Abb. 1.3 zeigt die Werkzeuge in vielen verschiedenen Größen als Flach- und Hohleisen sowie als Geißfüße. Die Flacheisen können eine gerade (rechtwinklige) oder schräge Schneide haben; den Geißfuß gibt es in drei verschiedenen Winkeln (Abb. 1.5).

Gebogene Hohleisen

Sie werden hauptsächlich für tiefere Aushöhlungen benötigt, beispielsweise bei der Bearbeitung einer Schüssel oder eines anderen Gefäßes. Zwar könnte man im Anfangsstadium der Arbeit an der noch ziemlich flachen Form auch ein gerades Hohleisen benutzen, mit zunehmender Tiefe aber liegt es mit seiner Schneidenfase nicht mehr flach auf dem Holz auf und verkantet sich (Abb. 1.4 A). Mit einem gebogenen Hohlbeitel (Abb. 1.4 B) geschieht das nicht.

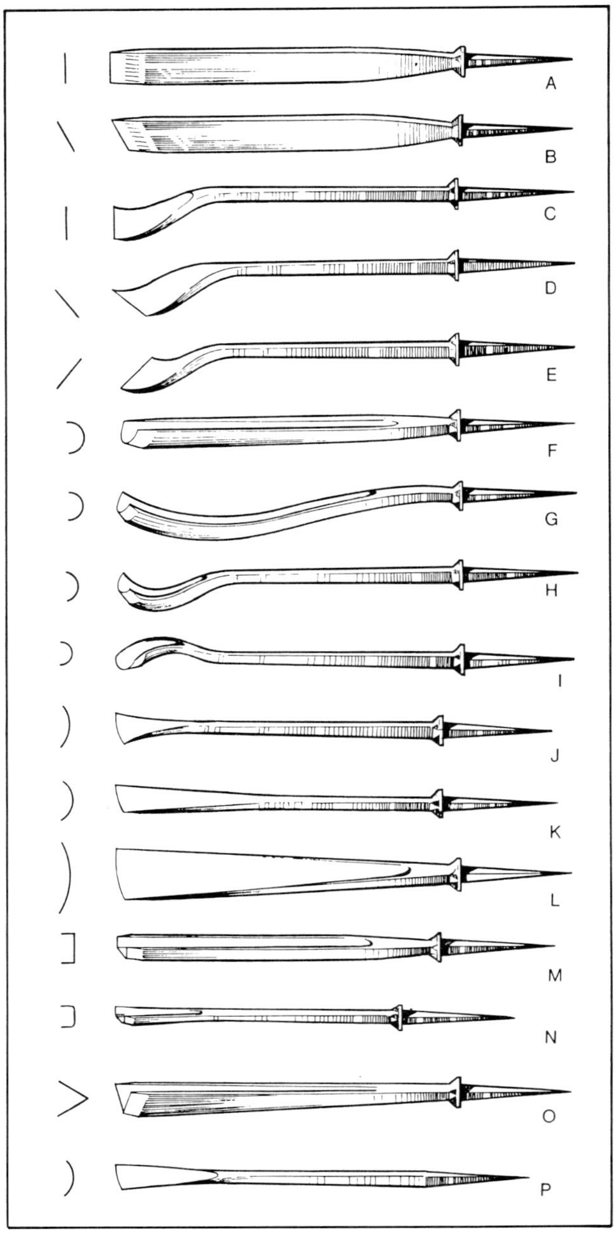

Abb. 1.3 Bildhauerbeitel in verschiedenen Formen

A – gerades Balleisen
B – schräges Balleisen
C – gekröpftes gerades Balleisen
D – gekröpftes linksschräges Balleisen
E – gekröpftes rechtsschräges Balleisen
F – gerades Hohleisen
G – gebogenes Hohleisen
H – gekröpftes Hohleisen
I – verkehrt gekröpftes Hohleisen
J – Blumeneisen
K – verlängertes Blumeneisen
L – Tiroler Eisen
M – Rilleneisen
N – Ziereisen
O – Geißfuß
P – kombiniertes Flach- und Hohleisen

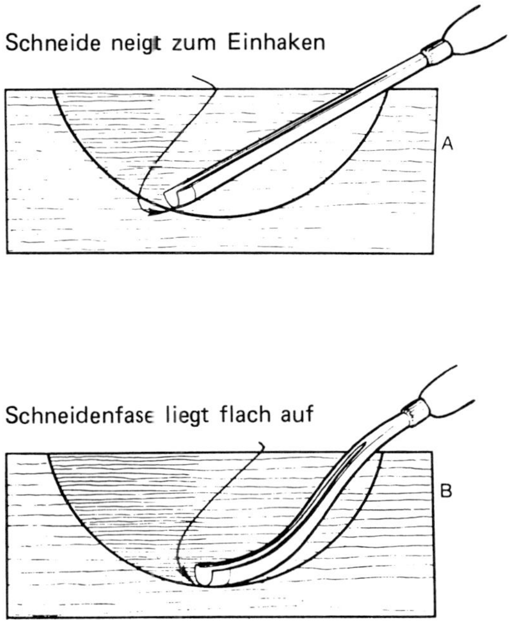

Abb. 1.4 Vorteil des gebogenen Hohleisens (B) gegenüber dem geraden (A) beim Aushöhlen

Gekröpfte und verkehrt gekröpfte Hohleisen

Abb. 1.3 zeigt diese beiden verschiedenen Formen. Gekröpfte Hohleisen sind die gebräuchlicheren und werden zum Schnitzen von Hohlräumen in gerundeten Formen verwendet, wie sie z.B. bei Gothischen Klee- oder Dreiblättern vorkommen. Die verkehrt gekröpfte Ausführung wird nur selten benötigt und sollte nur im Bedarfsfall angeschafft werden. Für gängige Schnitzarbeiten ist keines dieser beiden Werkzeuge erforderlich.

Stiche und Schneidbreiten

Die auf Abb. 1.5 dargestellten Stiche sowie die Abb. 1.3 sind so naturgetreu wie möglich wiedergegeben. Geringfügige Abweichungen in Größe und Form sind bei guten handgeschmiedeten Werkzeugen nicht zu vermeiden.

Abb. 1.5 Stiche und Schneidbreiten der Bildhauerbeitel

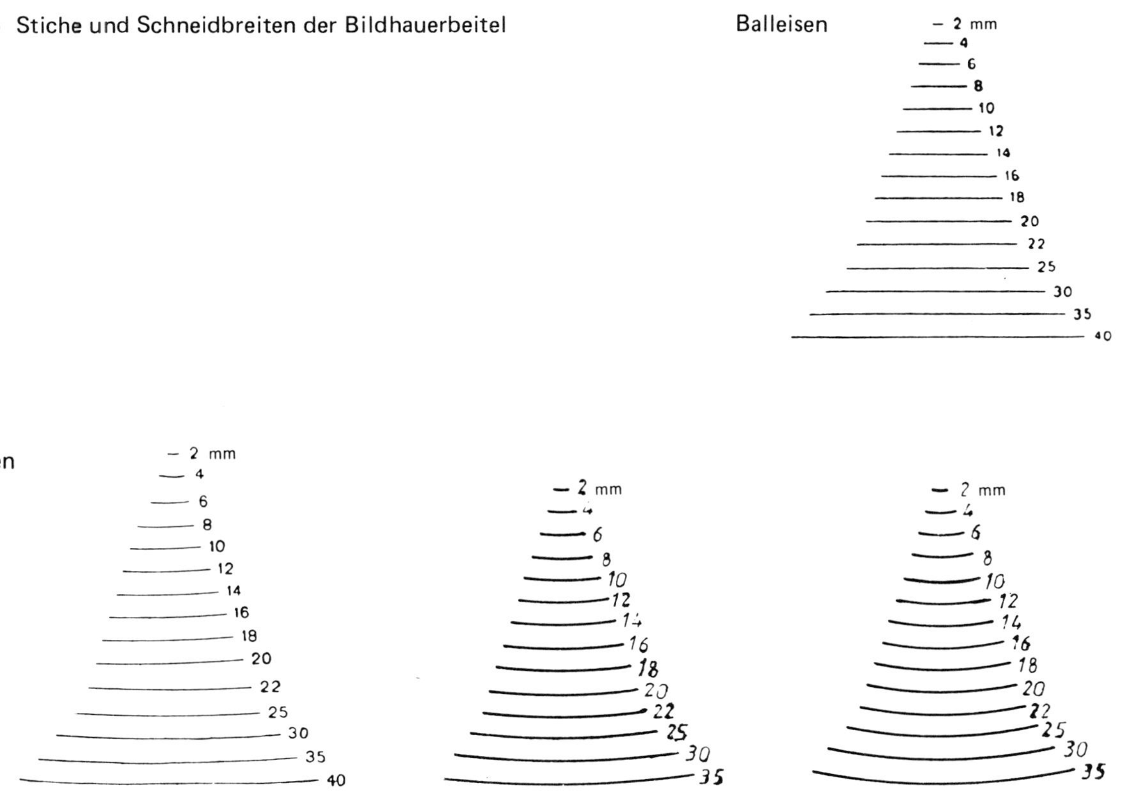

Fortsetzung s. nächste Seite

Abb. 1.5 Fortsetzung

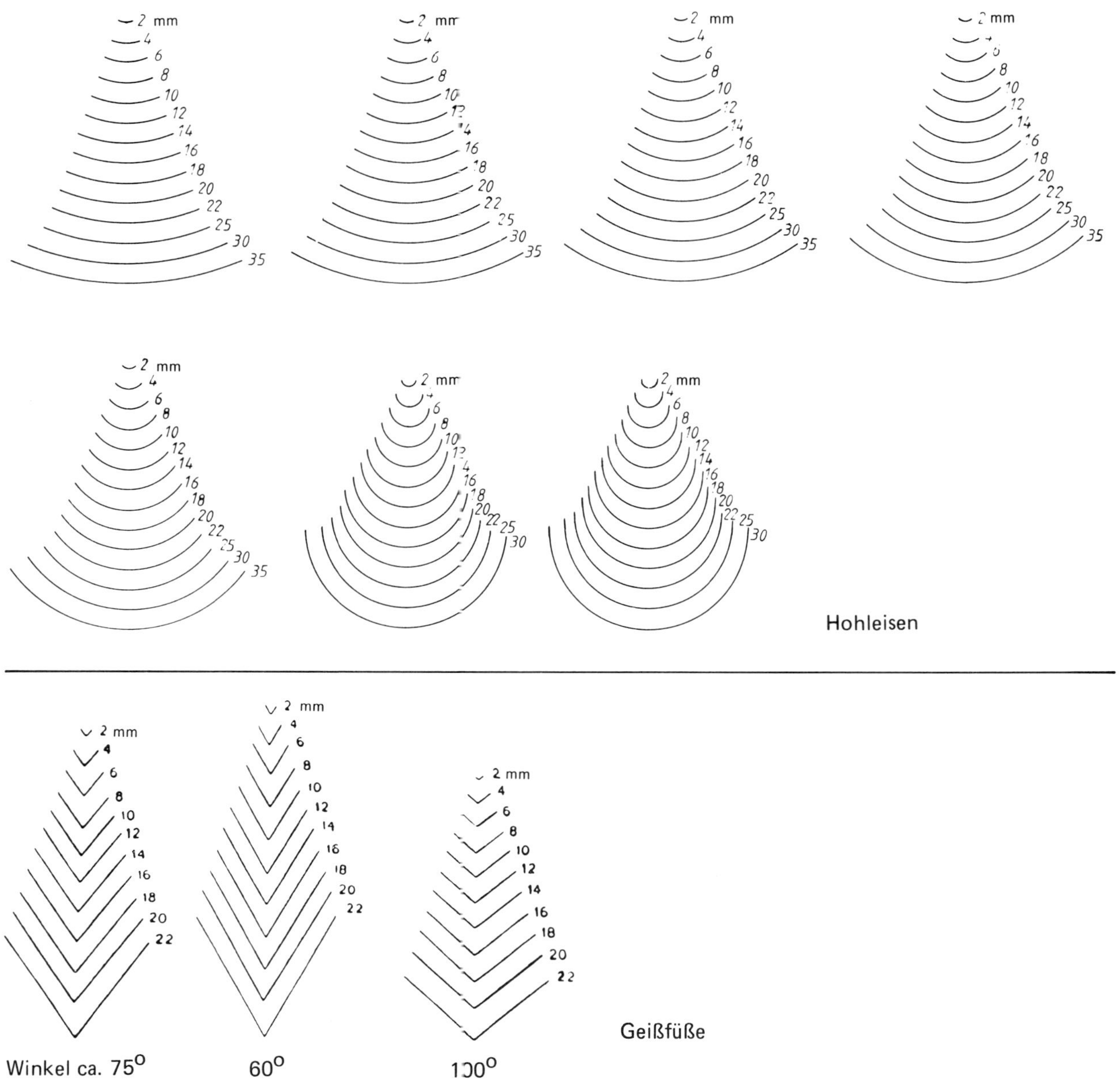

Die Stichbilder beziehen sich jeweils auf die gerade, gebogene, gekröpfte und verkehrt gekröpfte Ausführung. Da die Beitel von den einzelnen Herstellern unterschiedlich numeriert und katalogisiert werden, können hier keine Angaben darüber gemacht werden, nach welchen Fabrikdaten die Werkzeuge zu bestellen sind. Vor der Anschaffung einer Grundausstattung und bei deren späterer Ergänzung ist es immer ratsam, fachmännischen Rat einzuholen.

Beitelhefte

Hiervon gibt es verschiedene Formen und Ausführungen (Abb. 1.6). Vor einigen Jahren wurden fast ausschließlich handgeschnitzte Hefte in sechskantiger oder achtkantiger Form ohne Zwinge verwendet, während sich heute die achtkantige Ausführung in Holz, Plastik oder Vulkanfiber, vorne oder für schwere Werkzeuge auch hinten mit einer Metallzwinge versehen, weitgehend durchgesetzt hat. Daneben gibt es noch abgeflachte Holz- und Kunststoffhefte.

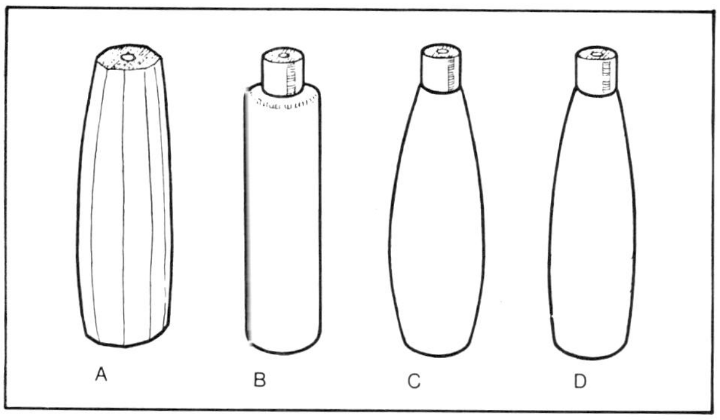

Abb. 1.6 Beitelhefte in verschiedenen Ausführungen

A – sechs- oder achtkantige Form ohne Zwinge
B – South-Kensington-Modell aus England
C und D – gedrechselte Formen

Abb. 1.7 Bildhauerklüpfel

Klüpfel

So nennt man den hölzernen Schlegel (Abb. 1.7), der stets rund ist, damit der Schnitzer aus jeder Richtung auf den Beitel schlagen kann, ohne seinen Griff um das Werkzeugheft zu ändern. Es gibt sie in verschiedenen Durchmessern, etwa zwischen 90 und 120 mm, aus Vollmaterial, wogegen bei schwereren Ausführungen der Griff vielfach auch durchgesteckt und verkeilt ist (Abb. 1.8). Da sich Buchenholz wegen des schnellen Verschleißes nicht bewährt hat, ist man zu härteren Hölzern, z.B. Pockholz (Lignum vitae o. Gaiac) übergegangen. Von der Wahl eines zu schweren Klüpfels ist abzuraten, da Hand und Arm damit bald ermüden. Die großen und schweren Ausführungen werden meistens für umfangreiche Skulpturarbeiten benutzt, bei denen viel Material mit einem schweren Hohleisen abzuschlagen ist.

Abb. 1.8 Klüpfel mit durchgestecktem und verkeiltem Stiel

Bildhauerraspeln

Diese Werkzeuge werden hauptsächlich zum Runden und Glätten verwendet, nachdem der größte Teil des überflüssigen Materials mit Hohleisen und Klüpfel beseitigt worden ist. Wie Abb. 1.9 zeigt, gibt es sie in verschiedenen Ausführungen.

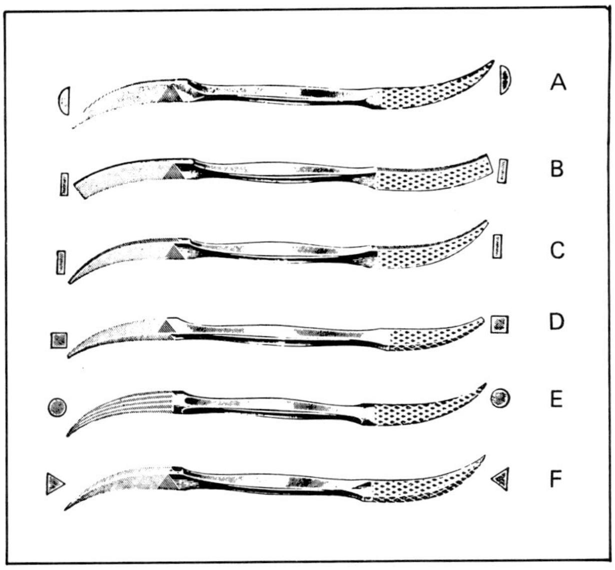

Abb. 1.9 Bildhauerraspeln in verschiedenen Ausführungen

A – halbrund
B – flachstumpf
C – flachspitz
D – vierkantig
E – rund
F – dreikantig

Punktierstifte

Man unterscheidet Stifte zur Anbringung von Texturmustern auf einem Untergrund und Sonderformen zum Einebnen der Oberfläche an kompliziert ausgestochenen Teilen. Beispiele für die letzteren sind die kleinen ovalen, an einem Ende spitz zulaufenden "Augen" im Akanthus-Blattwerk (Abb. 1.10 A) und die scharf ausgeprägten Zwischenstiche in einem Rundstab (Abb. 1.10 B). Ein Schnitzwerk dieser Art ist auf Abb. 10.12 zu sehen. Wenn ein kleiner kreisförmiger Ausstich verlangt wird, benutzt der Schnitzer den Stift nach Abb. 1.10 C, dessen Ende je nach der verlangten Wirkung flach oder gerundet sein kann.

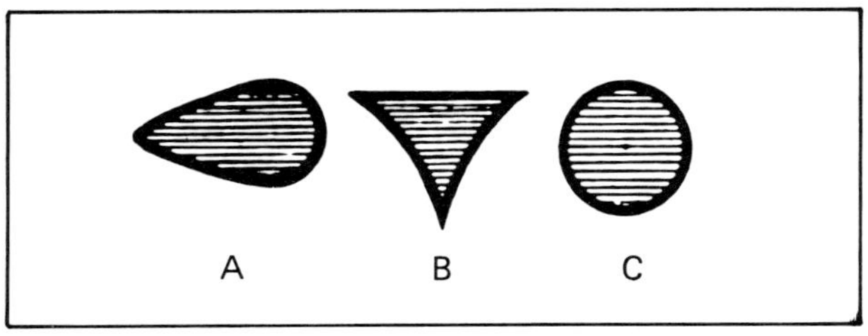

Abb. 1.10 Zierstifte

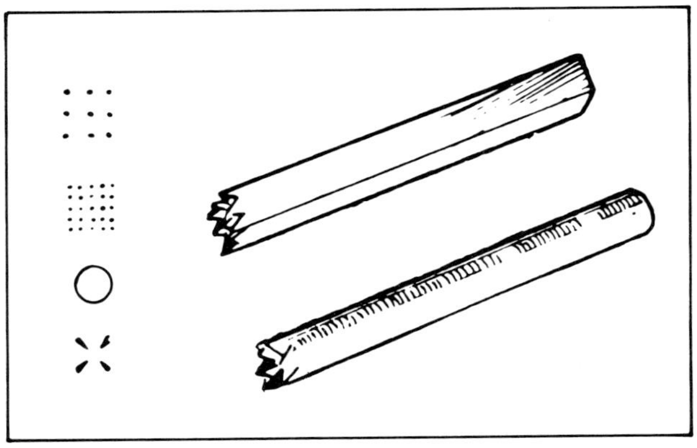

Abb. 1.11 Punktierstifte

Ein Punktierstift sollte nur nach dem Herausarbeiten des Materials mit dem Hohleisen zum "Aufbessern" der Oberfläche und nie für sich allein verwendet werden, da hierdurch die Holzfläche beschädigt würde und die Frische des Schnitzwerks verlorenginge.

Punktierstifte zum Verzieren gibt es, wie auf Abb. 1.11 gezeigt, mit unterschiedlichen Mustern, wie Punkten, Kreisen, Kreuzen usw. Sie können bei bestimmten Formen wirkungsvoll eingesetzt werden, da sie dem Untergrund eine abweichende, das Gesamtbild unterstreichende Struktur verleihen. Lediglich zum Verbergen eines schlecht herausgearbeiteten Untergrunds sollten sie jedoch nie benutzt werden.

Grundhobel und Oberfräse

Der auf Abb. 1.12 gezeigte Handgrundhobel dient dazu, einem Untergrund eine gleichmäßige Tiefe zu geben. Gewöhnlich wird das Material fast bis zur gewünschten Tiefe herausgeschnitzt und dann der Grundhobel gewissermaßen als Tiefenlehre benutzt, um den Grund zu ebnen.

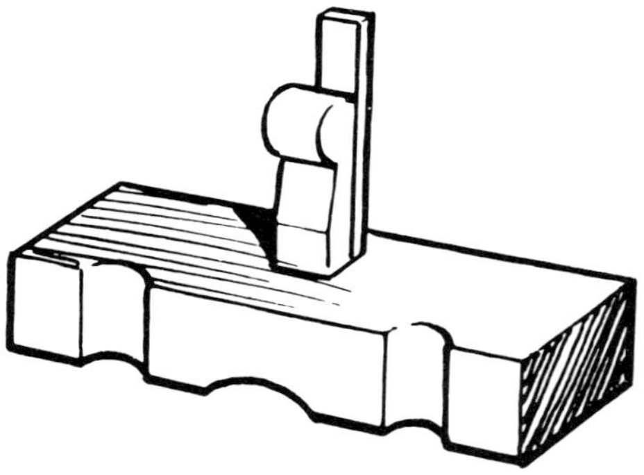

Abb. 1.12 Grundhobel

Abb. 1.13 Elektrische Handoberfräse; unter der Werkbank auch als Tischoberfräse verwendbar

Besonders beim Schneiden von erhabenen Buchstaben kann der Grundhobel nützlich sein, um den Untergrund auf eine konstante Höhe zu bringen.

Bei der Handoberfräse (Abb. 1.13) handelt es sich um eine elektrische Maschine mit hochtouriger Spindel und Spannfutter, in das verschiedene Werkzeuge zum Aussparen, Durchbrechen, Formen, Falzen und Nuten eingesetzt werden können. Sie spart viel Arbeit bei der vorbereitenden Beseitigung von Material oder bei der Bearbeitung kleiner Formteile. Einer ihrer besonderen Vorteile ist, daß sie ebensogut auch für Formarbeiten aller Art verwendet werden kann. Der auf Abb. 1.15 abgebildete Spiegelrahmen ist praktisch im gesamten Querschnitt auf einer Oberfräse bearbeitet worden.

Spannvorrichtungen

Hiervon gibt es verschiedene Ausführungen, die alle mehr oder weniger zum Festhalten des Werkstücks beim Schnitzen dienen. Die Zwinge (Abb. 1.14 A) hat einen Schaft, der durch ein Loch in der Arbeitstischplatte gesteckt, und ein Druckstück, das (mit einem Stück Abfallholz dazwischen) auf das Werkstück gepreßt wird. Sie ist besonders dann nützlich, wenn eine Bügelschraubzwinge aus Platzgründen nicht in Betracht kommt.

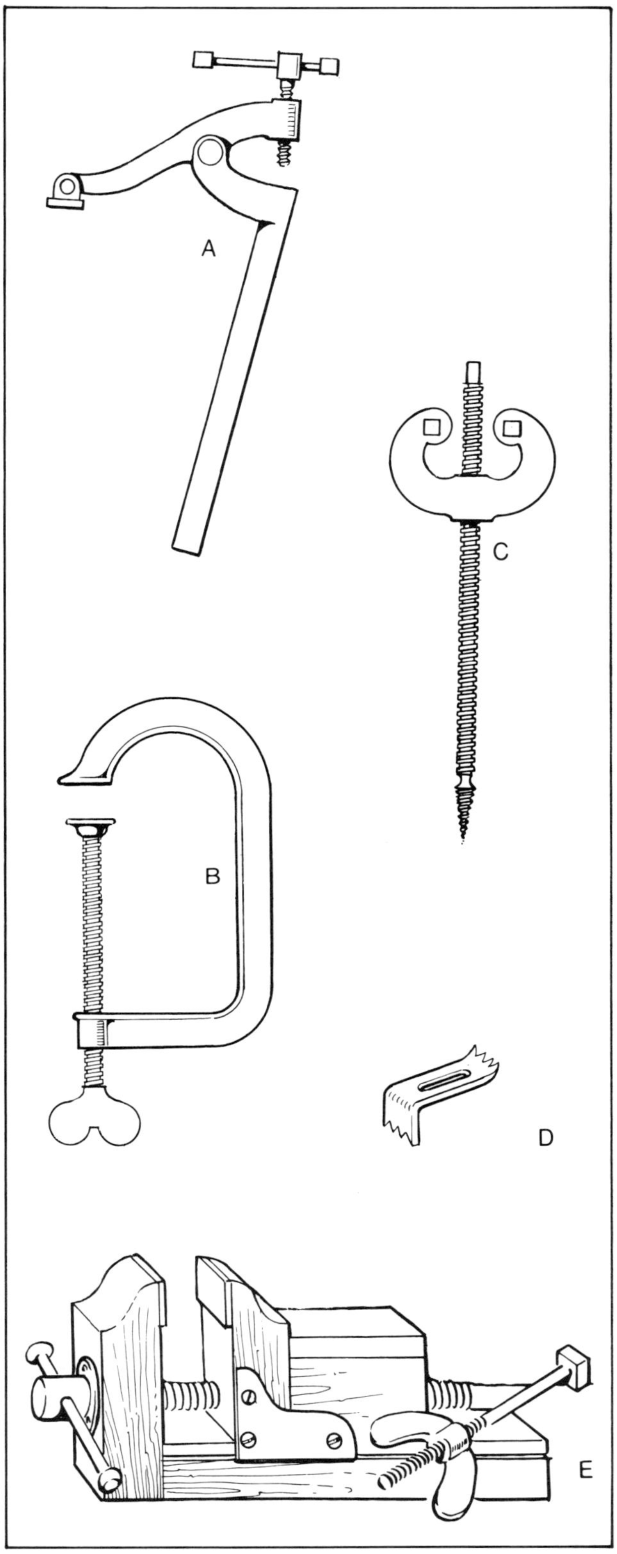

Abb. 1.14 Haltevorrichtungen

A — Steckzwinge
B — Bügelschraubzwinge
C — Figurenschraube
D — Spannwinkel
E — Schnitzerschraubstock aus Holz

Der Verwendungszweck einer Bügelschraubzwinge (Abb. 1.14 B) ist im allgemeinen bekannt. Sie kann nur manchmal hinderlich sein, weil sie nach oben übersteht und dadurch bei der Bearbeitung im Wege ist. Für solche Fälle ist die Figurenschraube (Abb. 1.14 C) vorgesehen. Ihre Spitze wird in das Holz gedreht und mit Hilfe eines der Vierkantlöcher in der Flügelmutter am vierkantigen Ende der Schraube festgezogen. Die Schraube wird durch eine Bohrung in der Werkbankplatte gesteckt und die Mutter darunter angezogen.

Eine Figurenschraube kann benutzt werden, wenn das Holz so dick ist, daß die Schraube es nicht ganz durchdringen kann, und wenn ein Schraubenloch im Rücken oder Boden der Figur nichts ausmacht. Ist das Holzteil zu dünn, benutzt man besser die Spannwinkel (Abb. 1.14 D) zur Befestigung, die auf die Bankplatte geschraubt werden.

Schraubstöcke

Der hölzerne Schraubstock auf Abb. 1.14 E, der von einigen Schnitzern noch verwendet wird, ist heute weitgehend von dem sogenannten Parallelschraubstock (Abb. 1.15) abgelöst worden, der besonders in seiner drehbaren Ausführung u.a. den Vorteil bietet, daß alle Teile des Arbeitsstückes bequem zu erreichen sind. Seine Stahlbacken sollten zum Schutz des Materials mit dicken Filzstücken verkleidet werden.

Abb. 1.15 Parallelschraubstock; in der drehbaren Ausführung besonders zu empfehlen

Messer

Außer zum Kerbschnitzen werden solche Messer, von denen auf Abb. 1.16 einige gezeigt sind, kaum von Relief- und Figurenschnitzern verwendet.

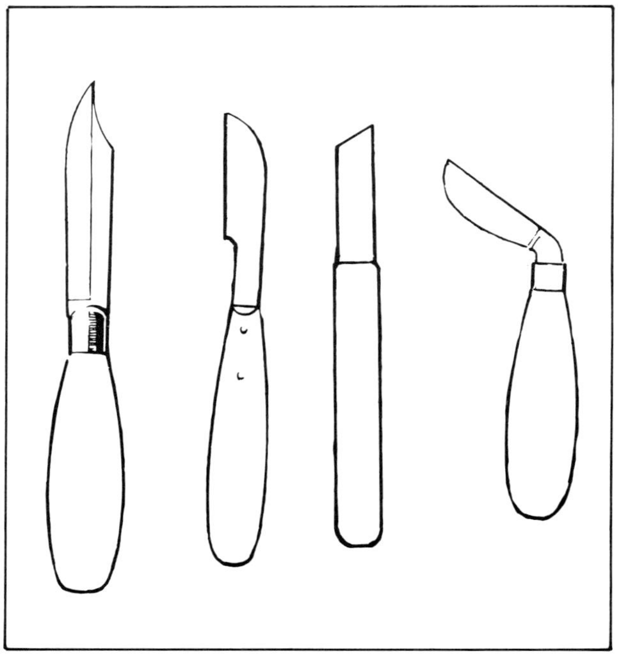

Abb. 1.16 Kerbschnitzmesser

Abzieh- und Schleifsteine

Ein guter Abziehstein ist unerläßlich, um den Schnitzwerkzeugen die notwendige scharfe Schneide zu geben. Bei weitem der beste ist der Arkansas-Stein, den es in Flach- und Profilausführungen gibt; von den letzteren sind einige auf Abb. 1.17 dargestellt. Ein grobkörniger Stein kann zwar zum Nachschleifen einer beschädigten Schneide nützlich sein, zum Fertigabziehen eines Beitels darf er jedoch nie benutzt werden.

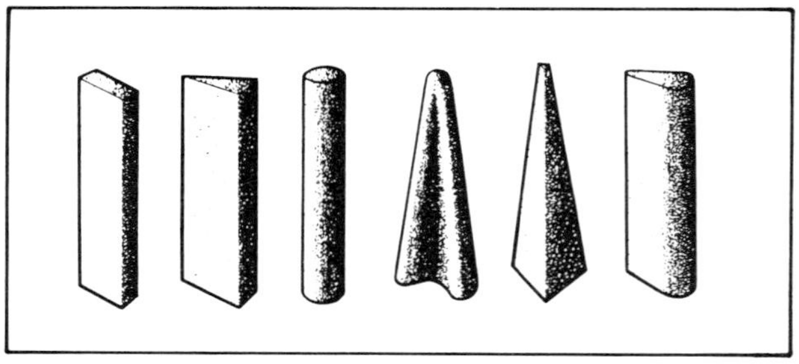

Abb. 1.17 Profil-Abziehsteine

Abb. 1.18 Naßschleifstein älterer Bauart

Wenn ein Werkzeug geschliffen werden muß, wäre der gute alte Naßschleifstein, vielfach noch mit Kurbel oder Pedal gedreht, dem Trockenschliff vorzuziehen. Er läuft in Wasser, so daß das Werzeug ständig gekühlt und vor Überhitzung und Härteverlust bewahrt wird. Ein Trokkenschleifbock läuft zwar schneller, erhöht jedoch die Gefahr des Verbrennens der Werkzeugschneide und erfordert ständiges Zwischenkühlen. Abb. 1.18 zeigt einen Naßschleifstein der genannten Art.

Abziehleder

Obwohl die heutigen Abziehsteine mit ihrer verschiedenartigen Körnung und Konsistenz durchaus geeignet sind, den Werkzeugen den rasiermesserscharfen Schliff zu geben, benutzt mancher Schnitzer nach dem Schärfen noch ein Abziehleder zur Beseitigung eventuell zurückgebliebener feiner Gratreste.

Werkbank

Ein robuster Arbeitstisch wird unbedingt benötigt, und zwar mit einer dicken Hartholzplatte, damit das Werkstück unter Klüpfelschlägen nicht zurückfedern (springen) kann. Von der Oberkante des Bankrahmens sollte die Tischplatte etwa 40 mm vorstehen, damit Schraubzwingen angesetzt werden können. Ihre Dicke: etwa 40 bis 50 mm. Die Höhe richtet sich weitgehend nach der Körpergröße des Schnitzers, jedoch sind etwa 85 cm ein guter Durchschnitt. Länge und Breite müßten den örtlichen Verhältnissen angepaßt werden. Zur Aufnahme von Figurenschrauben und Steckzwingen sind Bohrungen in der Werkbankplatte vorzusehen.

Ein Arbeitsständer, etwa 80 cm hoch, ist besonders für das Schnitzen von Figuren, Büsten usw. nützlich. Er sollte stabil gebaut und dreibeinig sein, damit er nicht wackeln und unter Klüpfelschlägen nicht kippen kann. Auch seine Platte muß mit einem Loch für eine Figurenschraube oder die Spannschraube des Schraubstocks versehen sein.

Kapitel 2
Schärfen der Werkzeuge

Gutes Holzschnitzen ist ohne scharfe Werkzeuge nicht möglich. Die verhältnismäßig grobe Schneide eines Stechbeitels, wie ihn der Schreiner benutzt, ist für den Holzschnitzer unbrauchbar; bei ihm muß die Schneide eher der eines Rasiermessers gleichen.

Die Schneiden der im Handel angebotenen Werkzeuge sind zwar geschliffen, bedürfen aber des Abziehens auf einem Ölstein, um sie wirklich scharf zu machen. Aber dazu gehört eben mehr als zum Schärfen eines gewöhnlichen Stechbeitels. Einen Bildhauerbeitel in einen einwandfreien und brauchbaren Zustand zu versetzen, dauert längere Zeit, und aus diesem Grund sind die gebrauchten Werkzeuge eines gewerblichen Holzschnitzers so gesucht.

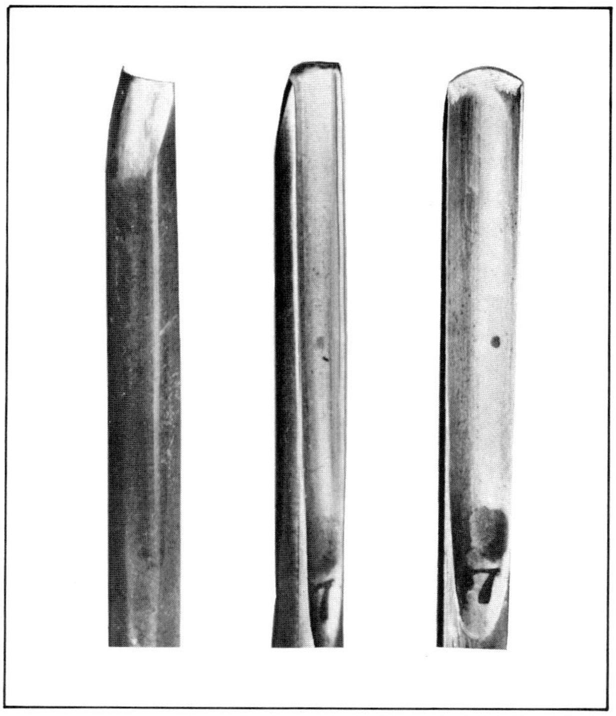

Abb. 2.1 Die äußeren und inneren Schneidenfasen eines Hohleisens in drei Ansichten. Die Fasen sind häufiger gerundet als flach. Die Innenfase hat etwa 1/4 bis 1/3 der Tiefe der Außenfase.

Bildhauerbeitel erfordern hauptsächlich deshalb eine so sorgfältige Behandlung, weil Hohleisenschneiden sowohl innen als auch außen angefast sind (Abb. 2.1). Manchmal wird auch die Rückseite der Außenfase abgenommen, damit das Werkzeug leichter durch hohle Kurven geführt werden kann. Häufig werden dabei zusätzlich die Fasenkanten geglättet, besonders an Werkzeugen für besondere Verwendungszwecke. Diese beiden Maßnahmen sind jedoch eine Sache des persönlichen Geschmacks. Viele Schnitzer bevorzugen eine flache Außenfase.

Was die Innenfase betrifft, so erweitert sie eindeutig den Schneidradius, so daß das Hohleisen leicht durch die von ihm geschnittene Rille geschoben werden kann. Die Fasenrückseite ist im Durchmesser größer als die Schneidkante, aber dieser Unterschied wird durch Anbringen einer inneren Fase verringert. Außerdem muß das Hohleisen manchmal mit der Hohlseite nach unten angesetzt und dann ohne Innenfase mit dem Heft flach auf der Holzoberfläche gehalten werden – also in einer unmöglichen Stellung. Die Innenfase ermöglicht die Haltung des Werkzeugs in einem angemessenen Schnittwinkel und hebt es beim Durchschieben automatisch ein wenig an, so daß Verkanten und Einhaken vermieden werden.

Eine Ausnahme hiervon macht der Schnitzer, der ausschließlich mit weichem Kiefernholz arbeitet. Er hält sein Hohleisen innen flach, so daß eine schöne dünne, für Weichholz ideale Schneidkante entsteht, die in Hartholz allerdings leicht ausbrechen kann.

Balleisen

Von einem gewöhnlichen Stechbeitel unterscheidet sich dieses Werkzeug durch flache Fasen auf beiden Seiten, von denen eine manchmal an ihrer Rückseite abgerundet wird. Dies geschieht durch eine leicht schaukelnde Hin- und Herbewegung auf dem Abziehstein (Abb. 2.2). Durch dieses Abrunden soll lediglich die Fasenrückseite geglättet und nicht der Schnittwinkel des Werkzeugs vergrößert werden. Man benutzt hierfür nur einen feinkörnigen Abziehstein, es sei denn, daß die Schneide ausgeschlagen ist. Dann kann man sie auf einem grobkörnigen Stein abschleifen und auf einem feinkörnigen fertig abziehen.

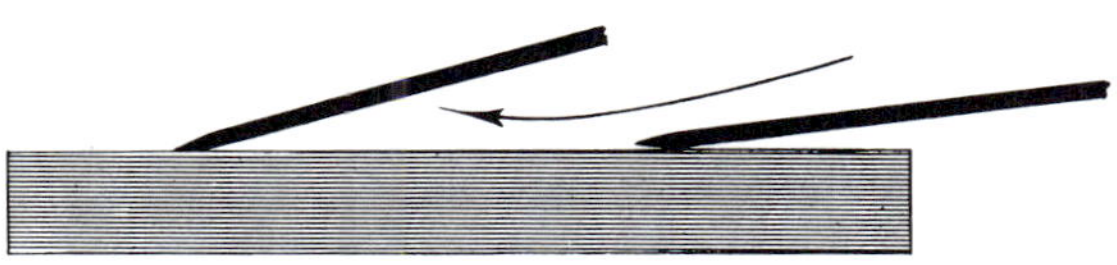

Abb. 2.2 Abziehen der gerundeten Balleisenfase; nur die Rückseite der Fase wird bearbeitet

Mit dem Abziehleder kann man sie anschließend entgraten und ihr gewissermaßen den letzten "Schliff' geben. Ist der Schleifgrat hierfür zu stark, so hilft man sich am besten dadurch, daß man die Schneide ein paarmal über die Kante eines Weichholzklotzes zieht (Abb. 2.3) und nachträglich auf beiden Seiten mit dem Leder bearbeitet.

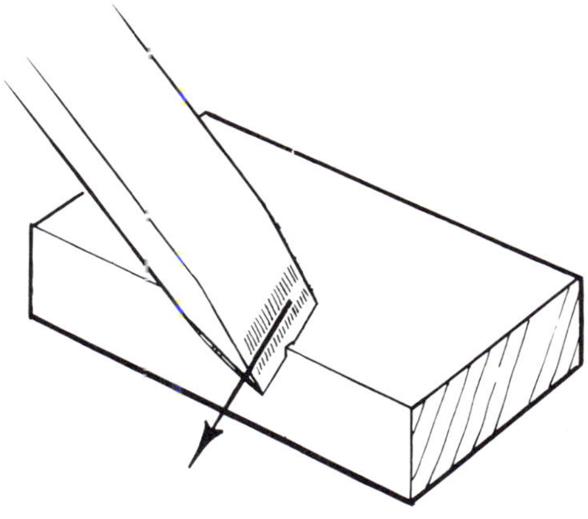

Abb. 2.3 Entgraten am Holzklotz

Ein zusätzliches Hilfsmittel beim Schärfen ist das beiderseitige Abschleifen der Kanten (Abb. 2.4 B), besonders dienlich beim Arbeiten in spitzwinkligen Ecken. Bei der Schneidenform

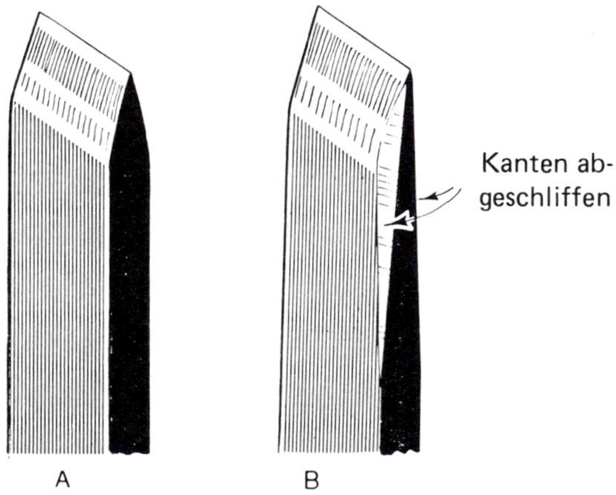

Abb. 2.4 Gebrochene Kanten auf einer Seite des Balleisens

Abb. 2.5 Spreizung des Holzes durch spitzwinklige Balleisenschneide

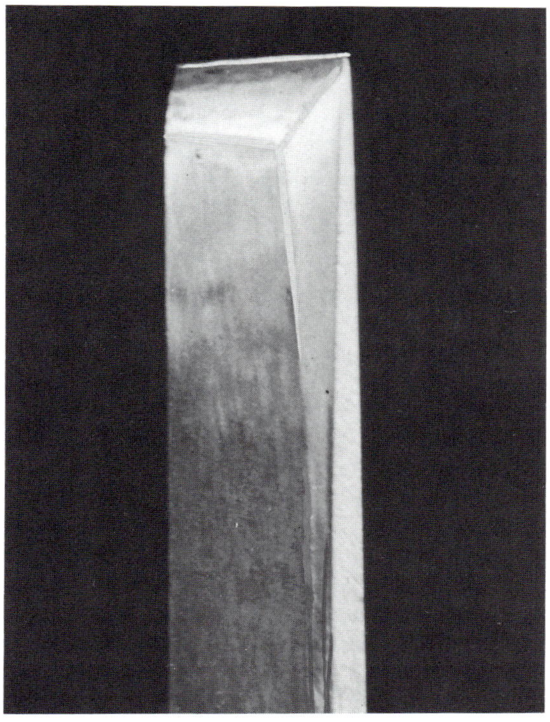

Abb. 2.6 Balleisenschärfung mit gerundeter Schneidenfase (beide Seiten sind angefast); Kante einseitig gebrochen

nach Abb. 2.5 beispielsweise ist zu erkennen, daß der Beitel das Holz aufgrund seiner Keilform seitlich wegschiebt, wenn er gerade nach unten gedrückt wird. Dieses Spreizen des Materials wird jedoch durch die dünne Schneidkante, die nach dem Abschleifen der Kanten entsteht, weitgehend verringert. Ein solches Kantenbrechen braucht nicht auf beiden Seiten zu erfolgen. Es ist sogar besser, die Kanten auf der anderen Seite beizubehalten, da hierdurch eine stärkere Schneide verbleibt, die beim Gebrauch des Klüpfels günstiger ist. Abb. 2.6 zeigt ein auf diese Weise geschärftes Balleisen.

Für das Schärfen des schrägen Balleisens (Abb. 2.7) gilt im wesentlichen dasselbe.

Abb. 2.8 Abziehen der Außenfase eines Hohleisens auf dem Ölstein

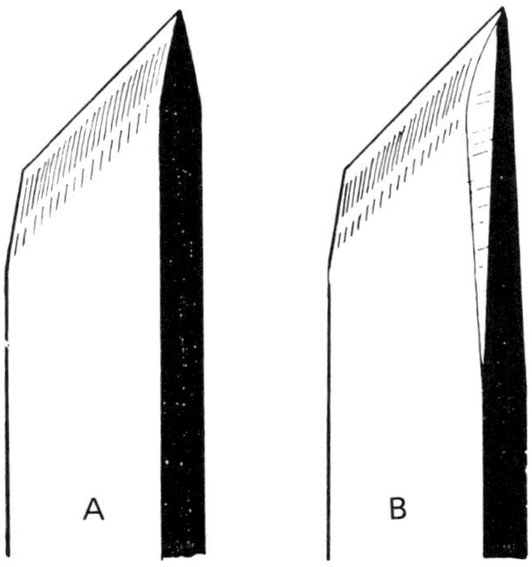

Abb. 2.7 Schneide eines schrägen Balleisens

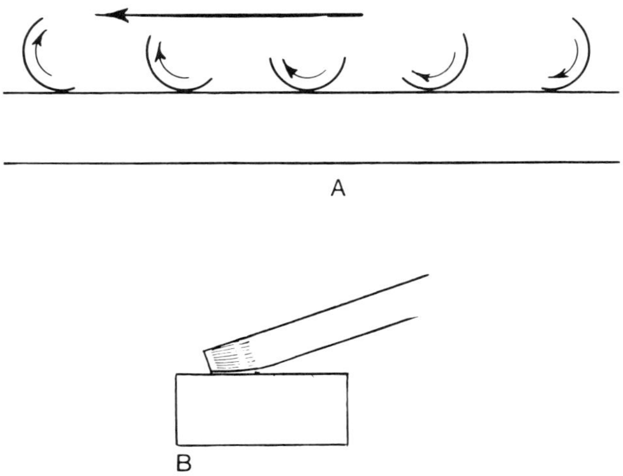

Abb. 2.9 Schematische Darstellung des Abziehvorgangs nach Abb. 2.8

Hohleisen

Die äußere Fase muß zuerst abgezogen werden. Das Werkzeug wird dabei rechtwinklig zum Abziehstein gehalten und auf diesem mit einer schwingenden Bewegung hin- und hergezogen (Abb. 2.8 und 2.9), so daß alle Teile der Schneide bearbeitet werden. Diese schwingende oder schaukelnde Bewegung darf jedoch nicht übertrieben werden, um einen schweren Fehler zu vermeiden, nämlich das Abrunden der Ecken, wie in Abb. 2.10 angedeutet. Manche Schnitzer bevorzugen das Abziehen über die ganze Länge des Steins in Form einer langgezogenen Acht.

Bei dieser Art des Schärfens wird die flache Schneidenfase beibehalten. Soll deren Rückseite abgerundet werden, so kann das Heft gesenkt und dann das Werkzeug einige Male hin- und hergerieben werden.

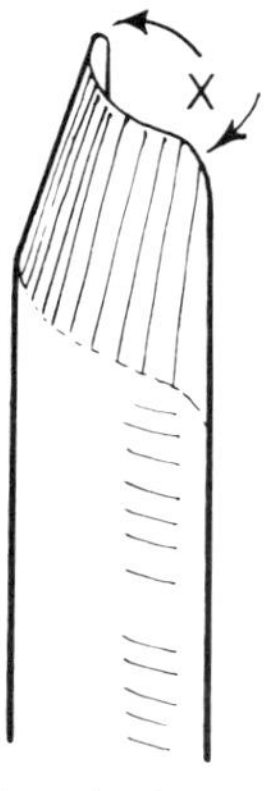

Abb. 2.10 Schneidenfehler: abgerundete Ecken

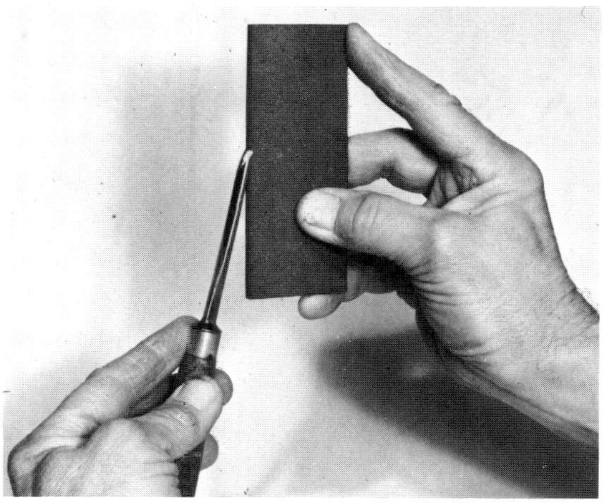

Abb. 2.11 Abziehen der inneren Schneidenfase des Hohleisens

Die innere Fase des Hohleisens wird mit einem Profilstein abgezogen (Abb. 2.11), dessen Krümmung genau der inneren Rundung der Schneide entsprechen muß. Ist das nicht der Fall, so kann man einen solchen Profilstein durch Abreiben auf einem Stück Schleifstein mit höherem Härtegrad passend machen. Es wird davon abgeraten, sich mit einem nicht genau passenden Profilstein zu behelfen. Wenn dieser zu flach ist, werden nämlich unweigerlich die Ecken der Schneide abgenommen oder die Schneide fällt in der Mitte zu tief aus, wenn der Stein zu stark gerundet ist.

Gewöhnlich wird das Hohleisen festgehalten und der Profilstein darübergezogen; es geht aber auch andersherum. Durch Veränderung der Winkelstellung des Abziehsteins (Abb. 2.12) wird der inneren Schneidenfase eine Rundung gegeben.

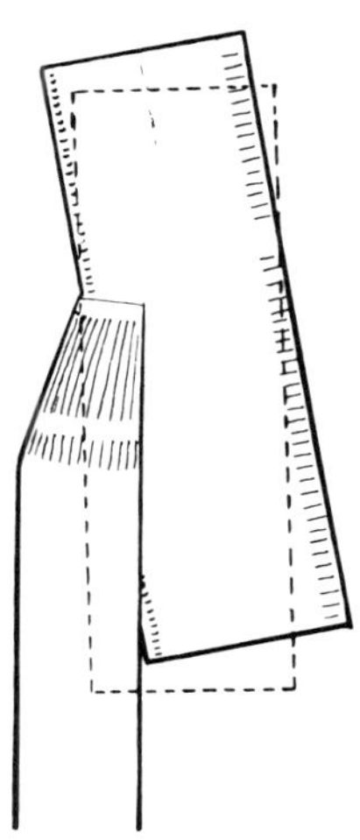

Abb. 2.12 Veränderte Haltung des Profilsteins

Die Herstellung einer guten Innenfase an einem Hohleisen kostet einige Mühe, die aber durch einen leichten und sauberen Schnitt belohnt wird.

Ähnlich wie bei den Balleisen und aus dem gleichen Grund nehmen manche Schnitzer auch beim Hohleisen die Kanten auf beiden Seiten ab (Abb. 2.13 C), wobei jedoch die Schneidenkanten nicht in Mitleidenschaft gezogen (abgerundet) werden dürfen. Meistens werden allerdings nur ein paar Hohleisen für besondere Zwecke auf diese Weise hergerichtet.

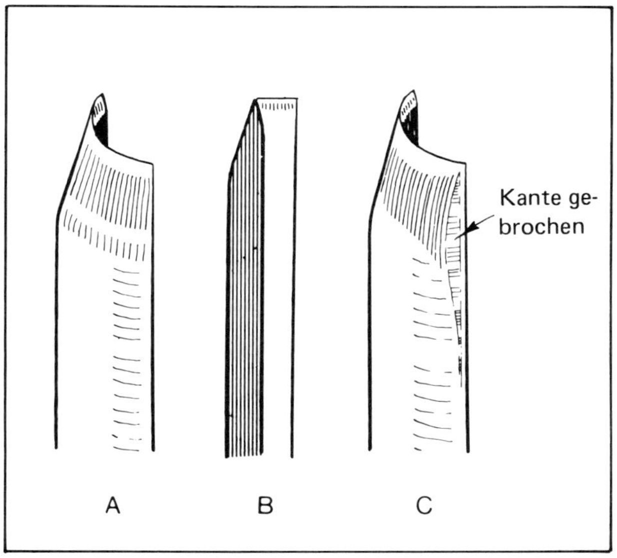

Abb. 2.13 Schärfen der Hohleisenschneide

Nachbearbeitung mit dem Abziehleder

Wie beim Abziehen wird das Hohleisen mit der Außenfase auf dem Leder bewegt, d.h. gezogen und nicht geschoben, um das Eindringen der Schneide in das Leder zu vermeiden (Abb. 2.14).

Für die innere Schneidenfase kann das Leder entweder gerollt (Abb. 2.15) oder auf einen besonderen Profilklotz geklebt werden (Abb. 2.16 und 2.17). Das Hohleisen wird an der Werktischkante festgehalten und der Lederklotz nach vorne in einer Richtung über die Innenfase gerieben. Nicht zurückziehen, da die Schneide dann das Leder beschädigt!

Unbedingt benötigt werden diese Sonderformen jedoch nicht. Es ist empfehlenswert, Abziehleder vor Staub und Schmutz zu schützen.

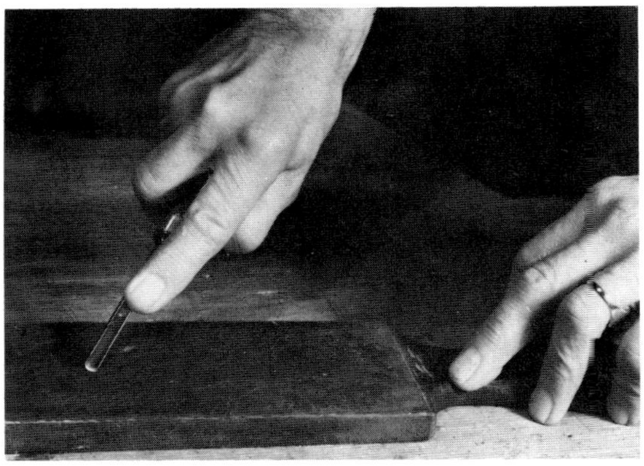

Abb. 2.14 Bearbeitung der Außenfase auf dem Abziehleder

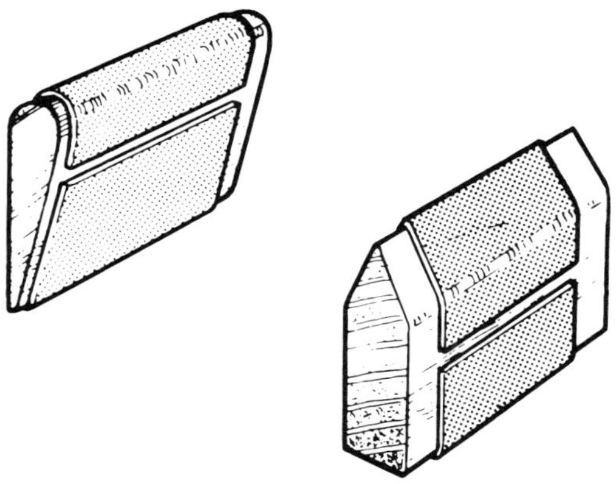

Abb. 2.17 Lederbezogene Profilklötze zum Abziehen von Hohleisen und Geißfüßen

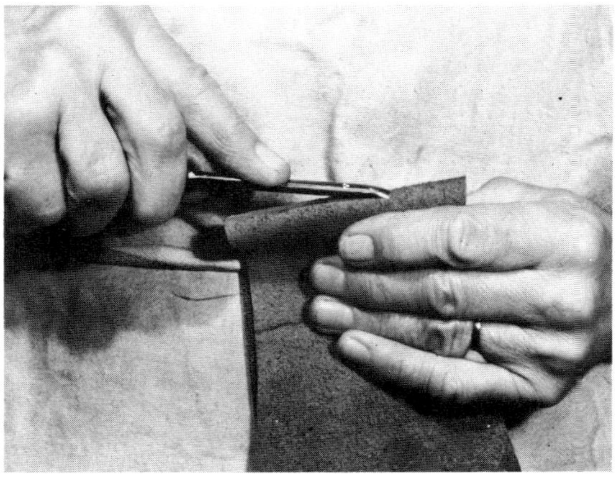

Abb. 2.15 Bearbeitung der Innenfase auf dem Abziehleder

Hohleisen in Sonderformen

Hierzu gehören die gebogenen, gekröpften und verkehrt gekröpften, die im großen und ganzen in der gleichen Weise abgezogen werden. Bei gekröpften Hohleisen kann der Abziehstein auf der inneren Schneidenfase nur an einem Ende kurz hin- und herbewegt werden, weil die Krümmung eine weitere Bewegung verhindert (Abb. 2.18); das bereitet aber keine Schwierigkeit.

Abb. 2.18 Innenabziehen an einem gekröpften Hohleisen

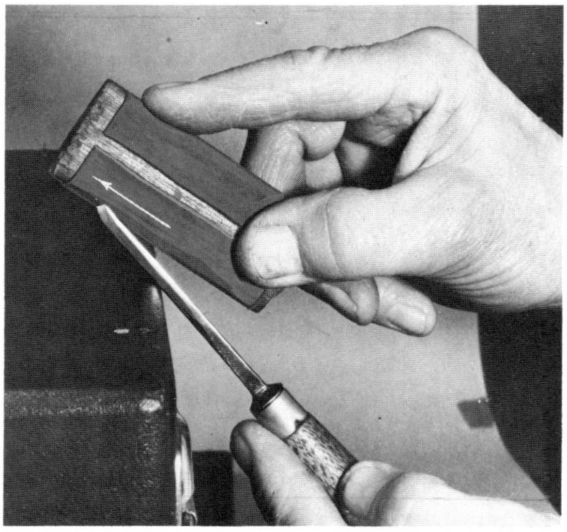

Abb. 2.16 Dieselbe Arbeit mit dem Lederklotz

Sind die Werkzeugschneiden einmal in guter Verfassung, erfordern sie zu ihrer Scharfhaltung kaum mehr als das Glätten mit dem Abziehleder. Sie müssen zwar von Zeit zu Zeit mit dem Abziehstein nachbearbeitet werden, aber eben darum geht es: Ein schlechter Schneidenzustand sollte gar nicht erst eintreten. Beschaffen Sie sich für die Werkzeuge, die Sie angeschafft haben, gleichzeitig eine Rolltasche, die in Segeltuch oder Kunstleder erhältlich ist. In ihr werden die Werkzeuge versetzt liegend untergebracht, so daß ihre Schneiden nicht miteinander in Berührung kommen (Abb. 2.23).

Ist eine Schneide ausgebrochen oder ungleichmäßig geworden, muß sie rechtwinklig vor den Stein gehalten und der Ausbruch oder die Ungleichmäßigkeit restlos beseitigt werden. Dies läßt sich an einer sogenannten Lichtkante oder Lichtlinie erkennen (Abb. 2.19), die die abzuziehenden Teile der Schneidenfase aufzeigt. Nur so kann die Schneide vollständig wiederhergestellt werden.

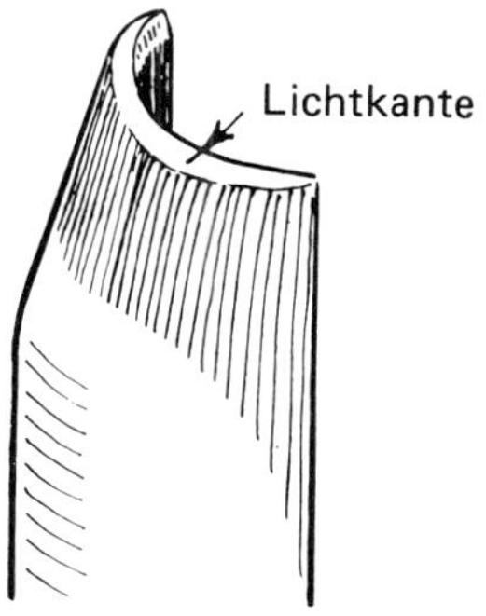

Abb. 2.19 Ungleichmäßig geschärfte Hohleisenschneide nach dem Flachschleifen

Geißfuß

Obwohl dieser scheinbar nur zwei gerade, winklig zusammengefügte Schneiden darstellt, ist sein Schärfen oder Abziehen, besonders bei den kleineren Ausführungen, mit einigen Schwierigkeiten verbunden. Wie bei den Ball- und Hohleisen erhalten seine äußeren Schneidenfasen eine leichte Abrundung, während seine kleinere Innenfase mit einem dreieckigen Profilstein abgezogen wird (Abb. 2.20). Folglich ist der Innenwinkel nicht völlig spitz, sondern aufgrund des Abriebs am Profilstein etwas gerundet (Abb. 2.21). Weil die äußeren Schneidenfasen gerade sind und in einem scharfkantigen Winkel zusammenlaufen, bildet sich dann eine vorspringende Nase. Wird eine Schneidenfase mehr bearbeitet als die anderen, so bildet sich entweder diese Nase stärker aus oder es entsteht eine Aushöhlung, wie in Abb. 2.22 gezeigt.

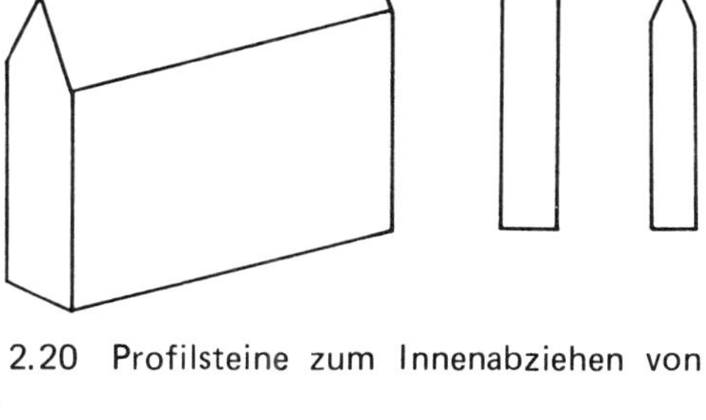

Abb. 2.20 Profilsteine zum Innenabziehen von Geißfüßen

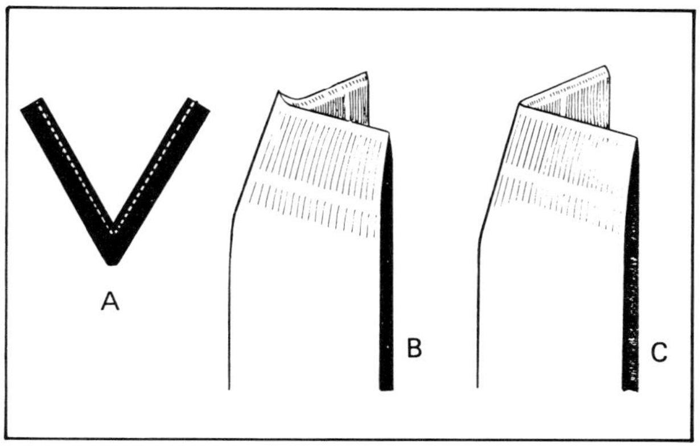

Abb. 2.21 Abziehen einer Geißfußschneide

A – Schneide in gestrichelten Linien angedeutet

B – Nasenbildung im Schnittpunkt der beiden Schneidenflanken

C – Nase durch Abziehen der Kante beseitigt

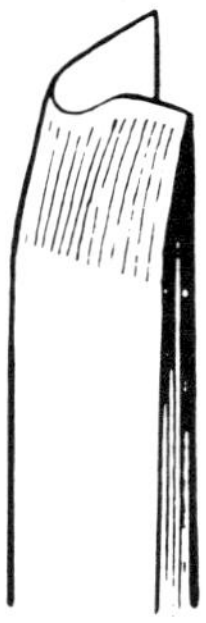

Abb. 2.22 Ungleichmäßig abgezogene Geißfußschneide (Aushöhlung)

Die Spitze der Nase ist nicht scharf, da zwischen dem ausgerundeten Innenwinkel und der scharfen äußeren Ecke zwangsläufig Material stehenbleibt. Eine Korrektur erfolgt hier durch leicht rundendes Abziehen an der Außenkante, so daß diese an den ausgerundeten Innenwinkel angeglichen wird (s. Abb. 2.21 C). Hierbei liegt ein weiterer Vorteil darin, daß die leicht abgerundete Außenkante dem Werkzeug eine geringere Neigung zum Verlaufen verleiht und dieses daher leichter zu handhaben ist. Abb. 2.24 zeigt dieses Runden der Außenkante. Die Rundung ist in Wirklichkeit so klein, daß der Schnitt sich praktisch scharf und eckig darstellt.

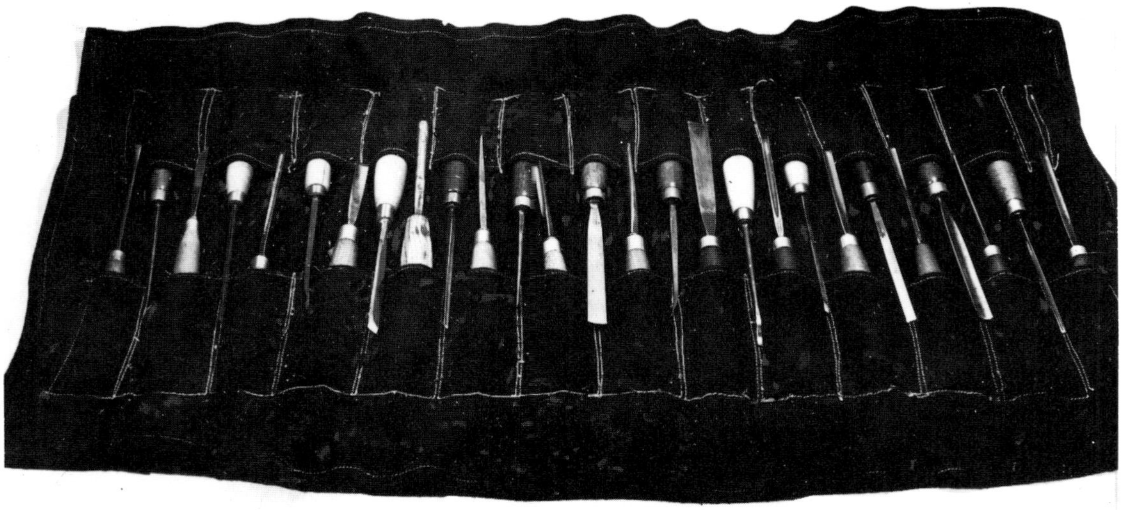

Abb. 2.23 Rolltasche für 28 Beitel

Abb. 2.24 Beseitigung der scharfen Kante an der Geißfußschneide

Wer den Geißfuß zum Herausarbeiten großer Schriftzüge benutzt, wird feststellen, daß es unbedingt vorzuziehen ist, außen gerundete Schneidenfasen statt gerade anzubringen, denn sonst ist die Bearbeitung gekrümmter Teile äußerst schwierig, wenn nicht gar unmöglich.

Abb. 2.25 Zepterkopf in Mahagoni und Silber, geschnitzt von William Wheeler

Kapitel 3
Handhabung der Werkzeuge

Bildhauerbeitel werden fast ausnahmslos mit beiden Händen festgehalten. Ein geschickter Schnitzer ist gewöhnlich Rechts- und Linkshänder, mit dem Vorteil, daß er die Schnittrichtung vielfach entsprechend dem Faserverlauf ändern kann, ohne die Lage des Werkstücks zu verändern. In diesem Kapitel ist die Rede von der Arbeit mit der rechten Hand; linkshändiges Schnitzen ist jedoch genau derselbe Vorgang, nur daß eben die Begriffe "rechts" und "links" auszutauschen sind.

Werkzeughaltung

Wie in Abb. 3.1 gezeigt, umfaßt die rechte Hand das Werkzeugheft und liefert den nach vorne gerichteten Druck, während die linke Hand hauptsächlich dazu dient, das Werkzeug zu führen und rechtzeitig zurückzuhalten, damit der Stich nicht zu weit gezogen wird. Diese beiden Gegenbewegungen sind zwar nicht unabhängig voneinander, werden aber automatisch koordiniert.

Stellen Sie sich vor, was geschehen würde, wenn zum Vorschieben des Beitels nur eine Hand benutzt würde. Das Werkzeug könnte unmöglich genau an der gewünschten Stelle angehalten werden, denn die zum Schneiden des Holzes aufzuwendende Kraft würde es über das Ziel hinausschießen lassen. Im beidhändigen Gebrauch wird dies durch die bremsende Kraft der linken Hand verhindert. Nach einiger Praxis geht diese Bewegungskombination beider Hände in Fleisch und Blut über.

Meistens ruht der linke Handballen auf dem Material und bildet eine Art Angelpunkt, um den herum alle Bewegungen ausgeführt werden. Im allgemeinen wird diese Stütze während eines Schnittes nicht verschoben; die Hand bleibt auf

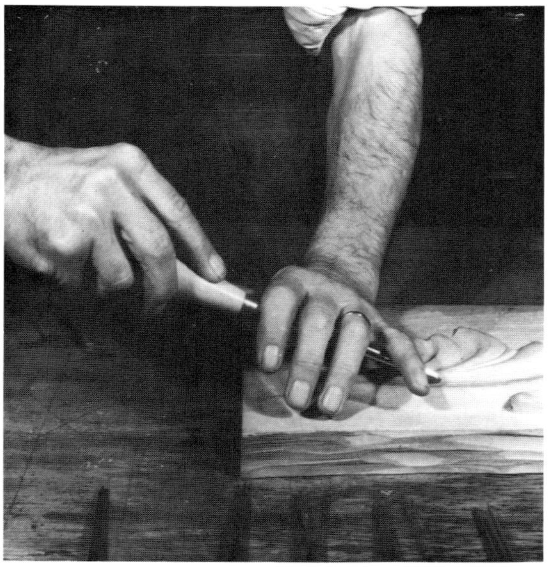

Abb. 3.1 Die Haltung des Hohleisens beim Schnitzen: Die Finger der linken Hand werden zum Führen und rechtzeitigen Zurückhalten um das Werkzeug gekrümmt.

dem Holz liegen, und die Bewegung des Beitels wird durch Krümmen der Finger gesteuert. Aber auch dies kann man sich nach halbstündiger Übung aneignen.

Wird ein Hohleisen mit halbkreisförmiger Schneide benutzt, ist manchmal eine leichte Dreh- oder Schwenkbewegung des Werkzeugs hilfreich, wodurch ihm eine Art Schälschnitt vermittelt wird (Abb. 3.2). Auf diese Weise kann jedes Hohleisen eingesetzt werden, dessen Schneide einen Kreisbogen bildet. Bei einem solchen mit U-förmiger Schneide ist dies jedoch unmöglich, denn ein Versuch, dieses Werkzeug beim Schnitt hin- und herzudrehen, würde nur dazu führen, daß das Holz von den geraden

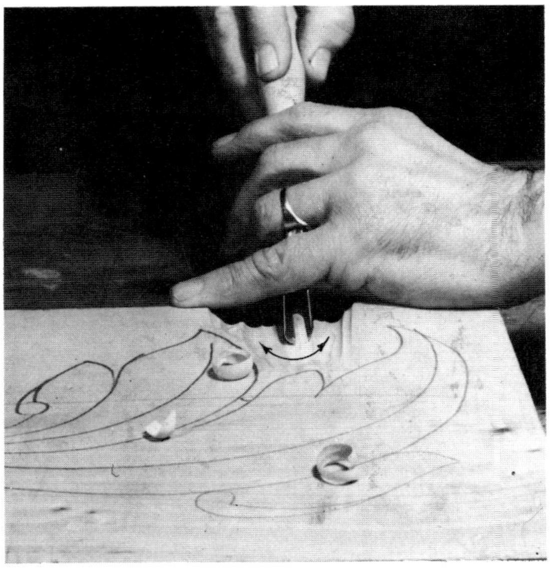

Abb. 3.2 Leichterer Hohleisenschnitt durch Dreh- oder Schälbewegung in der Rille (nicht anzuwenden bei Hohleisen mit U-förmiger Schneide und bei Geißfüßen)

Schneidenflanken eingerissen wird. Abb. 3.3 zeigt bei "A" die halbkreisförmige Schneide, die in ihrer selbstgeschaffenen Rille geschwenkt werden kann, wogegen die Schneidenform bei "B" dies ohne Wegdrücken des Holzes nicht gestattet.

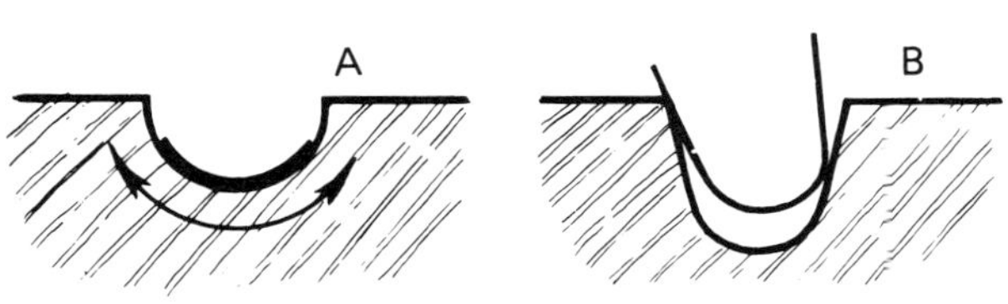

Abb. 3.3 Mit Hohleisen (A) kann durch Drehen in der Rille eine Art Schälschnitt zur Arbeitserleichterung vermittelt werden. Bei einem Werkzeug mit U-förmiger Schneide (B) ist dies nicht möglich.

Das gleiche gilt für die V-förmige Schneide des Geißfußes.

Der Schnitt quer zur Faser ist im allgemeinen leichter als der mit der Faser. Das Vorstechen sollte deshalb möglichst quer zur Faser vorgenommen werden – vorausgesetzt, das Werkzeug ist wirklich scharf. Von der Leichtigkeit des Schnittes ganz abgesehen, läßt sich das Werkzeug besser führen, weil es nicht die Neigung hat, dem Faserverlauf zu folgen, wie dies bei der Arbeit mit der Faser der Fall ist.

Schwieriger Faserverlauf

Die Frage des Faserverlaufs muß beim Holzschnitzen berücksichtigt werden. Oft ist die Richtung, in die das Werkzeug zu bewegen ist, eindeutig zu erkennen. Wenn jedoch ein Hohleisen mit halbkreisförmiger Schneide benutzt wird, ist mit einem Faserverlauf in zwei Richtungen zu rechnen, nämlich senkrecht und waagerecht, und zwar deshalb, weil der Schnitt infolge der halbrunden Form des Beitels sowohl seitlich als auch auf dem Grund vorgenommen wird. Dieses Problem wird teilweise in Abb. 3.4 verdeutlicht. Hier ist bei "A" klar zu erkennen, daß das Werkzeug – was den senkrechten Faserverlauf betrifft – geradlinig vorwärts zu bewegen ist. Bei "B" hat das Werkzeug die Neigung, das Holz auf einer Seite auszureißen, obwohl es auf der anderen Seite einen glatten Schnitt hinterläßt. "C" zeigt einen schwierigen Fall, in dem das Werkzeug, wenn es in Pfeilrichtung geführt wird, zwar auf dem Grund der Rille einen glatten Schnitt erzeugt, das Material aber auf der mit dem Pfeil bezeichneten Seite ausreißt.

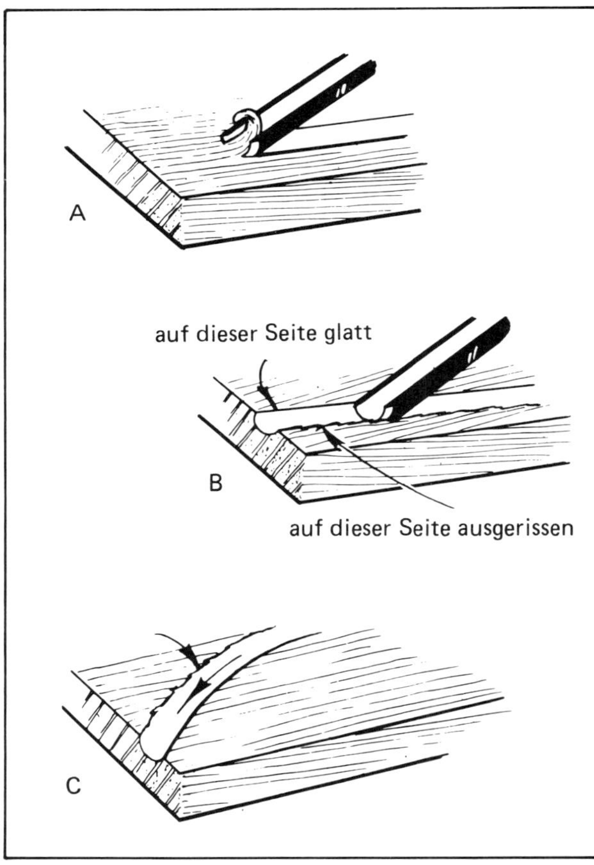

Abb. 3.4 Der Einfluß des Faserverlaufs auf den Werkzeugeinsatz. An der Oberfläche und an den Kanten ist der Verlauf der Faser zu berücksichtigen.

Einige Holzarten sind wegen des welligen Faserverlaufs schwieriger zu bearbeiten als andere, so wie in dem Beispiel in Abb. 3.5 A, wo das Werkzeug an verschiedenen Stellen des Holzes in entgegengesetzte Richtungen geführt werden müßte.

Noch schwieriger wird es, wenn die Holzfaser in Streifen nebeneinander und winklig verläuft, wie in Abb. 3.5 B dargestellt. In einem breiten Schnitt könnte das Werkzeug die Arbeit mit verschiedenen Stellen seiner Schneide leicht sowohl mit als auch gegen die Faser schaffen. Hölzer dieser Art sind zum Schnitzen ungeeignet. Wenn sie unbedingt bearbeitet werden müssen, dann helfen eine gutgeschärfte Werkzeugschneide und ein dünner Schnitt, verbunden mit viel Geduld beim Arbeiten in der Richtung, die das beste Resultat ergibt.

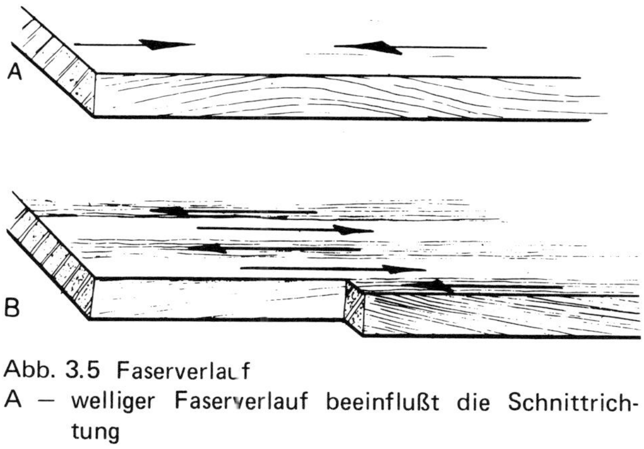

Abb. 3.5 Faserverlauf
A — welliger Faserverlauf beeinflußt die Schnittrichtung
B — streifige Faser, besonders schwierig beim Schnitzen

Ausstechen

Die meisten Muster erfordern im Laufe des Schnitzens den Arbeitsgang des sogenannten Ausstechens, wobei die Kontur mit Hohl- und Balleisen, deren Schneide dem jeweiligen Teil der Krümmung nahekommt, herausgearbeitet wird. Bei weichen Hölzern bietet dies keine Schwierigkeiten, weil das Holz unter dem Keildruck des Werkzeugs nachgibt. Wichtig ist nur, daß der erste Stich ein wenig zur Abfallseite der Umrißlinie hin angesetzt wird, da die Keilwirkung das Werkzeug sonst über die Linie hinausdrücken würde.

Abb. 3.6 zeigt ein Beispiel für dieses Ausstechen, wobei das Blattwerk in der Mitte erhaben stehenbleibt und der Untergrund zurückgeschnitten wird. Ringsherum werden Balleisenstiche angebracht, die der Kontur in groben Zügen folgen und so viel Material stehenlassen, daß später die Einzelheiten des Musters herausgeschnitzt werden können. Anschließend wird das umgebende Abfallholz mit einem ziemlich großen Hohleisen weggestemmt.

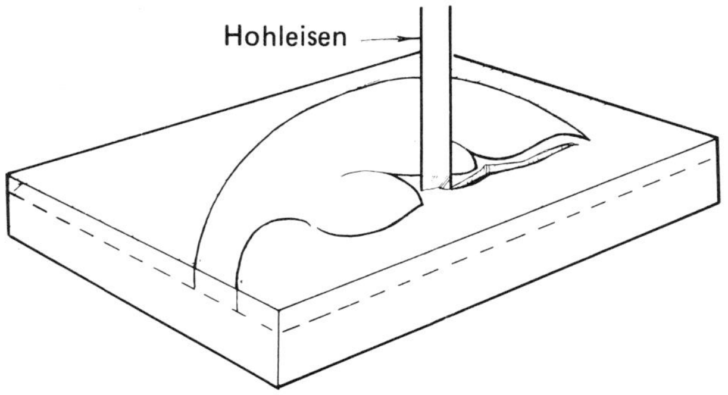

Abb. 3.6 Ausstechen der Kontur, in Hartholz verschiedentlich nicht möglich

Beim Schnitzen von Hartholz kann dieses Verfahren vielfach nicht angewendet werden, weil der Widerstand gegen das Eindringen der Werkzeugschneide zu stark ist. Man stelle sich vor, was dabei geschieht. Das Hohleisen ist vielleicht 3 mm dick. Wird es nun über die ganze Länge seiner Schneidenfase hineingetrieben, so muß das Holz zwangsläufig um diesen Betrag verdrängt werden. Das kann man mit Hartholz gewöhnlich nicht machen; wenn man es versucht, kann das Werkzeug leicht im Schneidenbereich zu Bruch gehen. Bei derartigen Arbeiten hilft nur eines, nämlich das Ausstechen der Kontur mit einem U-förmigen Hohleisen auf der Abfallseite. Ein solches Werkzeug ist besser geeignet als ein Hohleisen mit halbrunder Schneide, denn es kann tiefer in das Holz eindringen, ohne daß seine oberen Ecken unter die Holzoberfläche gelangen. Zweck dieses Vorstechens ist es, das Holz auf der Abfallseite der Umrißlinie freizusetzen, so daß beim anschließenden Ausstechen der dünne Steg aus Abfallholz herausbröckeln kann und der dem Werkzeug entgegengesetzte Widerstand weitgehend verringert wird. Dieser Vorgang ist in Abb. 3.7 dargestellt.

Für den größten Teil der Arbeit kann das Hohleisen unter Handdruck oder Handballenschlägen verwendet werden. Manchmal aber muß der Klüpfel zu Hilfe genommen werden, besonders zum Vorstechen beim Figurenschnitzen oder beim Ausstechen. Der gewerbliche Holzbildhauer hat gewöhnlich zwei unterschiedlich schwere Klüpfel, von denen er so weit wie irgend möglich den leichteren benutzt, denn der Umgang mit einem unnötig schweren Gerät ist Kraftvergeudung.

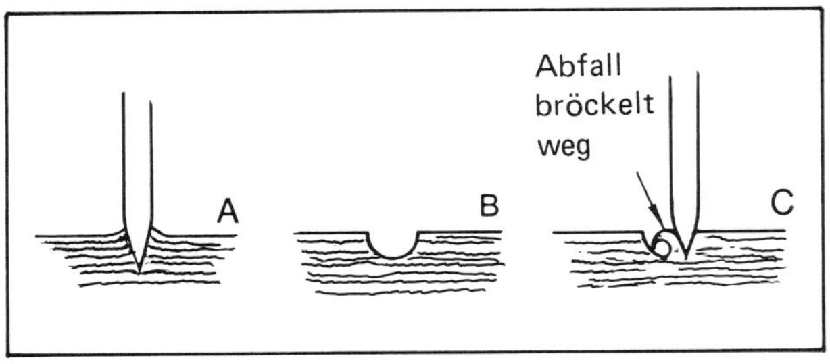

Abb. 3.7 Vereinfachtes Ausstechen in Hartholz

A — Werkzeug neigt zum Eindringen in die Umrißlinie
B — Vorstich mit dem Hohleisen auf der Abfallseite
C — Abfallholz bröckelt nach außen hin weg

Bei flachem Schnitzwerk, dessen Untergrund überall gleichmäßig herausgearbeitet werden muß, ist ein kleiner Grundhobel äußerst nützlich. Er dient nicht zur Beseitigung der Masse des Abfallholzes (hierfür werden normale Schnitzwerkzeuge verwendet), sondern er soll bereits angebrachte Stiche auf gleichmäßige Tiefe bringen. Deshalb wird beim vorbereitenden Grundausstechen die Tiefe etwas unter Fertigmaß gehalten und dann mit dem Grundhobel (oder mit einer Oberfräse bei umfangreicheren Arbeiten) überall gleichmäßig fertigbearbeitet.

Zurück bleibt eine mehr oder weniger glatte Oberfläche, die gewöhnlich zum Schluß noch mit einem leicht gekrümmten Hohleisen behandelt wird, damit die für Schnitzwerke charakteristischen Werkzeugspuren erhalten bleiben.

Aufspannen des Werkstücks

Eine sichere Befestigung des Werkstücks ist wichtig, damit beide Hände für das Werkzeug frei bleiben. Die Art der Aufspannung richtet sich nach der Form des Arbeitsstücks.

Bügelschraubzwingen

Eine Holzplatte kann zum Schnitzen mit gewöhnlichen Bügelschraubzwingen auf der Werkbank befestigt werden, falls sie so groß ist, daß die Zwingen dort angesetzt werden können, wo sie nicht im Wege sind (Abb. 3.8). Bei langen Stäben ist eine ähnliche Aufspannung möglich.

Spannklötze

Beim Schnitzen einer kleinen Holzplatte wären solche Zwingen jedoch hinderlich, so daß man zu einem einfachen Hilfsmittel greift: Den Spannklötzen aus Holz nach Abb. 3.9 A, die auf die Tischplatte geschraubt und so ausgekehlt sein können, daß sie möglich wenig vorstehen.

Noch einfacher ist das Verfahren nach Abb. 3.9 B, nämlich die Verwendung dünner Lattenstücke, die mit einem Ende auf dem Werkstück und mit dem anderen auf einem Abfallklotz aufliegen und in dieser Lage auf die Werkbank geschraubt werden.

Abb. 3.8 Aufspannung mit Bügelschraubzwingen

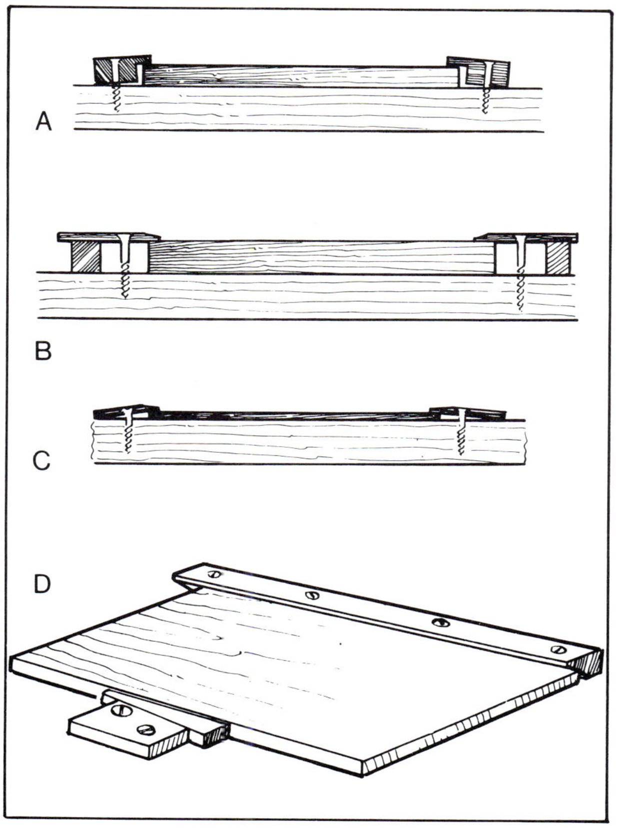

Abb. 3.9 Verschiedene Aufspannverfahren für Holzplatten usw.; Oberfläche bleibt weitgehend frei für ungehindertes Arbeiten

Dünne Holzplatten

Auch hierfür können Flachklötze nach Abb. 3.9 C benutzt werden. Sie sind nicht gefalzt (nicht dick genug dazu), dafür aber auf der das Werkstück niederhaltenden Seite abgeschrägt, so daß der Überstand gering ist. Abb. 3.9 D zeigt ein anderes Verfahren, bei dem es auf einer Seite überhaupt keinen Vorsprung gibt. Eine abgeschrägte Latte wird auf die Werkbank geschraubt und die Holzplatte unter die Abschrägung geschoben. In etwa 12 mm Abstand von der freien Kante der Holzplatte wird ein flacher Holzklotz auf die Werkbank geschraubt. Durch den dazwischengetriebenen Holzkeil wird das Werkstück festgehalten.

Manchmal hat das Werkstück eine ausgefallene Form oder ist so empfindlich, daß keines dieser Verfahren angewendet werden kann. Als Beispiel hierfür können die kleinen aufgesetzten Verzierungen dienen, die man gelegentlich an Chippendale- oder Adam-Möbeln sehen kann. Solche Stücke können bis zu 6 mm dünn sein und müssen in ihrer Kontur mit der Laubsäge bearbeitet werden, bevor mit dem Schnitzen begonnen werden kann. Hier ist der einfachste Weg das Aufleimen des ausgesägten Teils auf einen dickeren Holzklotz, mit einem Stück Zeitungspapier als Zwischenlage (Abb. 3.10). Es sollte dünnflüssiger Leim verwendet werden, damit das Werkstück nach dem Schnitzen mit einem dünnen Küchenmesser abgehoben werden kann. Das leimgetränkte Papier hält es auf seiner Unterlage sicher fest, gestattet aber gleichzeitig ein leichtes Ablösen. Der Holzklotz kann mit Zwingen oder, besser noch, mit einer Figurenschraube auf der Werkbank befestigt werden (Abb. 3.11).

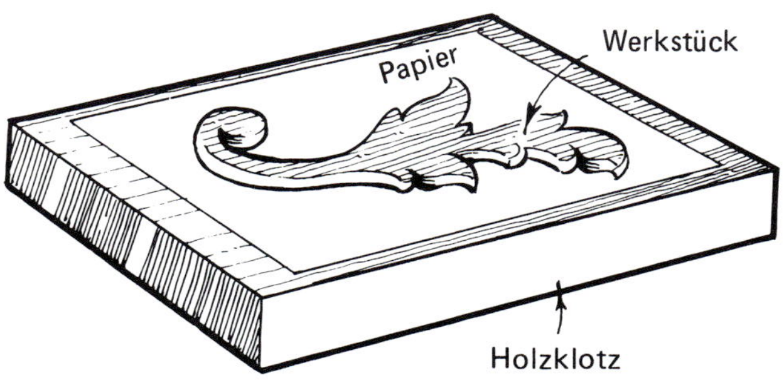

Abb. 3.10 Das Aufleimen kleinerer Teile

Figurenschrauben

Der große Vorteil der Figurenschraube liegt darin, daß sie störende und hinderliche Schraubzwingen überflüssig macht. Sie erfordert allerdings ein ziemlich großes Loch entweder im Werkstück oder in einem Abfallklotz, auf den das Werkstück vorübergehend geleimt wird. In

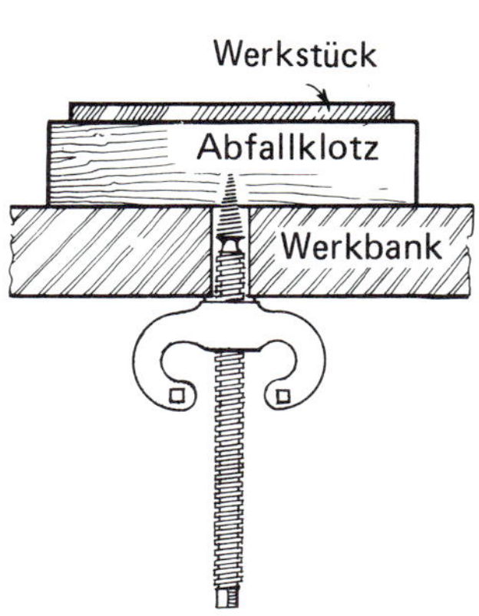

Abb. 3.11 Figurenschraube im Abfallklotz

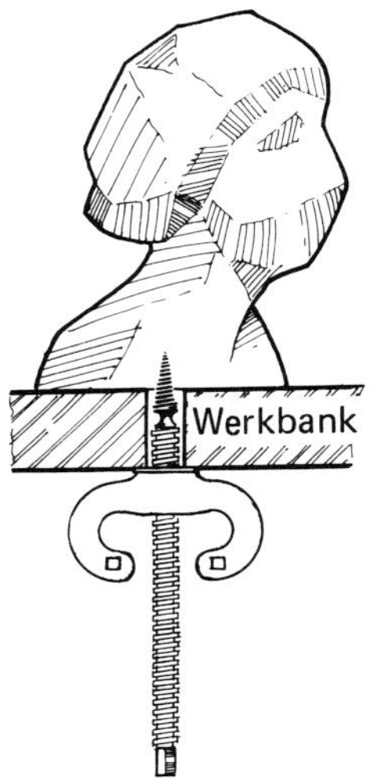

Abb. 3.12 Büste mit Figurenschraube aufgespannt

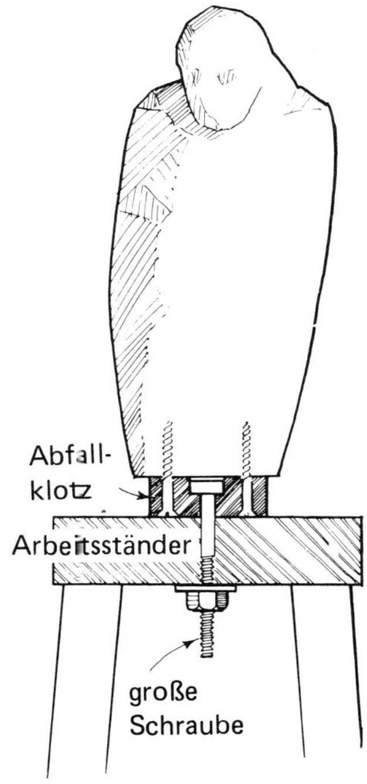

Abb. 3.13 Aufspannung schwerer Skulpturen auf dem Arbeitsständer

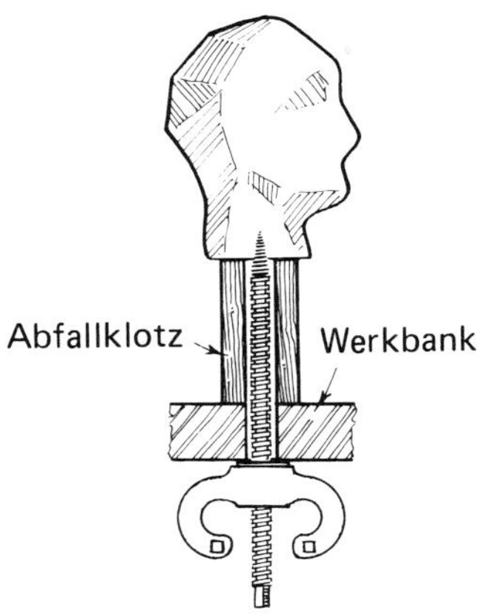

Abb. 3.14 Erhöhte Aufspannung auf der Werkbank

Abb. 3.12 ist die Schraube in den Fuß oder die Grundfläche des Schnitzwerks eingedreht, wo das Loch nicht auffällt. Nach Abb. 3.11 ist das Werkstück für die Aufnahme der Schraube zu dünn, weshalb sie in einem dicken Abfallklotz steckt.

Es ist klar, daß in der Aufspannung nach Abb. 3.12 das Schnitzen im oberen Bereich der Figur zwar verhältnismäßig leicht, die Arbeit in Tischplattenhöhe jedoch ziemlich erschwert wäre. Das Werkstück muß also erhöht aufgespannt werden, und hierzu bedient man sich einer einfachen Methode: Man bohrt ein Loch durch ein Stück Abfallholz, setzt das Werkstück darauf und dreht die Figurenschraube von unten ein. Jetzt kann das Schnitzwerk von allen Seiten erreicht und durch Lösen der Schraubenmutter beliebig gedreht werden (Abb. 3.14).

Schraubstöcke

Die gewöhnliche Spannvorrichtung an einer Hobelbank ist für Schnitzarbeiten nicht geeignet, da zu viel Holz entweder von der Spannbacke oder von der Bankkante verdeckt wird. Gut geeignet sind die hölzernen Schnitzerschraubstöcke, die je nach Ausführung mit den daran angebrachten Klemmen oder mit einer großen, durch ein Loch in der Tischplatte gesteckten Schraube auf der Werkbank befestigt werden. Zum Schutz des Werkstücks sollten seine Backen mit Leder bezogen werden. Noch besser ist der drehbare Parallelschraubstock, wie ihn der Schlosser benutzt. Ein solcher Schraubstock wird mit seinem Unterteil auf die Werkbank geschraubt, während sein Oberteil mit dem Werkstück beliebig gedreht werden kann (Abb. 3.15). Auch seine Backen müssen mit Leder verkleidet werden.

Arbeitsständer

Bei großen Skulpturen muß der Schnitzer um sein Arbeitsstück herumgehen und es von allen Seiten betrachten können, so daß die Aufspannung auf der Werkbank nichts nützen würde. Weit besser ist die Verwendung eines Arbeitsständers mit einer robusten Platte, versehen mit einer zentralen Bohrung zum Durchstecken einer Schraube. Er sollte stabil gebaut sein, damit

Abb. 3.15 Drehbarer Parallelschraubstock

kräftige Klüpfelschläge ihm nichts anhaben können. Der Schnitzer kann leicht um ihn herumgehen und seine Arbeit begutachten.

Zum Aufspannen des Werkstücks auf diesem Ständer gibt es mehrere Möglichkeiten. Man kann eine Figurenschraube verwenden, wenn das Material nicht zu schwer ist, oder einen Abfallklotz bei größeren Arbeiten. Letzterer erhält in der Mitte eine durchgehende Bohrung, durch die eine große Schraube gesteckt und unter der Platte mit einer Mutter festgezogen werden kann (Abb. 3.13).

Abb. 3.16 Figurenschnitzen mit Holzschraubstock und Arbeitsständer

Kapitel 4
Zeichnen und Entwerfen

Zeichnen ist die Grundlage jeder handwerklichen Kunst. Von der Zeichnung hängt die Qualität der Ausführung ab, und ohne Qualität ginge das wahre und höhere Ziel der handwerklichen Betätigung verloren. Geschickter Umgang mit Werkzeugen genügt nicht, ebensowenig wie Zeichnen und Entwerfen allein. Erst die Verbindung dieser beiden Fertigkeiten bringt das optimale Ergebnis. Dieser Grundsatz hat von jeher für alle Zweige des Handwerks gegolten; seine Befolgung hat dem Handwerker den Erfolg und damit die Freude an seinem Werk für alle Zeiten beschert, besonders wenn es funktionellen Zwecken dient.

Das vorliegende Buch verfolgt zwar in erster Linie das Ziel einer praktischen Einführung in das Holzschnitzerhandwerk, aber es hätte dieses Ziel verfehlt, wenn Zeichnen und Entwerfen dabei vernachlässigt würden. Die kreativen Fähigkeiten des angehenden Schnitzers müssen also durch Zeichnen geschult werden. Für diese Schulung gibt es zahlreiche Wege, die unter der Voraussetzung größtenteils beschritten werden können, daß sie nicht starr und einseitig sind und an einem bestimmten Material vorbeiführen.

Grundsätzlich sollte die gewählte Methode von Versuchsfreudigkeit und Wagemut geprägt sein.

Weiterhin sollte ein gewisser Zusammenhang mit einer bestimmten Richtung der Kunst oder des Handwerks vorhanden sein, gewissermaßen als Parallele zu den dazugehörenden Werkstoffen und Werkzeugen. Wenn Sie sich darüber hinaus vergegenwärtigen, daß jegliches Talent, das Sie besitzen oder hoffen sich anzueignen oder zu vertiefen, durch die Gabe des Gedächtnisses vervielfältigt werden kann, dann ist ohne weiteres zu verstehen, daß eine Grundform der Ausbildung im Zeichnen von wesentlicher Bedeutung ist. Immer wieder haben Lernende darüber geklagt, daß sie gute Bildhauerarbeit in Holz oder Stein zustandebringen, aber nicht zeichnen oder entwerfen können. Ihnen verständlich zu machen, daß die Gefälligkeit ihrer Werke durch diesen Mangel verlorengegangen ist, ist außerordentlich schwer.

Wie kann man sich denn nun im Zeichnen verbessern? In der Unterweisung angehender Holzschnitzer haben sich die folgenden Anregungen als äußerst wertvoll erwiesen. Da das Gedächtnis aus gespeicherten Beobachtungen besteht, muß dieser Speicher immer gut gefüllt gehalten und von Zeit zu Zeit aufgestockt werden, und zwar nicht nur durch das Studium herrlicher alter Meisterwerke, sondern auch der besten zeitgenössischen Arbeiten. Mit den dadurch erworbenen Kenntnissen kann man seinen Beitrag zur Fortführung und Erhaltung des Erbes leisten, das uns die alten Meister hinterlassen haben.

Skizzenbuch

Der erste Ratschlag: Legen Sie sich ein Skizzenbuch an und füllen Sie es mit Zeichnungen von Dingen, die Sie interessieren — nicht nur von Schnitzwerk aus früheren Perioden (das zwar wichtig ist), sondern auch mit Gegenständen, die bedingt durch das Zeitalter, in dem wir leben, von Interesse sind. Sogar wissenschaftliche Geräte und alle die wunderbaren Formen, die mit ihrer Hilfe in zahlreichen Variationen geschaffen werden können, sind des Festhaltens wert. Versuchen Sie, Bewegungsabläufe im Sport oder im Leben der Tiere und Pflanzen auszudrücken und erweitern Sie damit den Umfang des Materials für Ihr Skizzenbuch. Auch die Kleidung sollte nicht übersehen werden, besonders wenn sie mit den Tätigkeiten der heutiten Zeit im Zusammenhang steht: Die Ausrüstung eines Motorradfahrers oder eines operationsbereiten Chirurgen. Vor einiger Zeit mußte ich Flugzeuge für ein Wappen schnitzen, aber für einen ähnlichen Zweck auch Krokodile.

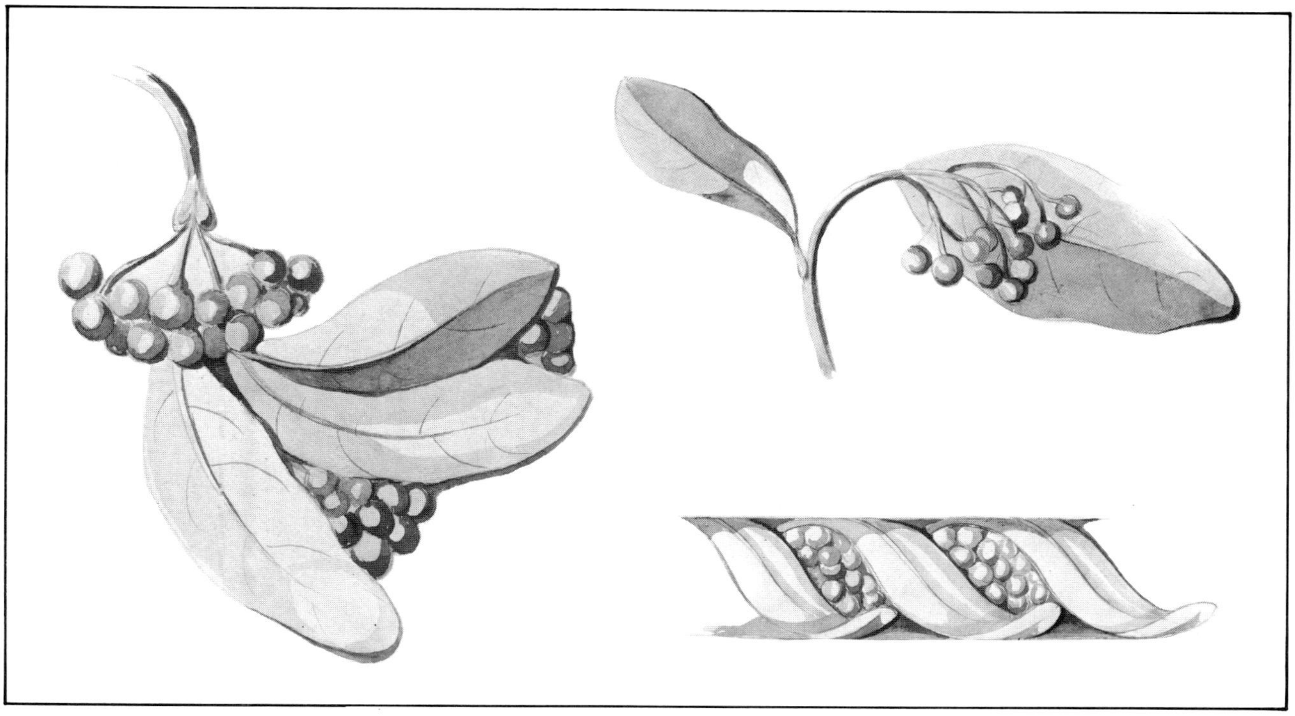

Abb. 4.1 Der Natur entnommene Motive zum Holzschnitzen

Die Reihe der Motive ist endlos; dennoch sind sie zum Zeitpunkt ihrer Wahrnehmung im Skizzenbuch festzuhalten. Ich habe Skizzenbücher, die mir von jungen Schülern zur Prüfung vorgelegt wurden, durchgesehen und daran ihr Interesse an einem bestimmten Studiengebiet und vielfach auch der ernsthaften Forschung erkennen können. Darüber hinaus gibt es eine Fülle von traditionellen Arbeiten in Museen, Kirchen usw. Machen Sie davon Bleistiftskizzen, analysieren Sie diese und zeichnen Sie Einzelheiten von ihnen, schreiben Sie auf, aus welchem Material sie geschnitzt und wie ihre Oberflächen behandelt worden sind. Ist das Schnitzwerk vergoldet, so betrachten Sie es eingehend im Lichte des diesbezüglichen Kapitels 19 und stellen Sie fest, ob die Vergoldung poliert (geglättet) oder matt ist, ob die Grundierung aus Feingips oder Farbe besteht. Ist der Gips dick aufgetragen und dann statt des Holzes geschnitzt worden, wie bei den schönen Tischplatten im georgianischen Stil? Versehen Sie Ihre Skizze immer mit einem Datum, das später von Interesse sein kann.

Nicht alles, was Sie skizziert haben, muß unbedingt gut in Entwurf und Ausführung sein. Darum geht es nicht. Der Zweck der Übungen im Skizzenbuch liegt einzig und allein darin, Ihr Interesse zu wecken, Ihre erfinderischen Fähigkeiten zu schulen und Sie in die Lage zu versetzen, sich mit dem Bleistift frei auszudrücken. Ihr Skizzenbuch wird so zu einem reichen Schatz an Informationen und liefert Ihnen Themen für Ihre Entwürfe, sei es im Zuge des Althergebrachten oder auf individueller Basis.

Zeichnen nach der Natur

Die Bedeutung des naturgetreuen Zeichnens und eingehenden Studiums der Pflanzenwelt wäre in diesem Zusammenhang hervorzuheben. Rufen wir uns den Zweck dieses Buches in Erinnerung, dann dürfte das Zeichnen von Pflanzen eher dazu geeignet sein, Erfahrungen in Entwurf und Ausführung von Holzschnitzwerken zu sammeln und Freude daran aufkommen zu lassen. Wenn Sie hierin erfolgreich sein, den Unterschied zwischen einer guten und einer schlechten Linienführung erkennen und die natürliche Form als Optimum begreifen wollen, müssen Sie nach der Natur zeichnen. Durch die Jahrhunderte ist dies die Grundlage der Ornamentik gewesen, ob sie nun naturalistisch wie der Zierat an mittelalterlichen Schnitzereien oder in der wesentlich konventionelleren oder "raffinierten" Form der Renaissance ausgeführt wurde, die unter den Oberbegriff "Akanthus-Blattwerk" fällt. Welch ein Reichtum an interessanten Motiven!

Auch die Geschichte wäre ohne Ornamente ärmer, denn Bruchstücke, die in der ganzen Welt gefunden worden sind, liefern den Geschichtsschreibern eine Fülle von Informationen, nach denen sie genaue Daten festlegen können.

Was das Holz angeht, so sind gut ausgeführte Verzierungen dem Gesamtaufbau des betreffenden Gegenstandes förderlich. Andererseits gibt es an Möbelstücken von heute viel Zierat, der weder im geringsten zur Attraktivität beiträgt noch den Gesamteindruck in irgendeiner Weise günstig beeinflußt.

Zeichenübungen

Und nun zur Praxis mit Bleistift und Papier. Wählen Sie aus der Pflanzenwelt nach Belieben, aber überlegen Sie dabei, ob die Blume, die Frucht oder die Blätter, für die Sie sich entscheiden wollen, ohne den Verlust ihrer charakteristischen Merkmale in Holz umgesetzt werden können. Skizzieren Sie in natürlicher Größe, und zwar eher schematisch als bildhaft. Reißen Sie die Hauptkonturen wie beim Schnitzen auf und gehen Sie danach zur Schraffur und Schattie-

Abb. 4.2 Pflanzendarstellungen

Abb. 4.3 Pflanzendarstellungen

rung der Teile über, die später beim Schnitzen herauszuarbeiten sind, denn sie lassen häufig schon das Relief und die Stärke des Materials erkennen.

Fertigen Sie vor Vollendung der Zeichnung auf demselben Blatt Papier noch einfache Skizzen von Motiven an, wie die Natur sie anregt, und zeichnen Sie Teilstücke an verschiedenen Stellen, während Sie die Pflanze oder Blattranke vor Augen haben. Dies wird Sie in die Lage versetzen, eine Holzschnitzarbeit mit Selbstvertrauen in Angriff zu nehmen. Selbstsicheres Formstechen wird dann an die Stelle zaghafter und sporadischer Schnitte treten, die stets die Einheitlichkeit in der Fertigbearbeitung vermissen lassen und gewöhnlich auf den Mangel an Verständnis für das Motiv zurückzuführen sind. Die Abbildungen 4.1, 4.2 und 4.3 sind frei gewählte Pflanzendarstellungen; sie dienen zum Entwerfen von Schnitzarbeiten und zur Veranschaulichung dessen, wie wichtig es ist, das Motiv vor dem Schnitzen zu verstehen.

Heraldik

Die Arbeit (Zeichnen und Schnitzen) in der Wappenkunde ist ein weiteres hochinteressantes Gebiet. Sie bietet geistige und praktische Vertiefung und farbiges Erleben, ergänzt durch Fertigkeit im Vergolden, dessen Grundlagen in Kapitel 19 und 20 erläutert werden. Die Heraldik ist ein großartiges Thema für jeden Kunsthandwerker, besonders aber für den Holzschnitzer. Auch ist sie Wissenschaft und Kunst zugleich. Was erstere betrifft, so war sie bis zum 13. Jahrhundert schon vollständig ausgearbeitet, und Klassifizierung und Nomenklatur wurden in jeder Wappenverleihungsurkunde klar festgelegt. Die Heraldik ist nicht kompliziert, denn in ihr hat jede Einzelheit ihren Namen; es gibt zwar viele solcher heraldischer Begriffe, aber in den Fachbüchern werden sie alle anhand von Skizzen erklärt. Für jedes Wappenzeichen gibt es nur fünf Farben, nämlich Rot, Blau, Grün, Schwarz und Purpur sowie die beiden Metallfarben Gold und Silber.

Ob ein Wappen mit allen Feinheiten ausgeführt wird oder nicht, richtet sich allein danach, wie der Kunsthandwerker seine Vorstellungen in dem ihm eigenen Material auszudrücken vermag — in unserem Falle also in Holz. Auch hier wieder sind gutes Zeichnen und Entwerfen die Kriterien. Die Freiheiten, die der Künstler dem Handwerker in der Anfertigung eines Wappenzeichens läßt, sind vielfältiger Art — immer vorausgesetzt, daß er sich an die (wissenschaftlichen) Grundregeln hält.

Nun zur Praxis. Versuchen Sie sich an der guten Wiedergabe eines Wappenschildes, vorzugsweise in Farbe. Gehen Sie beim Zeichnen gründlich vor und setzen Sie wie bei den Pflanzen voraus, daß Sie es in Holz schnitzen werden. Dadurch arbeiten Sie freudiger und zielbewußter. Vergessen Sie dabei folgendes nicht:

a) Die richtigen Proportionen, beispielsweise zwischen Schild und Helm und zwischen Helmdecke und Helmzier, sind als Arbeitsgrundlage festzulegen.

b) Die Form des Schildes kann frei gewählt werden, solange Proportionen, Zweckmäßigkeit und Werkstoffe in Betracht gezogen werden.

Abb. 4.4 Christus, auf einem Esel reitend
Lindenholzskulptur aus Süddeutschland aus dem späten 15. Jahrhundert (Crown Copyright)

c) Da das Ganze farbig angelegt wird, brauchen die Wappenbilder nur leicht im Relief geschnitzt zu werden; ihre Zeichnung sollte in einfachen kräftigen Umrissen angelegt werden und die Schildform ganz ausfüllen, selbst wenn sie übertrieben oder wie das Beispiel des Wappenlöwen in Abb. 7.1 einfach erscheint.

d) Bei Helmdecke, Helm und Helmzier sollte die ganze Dicke des Materials weitgehend ausgenutzt werden. An guten Beispielen ist zu erkennen, was damit gemeint ist.

Mit den Grundkenntnissen aus Büchern und den Erfahrungen aus dieser Übung wagen Sie sich dann an einen Originalentwurf auf der Grundlage eines Familiennamens, einer Stellung, eines Berufs oder einer Kombination daraus. So etwas wird in der Heraldik ein Rebus genannt, das schon im 13. Jahrhundert als Grundlage für die Anfertigung von Wappenzeichen gedient hat und noch heute dient. In kirchlichen und weltlichen Werken gibt es zahllose Beispiele, die Anregungen für die weitere Arbeit liefern können.

Simswerk

In dem Kapitel über Zier- und Kehlleisten (Gesimse) haben die angeführten Beispiele traditionelle Grundlagen, so daß man sich die Praxis des Schnitzens schnell aneignen kann. Auch hier bietet sich eine Gelegenheit zum Zeichnen und Entwerfen. Betrachten Sie die Abbildungen 10.8 bis 10.11. Zeichnen Sie die Profile auf einem Bogen Papier nach und entwerfen Sie dann ein paar Originalmuster neben den bester traditionellen.

Damit werden Sie zumindest in die einfachste Form des Entwerfens eingeführt, d. h. in die Wiederholung. Mit fortschreitender Praxis kommen dann Proportion, Komposition und Schönheit der Linienführung hinzu, besonders wenn sie mit Werkzeugen für ein bestimmtes Handwerk und einem festgelegten Zweck in Verbindung stehen.

W. R. Lethaby hat das in eindrucksvoller Weise so ausgedrückt: "Eine gut ausgeführte Verzierung kann als eine Sprache bezeichnet werden, die an das Auge gerichtet ist — als erfreulicher Gedanke, in der Redeweise des Werkzeugs ausgedrückt."

Kapitel 5
Übungen im Umgang mit Werkzeugen

Durch diese Übungen soll der Anfänger die Handhabung seiner Werkzeuge lernen und Vertrauen im Umgang damit gewinnen. Bei der in Abb. 5.1 gezeigten Schnitzerei handelt es sich um ein einfaches herkömmliches Blattwerk, das keine bestimmte Stilrichtung vertritt und, abgesehen von dem eines einfachen Zieratmotivs, keinen eigenen Zweck erfüllt. Es spielt überhaupt keine Rolle, ob die Arbeit haargenau nach der Bilddarstellung ausfällt; wenn Sie Ihre eigenen Ideen hineinbringen, ist das sogar von Vorteil. Im wesentlichen geht es um die langen fließenden Stiche in der natürlichen Form der Blätter, wobei gleichzeitig die Eigenheiten des Holzfaserverlaufs zu beachten sind. Wechseln Sie beim Modellieren auch das Werkzeug von der rechten in die linke Hand, wodurch Sie an Sicherheit gewinnen, besonders bei dreidimensionalen oder gedrechselten Werkstücken sowie bei der Arbeit an solchen, die sich nach dem Aufspannen auf der Werkbank nicht mehr ohne weiteres bewegen lassen oder Bestandteile eines fest eingebauten Gegenstandes sind.

Zuerst muß der Entwurf auf das Holz übertragen werden. Eine Möglichkeit hierzu besteht darin, ein Quadratnetz auf ein Blatt Papier zu zeichnen und das Muster in Abb. 5.2 darin zu vergrößern.

Abb. 5.1 Einfaches Blattmuster für den Anfänger zur Übung im Ausstechen und Modellieren

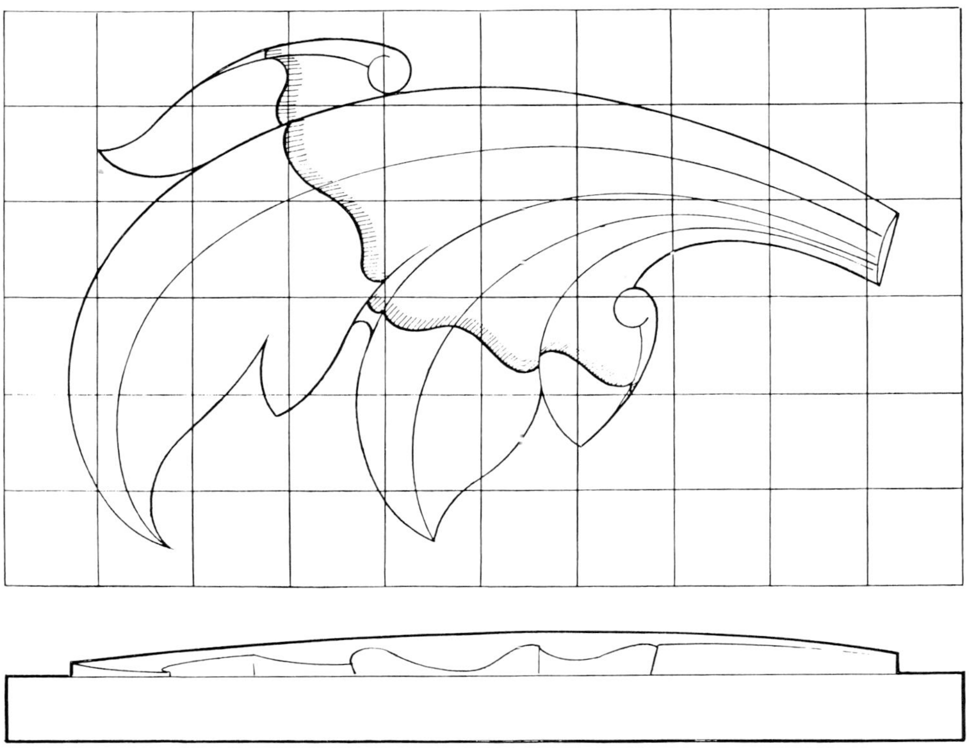

Abb. 5.2 Das Muster in einem Gitter aus Quadraten von 25 mm Seitenlänge, geeignet zum Nachzeichnen auf Papier und Übertragen auf das Holz

Geben Sie sich nicht damit zufrieden, das Ganze lediglich als eine Anzahl von Strichen zu betrachten, die sich an bestimmten Stellen mit den Quadraten kreuzen, sondern benutzen Sie das Gitter mit dem Entwurf nur als Anhaltspunkt für den Anfang. Später kann diese Methode abgewandelt oder fallengelassen und durch andere ersetzt werden, die Ihnen vertrauter sind.

Wer dies bevorzugt, kann eine Freihandzeichnung des Musters mit Variationen im Entwurf anfertigen, wobei allerdings nicht vergessen werden darf, daß diese konventionelle Blätterform rhythmisch gewachsen ist und die Werkzeugstiche sich vom Stengel aus fächerförmig ausbreiten. Hierin besteht der Unterschied gegenüber dem natürlichen Laub, wo sich von der Hauptader des Blattes immer Nebenadern erstrecken. Daß dies bei den Blättern in Abb. 5.1 nicht genauso ist, spielt keine Rolle, solange die Linien harmonisch und fließend geführt sind.

Übertragung des Entwurfs

Das Muster auf dem Papier kann mit Hilfe von Kohlepapier (Durchschlagpapier) auf das Holz übertragen werden, wobei sich das Papier nicht verschieben darf. Am einfachsten ist es, das Papier über die Holzkanten zu legen und mit Klebestreifen zu befestigen. Benutzen Sie hierzu möglichst keine Reißzwecken, denn sie hinterlassen Löcher, die manchmal trotz späterer Ausfüllung unansehnlich wirken. Linde ist das ideale Holz für diese Übung, aber jedes andere saubere Stück Weichholz tut es auch. Glattkiefer bester Qualität oder die weicheren Harthölzer, wie Walnuß, Honduras-Mahagoni, Agba, Birne usw., sind ebenfalls gut geeignet.

Grundausstechen

Das Material, das als erstes entfernt werden muß, ist der sogenannte Grundausstich. Hierzu wird ein Streichmaß auf eine Tiefe von 11 mm eingestellt und um die Kanten herumgezogen. Mit einem ziemlich großen halbrunden Hohleisen (13 oder 19 mm) wird der Grund nun von den Kanten aus mit einem Aufmaß von etwa 1 mm auf Fertigtiefe ausgestochen. Lassen Sie am Anfang das Hohleisen, wenn es sich der Umrißlinie nähert, zur Oberfläche hin auslaufen (Abb. 5.3) und arbeiten Sie möglichst quer zur Faser, um die Gefahr des Ausreißens zu verringern. Auch können Sie dabei feststellen, ob Ihr Werkzeug wirklich scharf ist. Je nachdem, wie zäh das Material ist, kann auch der Klüpfel benutzt werden.

Nun führen Sie das Hohleisen um die Hauptkontur herum (Abb. 5.4), wobei Sie sich etwa 2–3 mm von der Umrißlinie fernhalten und unter Auslassung aller kleineren Einzelheiten nur annähernd an die Form herangehen. Dadurch soll für den nächsten Arbeitsgang des Ausstechens der Widerstand des Materials verringert werden. Beim weiteren Ausstechen wird dann ein ziemlich flachgewölbtes Hohleisen ungefähr 2 mm von der Umrißlinie entfernt angesetzt (Abb. 5.5). Auch hierbei werden die Details ausgelassen, jedoch wird der Umrißlinie einigermaßen dicht gefolgt. Dabei werden Sie feststellen, daß das Holz auf der Abfallseite leicht wegbröckelt (Abb. 5.4 B), bedingt durch den ringsherum geführten Vorstich mit dem Hohleisen. Stechen Sie nicht über die Tiefe des Untergrunds hinaus. Jetzt kann der Grund mit dem halbrunden Hohleisen ganz bis zur Umrißlinie ausgestochen werden.

Zum Fertigausstechen genau bis zur Umrißlinie wählen Sie schließlich Hohleisen, deren Form der jeweiligen auszustechenden Krümmung angenähert sind, und arbeiten damit noch einmal um die Form herum. Achten Sie auch jetzt wieder darauf, daß Sie nicht zu tief stechen. Um den Grund möglichst weitgehend abzuflachen, benutzen Sie ein nur ganz leicht gekrümmtes Flacheisen mit einer Breite von 19–25 mm. Damit bearbeiten Sie den Grund ganz an die Form heran und achten darauf, daß die Ecken des Werkzeugs nicht in das Holz eindringen. Schließlich prüfen Sie mit einem aufgelegten Lineal, ob die Grundfläche einigermaßen eben ist.

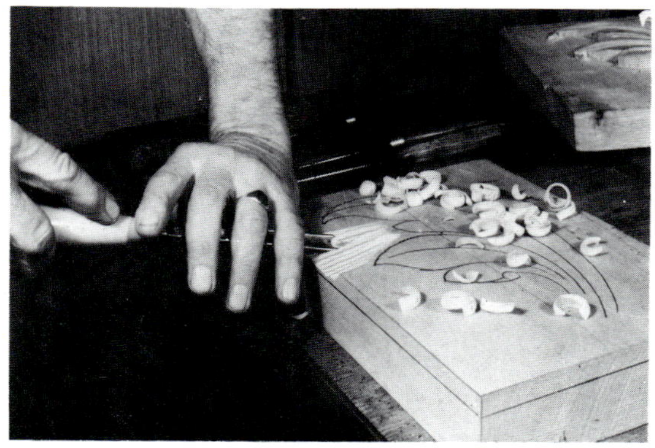

Abb. 5.3 Erster Arbeitsgang beim Grundausstechen

Diese Arbeitsgänge sind ausgezeichnete Übungen im Umgang mit den Werkzeugen. Die zurückbleibende Oberfläche des Untergrunds soll zwar einigermaßen flach sein, versuchen Sie aber trotzdem nicht, alle Werkzeugspuren zu beseitigen. In diesem besonderen Fall wird der Grund größtenteils mit Balleisen unterschiedlicher Größe fertigbearbeitet, wobei in engen, für ein Balleisen nicht leicht erreichbaren Bereichen auch gekröpfte Flacheisen verwendet werden können.

Lassen Sie die Werkzeugspuren stehen, wenn Sie dem Aussehen des Schnitzwerks förderlich sind.

Es darf jedoch nicht vergessen werden, daß eine glatte und saubere (nur mit Beiteln hergestellte) Oberfläche manchmal verlangt wird, besonders an Möbelstücken und kleineren Teilen. Die hier-

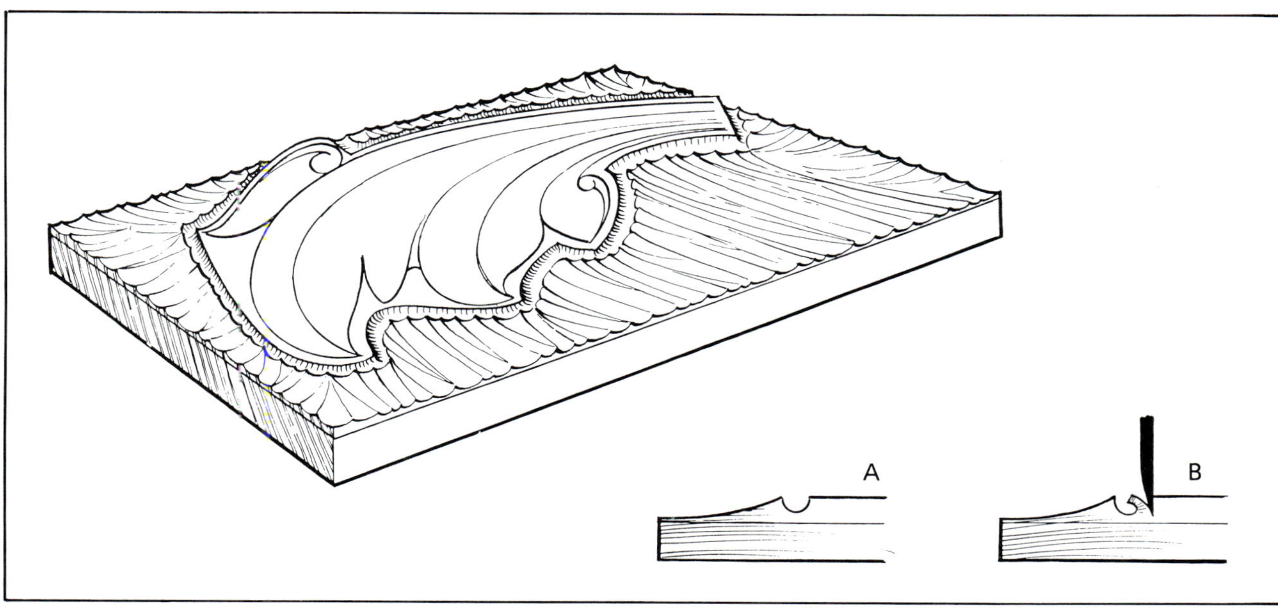

Abb. 5.4 Zweiter Arbeitsgang beim Grundausstechen: Der Hohleisenstich in der Nähe der Umrißlinie (A) gestattet beim Ausstechen der Kontur (B) ein leichtes Wegbröckeln des Holzes

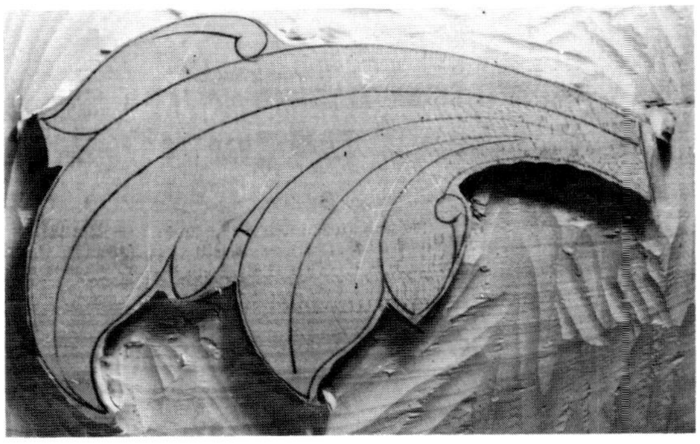

Abb. 5.5 Ausgestochener Untergrund

Abb. 5.7 Teilweise modelliertes Blattwerk

Abb. 5.6 Formstechen mit dem Hohleisen

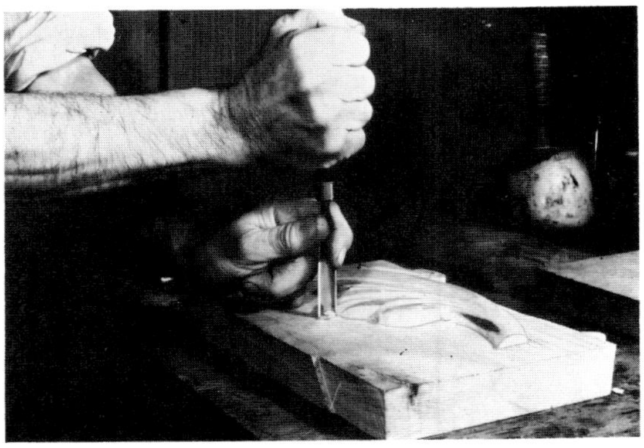

Abb. 5.8 Ausstechen mit dem Hohleisen

mit verbundenen Schwierigkeiten sind nicht so groß, wie es scheint, und es wäre Ihnen anzuraten, bei dieser Übung beide Methoden auszuprobieren.

Die rechte Hand umfaßt das Beitelheft und bewirkt den Schub, während die linke Hand die Klinge und das Heft in etwa gleichmäßig umfaßt und dem Schub des Werkzeugs eine Art Widerstand oder „Bremswirkung" entgegensetzt. Das Werkzeug wird praktisch durch die Koordination der Bewegungen beider Hände geführt und gesteuert – eine Koordination, die nach einiger Übung in Fleisch und Blut übergeht.

Modellieren

Nun folgt der interessante Teil der Arbeit, das sogenannte Formstechen, in seiner ersten Phase auch "Vorformstechen" genannt. Aus Abb. 5.2 ist zu erkennen, daß die Oberfläche des Blattwerks nicht gleichmäßig, sondern wellenförmig verläuft, wobei sie von den hochgelegenen Stellen fast bis zur Ebene des Untergrunds absinkt. Benutzen Sie ein ziemlich breites, mäßig gekrümmtes Hohleisen von etwa 19 mm und arbeiten Sie mit langen gleichmäßigen Stichen, wobei Sie der Richtung der Hauptader folgen. Machen Sie sich nicht allzu viele Gedanken über die Stege zwischen den gestochenen Rillen; die Hauptsache ist, daß Sie Ihre Stiche mit sicherer Hand ziehen und dem Werkzeug genau die gewünschte Bewegungsrichtung geben. Wenn es in der einen Richtung zum Ausreißen neigt, versuchen Sie es in der anderen. Stechen Sie die Hohlräume zuerst, wobei das Hohleisen mit der gerundeten Seite nach unten gehalten wird. An den beiderseitigen Übergängen in einen abgerundeten Teil setzen Sie dann ein wenig gekrümmtes Hohleisen mit der Hohlseite nach unten an.

Beim ersten Versuch werden Sie vermutlich feststellen, daß sich die Ecken des Hohleisens im Holz verfangen und es zerfasern. Keine Sorge! Versuchen Sie es noch einmal (notfalls auch drei- oder viermal) und immer mit langen fließenden Stichen, wobei Sie an der Richtung der Beitelspuren die natürliche Blattform erkennen können.

Es ist unvermeidlich, daß die Holzfaser teilweise ausreißt. Bei einem langgezogenen Stich kann das Eisen sauber und glatt ansetzen, um dann das Holz dem Ende zu einzureißen oder umgekehrt. Durch Arbeiten in entgegengesetzter Richtung kann aber meistens eine saubere Oberfläche erzielt werden. Abb. 5.6 zeigt den Arbeitsgang des Formstechens.

Vermeiden Sie beim Modellieren von Blattwerken dieser Art eine flache oder ,,platte'' Wirkung. Streben Sie vielmehr einen fließenden, natürlichen und wellenförmigen Gesamteindruck an. Halten Sie das Schnitzwerk in Augenhöhe und schauen Sie darüber hinweg. Dabei werden Sie die wahre Form in ihrer Gesamtheit erkennen.

Fertigausstechen

Sie werden feststellen, daß sich die Umrisse des Musters durch das Formstechen verändert haben, so daß die Kontur ein zweites Mal ausgestochen werden muß. Zeichnen Sie die gewünschte Umrißlinie leicht mit Bleistift auf und arbeiten Sie mit gut geschärften Hohleisen, die der auszustechenden Form in etwa entsprechen.

Abb. 5.9 Herkömmliches Blattwerk auf einem gedrechselten Lindenholzrondell (geschnitzt von Ronald Gilbert)

Abb. 5.10 Vergoldetes und farbig angelegtes Wappen in Lindenholz, etwa 120 cm hoch (geschnitzt von Sydney Riches)

Stechen Sie sauber und mit leichtem Unterschnitt in die Stiche auf beiden Seiten hinein. Dies sind nämlich die letzten Stiche, die der Arbeit ihr endgültiges "Gesicht" verleihen. Dann muß der Untergrund bis zur neuen Umrißlinie fertiggestochen werden, und dabei werden Sie erkennen, warum es von Anfang an wichtig war, nicht zu tief auszustechen. Zu tiefe und falsch angesetzte Stiche würden sich jetzt auf dem Untergrund häßlich bemerkbar machen.

Nach Vollendung des Schnitzwerkes wäre es eine gute Übung, den gleichen Entwurf freihändig auf ein anderes Stück Holz zu zeichnen und die Konturen nur mit einem Geißfuß schnell auszustechen. Sie werden erstaunt sein, wie sicher Sie schon im Zeichnen und im Umgang mit den Werkzeugen geworden sind. Und außerdem können Sie dadurch feststellen, wie scharf Ihr Geißfuß wirklich ist, denn er muß mit einem vielseitig gerichteten Faserverlauf im Holz fertigwerden.

Kapitel 6
Einfache Beitelstiche

Dieses sogenannte Kerbschnitzen ist in mancher Hinsicht die einfachste Form der Schnitzarbeit. Es wird nicht versucht, irgendetwas zu formen oder zu modellieren, sondern die Wirkung wird einzig und allein durch einfache Stiche mit Hohl- oder Balleisen erzielt, wobei allerdings exaktes und sauberes Stechen ausschlaggebend ist. Die Kerbschnitzerei kann außerordentlich wirkungsvoll sein, besonders bei wiederkehrenden und verschiedenartig gestalteten Mustern, und ist während der Periode der Möbelherstellung aus Eichenholz weitgehend angewendet worden. Beim Kerbschnitzen ist die Tiefe und Form der Stiche der Dicke des Holzes angemessen, so daß sich die anfallenden Späne leicht und sauber abtrennen lassen. Letzteres ist in der Tat das Hauptmerkmal dieser Art des Schnitzens. Das Abschaben oder Auskratzen von Abfallspänen

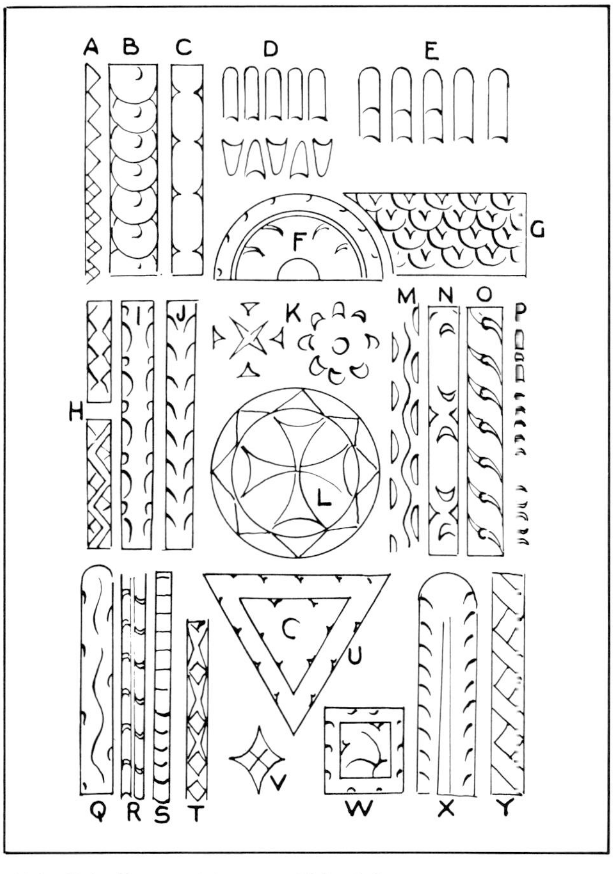

Abb. 6.1 Bezugsskizze zu Abb. 6.2

Abb. 6.2 Tafel mit einfachen Hohl- und Balleisenstichen

dürfte nicht erforderlich sein; ist es notwendig, so ist dies ein Zeichen dafür, daß nicht einwandfrei gearbeitet wurde. Der erste Stich liegt normalerweise quer zur Faser, während der zweite in den ersten hinein verläuft und damit den Span freisetzt. In einigen Fällen können drei Stiche aus verschiedenen Richtungen notwendig sein.

Die Tafel in Abb. 6.2 enthält größtenteils einfache gerade Stiche mit dem Hohl- oder Balleisen. Vereinzelt kann ein vorbereitendes Aushöhlen oder Abrunden des Untergrunds verlangt werden, aber die Verzierungen selbst werden mit einfachen Grundstichen angebracht. Gewöhnlich wird quer zur Faser nach unten gestochen und der Span dann durch einen schrägen oder horizontalen Stich abgenommen.

Hohleisenstiche

Abb. 6.3 zeigt ihre einfachste Art, bei der nur ein Hohleisen verwendet und der Stich nach unten (Abb. 6.4 A) angesetzt wird. Man beachte dabei die leichte Neigung des Beitels nach außen, um die ausgestochene Fläche leichter sichtbar zu machen. Ein genau senkrechter oder gar unterschneidender Stich würde eine dünne Kante hinterlassen, was nicht so günstig wäre.

In Weichhölzern wie Linde oder Kiefer genügt für den Stich nach unten der Druck mit der Hand (Abb. 6.7) oder ein leichter Schlag mit der offenen Handfläche, wogegen bei härteren Hölzern der Klüpfel benutzt werden muß. Auf entsprechendem Abstand wird das Hohleisen dann mit einer Neigung in das Holz gedrückt und das Beitelheft fast augenblicklich gesenkt, so daß der Stich parallele Seiten erhält (Abb. 6.4 und 6.8). Bemühen Sie sich, den Stich in einem Zuge fertigzumachen, wodurch die Arbeit das so wichtige frische Aussehen erhält. Entspricht das Ergebnis dieser Bemühungen jedoch nicht Ihren Erwartungen, dann versuchen Sie, zunächst den Hauptteil des Materials herauszunehmen und nur eine dünne Lage zum Fertigstechen stehenzulassen.

Sind mehrere solcher Hohleisenstiche hintereinander anzulegen, so ist es im allgemeinen ratsam, alle Stiche nach unten zuerst einzubringen. Hierfür gibt es zwei Gründe: Einer davon ist, daß die Beitelschneide bei diesen Stichen schnell zum Abstumpfen neigt. Wenn alle senkrechten Stiche angebracht worden sind, kann das Werkzeug nachgeschärft und für die feinere und genauere Arbeit des Abschälens der Späne verwendet werden.

Noch wichtiger aber ist der zweite Grund. Durch die senkrechten Stiche werden nämlich infolge der Keilform der Beitelschneide die Holzfasern verdrängt, so daß es leicht vorkommen kann, daß dann, wenn der danebenliegende Span beseitigt worden ist, der zurückbleibende schwache Holzsteg zerbröckelt. Abb. 6.5 zeigt diesen Vorgang eindeutig, und man sollte sich ihn für alle späteren Fälle merken. Manchmal wird die Neigung des Hohleisens beim Einstechen in das Holz so gehalten, daß die Ränder des Stiches konisch statt parallel verlaufen (Abb. 6.6). Das kann bei bestimmten Arbeiten wirkungsvoll sein, aber im allgemeinen sind parallele Stiche vorzuziehen.

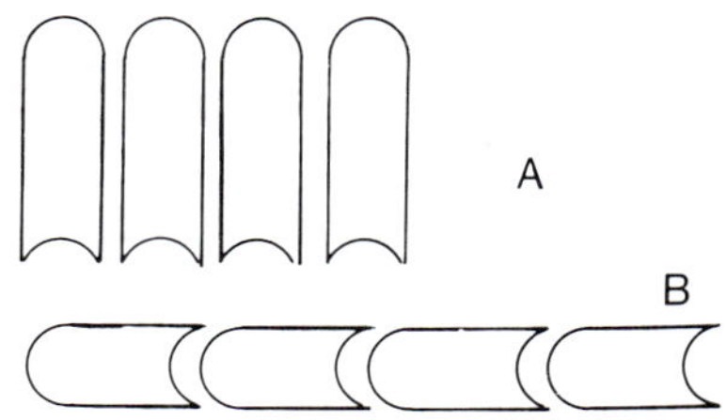

Abb. 6.3 Hohleisenstiche mit parallelen Seiten

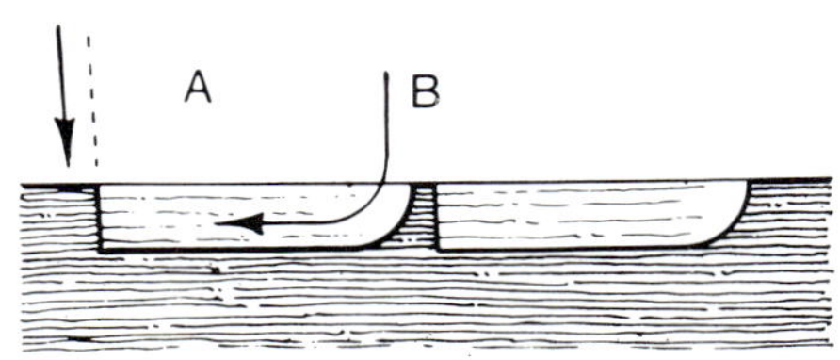

Abb. 6.4 Stich nach unten (A), Ausheben des Spans (B)

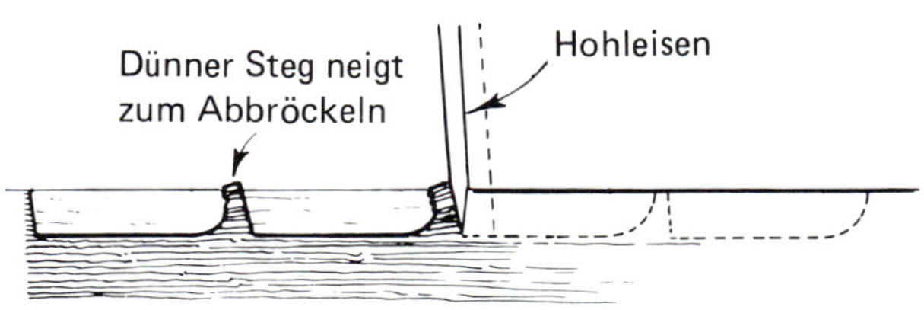

Abb. 6.5 Zuerst alle Stiche nach unten

Abb. 6.6 Hohleisenstiche mit konischen Seiten

Abb. 6.7 Anbringung der Stiche nach unten (Abb. 6.7 und 6.8 bezogen auf die Muster D, E, F und R in Abb. 6.1 und 6.2)

Abb. 6.8 Ausheben der Späne mit dem Hohleisen

Eine weitere Abart ist der Hohleisenstich mit darin verbleibender Zunge (Abb. 6.2 E), wofür zwei Stiche nach unten angelegt werden, von denen der untere flacher ist als der andere. Dann wird die obere Rille in der üblichen Weise ausgestochen und die Rundung der Zunge anschließend fertiggestellt, wofür ein Balleisen oder leicht gekrümmtes Flacheisen benutzt werden kann. Andere Variationen desselben Themas sind in Abb. 6.2 P und R dargesteilt. Diese Form der Verzierung ist besonders wirkungsvoll, wenn zunächst eine gerundete Nut angelegt wird und die Hohleisenstiche in diese eingebracht werden. Bei dem Muster in Abb. 6.2 N ist dies der Fall, nur daß die Richtung der Hohleisenstiche umgekehrt ist. Zwischen den Haupttaschen befinden sich kleinere Stiche, die in ähnlicher Weise, jedoch mit einem kleineren Hohleisen eingebracht worden sind.

Zierrillen

Wieder eine andere Form ist das Muster in Abb. 6.2 C. Hier werden zunächst die Kanten mit Bleistiftstrichen markiert. Dann wird die mittlere Hauptrille mit einem einigermaßen flachen Hohleisen herausgearbeitet und mit einem Geißfuß auf beiden Seiten eine V-Nut gestochen. Eine zusätzliche Mittellinie für die Spitze der V-förmigen Geißfußschneide erübrigt sich, solange man sich zwischen den beiden Begrenzungsstrichen hält und darauf achtet, daß der Geißfuß nicht verläuft.

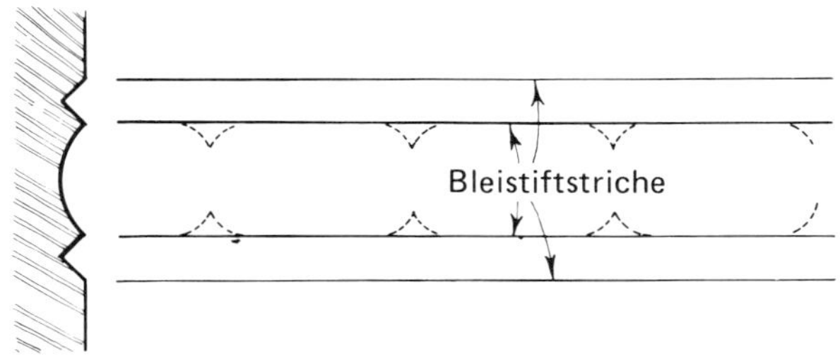

Abb. 6.9 Zierrille

Die Kerbstellen werden mit dem Zirkel markiert. Mit einem leicht geneigt gehaltenen Hohleisen, dessen Schneide der gewünschten Krümmung entspricht, wird dann an jeder dieser Stellen ein Stich nach unten angebracht, wobei die gestochene Kurve natürlich in ununterbrochener Linie in die geraden Bleistiftstriche hinein verlaufen muß. Der Stich darf nur bis zum Grund der Geißfußnut gehen, und man kann sich vorstellen, daß das Hohleisen nicht steil nach unten, sondern leicht geneigt angesetzt werden muß, so daß die äußere Ecke des Hohleisens auf gleicher Höhe mit dem Grund der V-Nut zum Stillstand kommt. Auf diese Weise kann der Abfall mit einem Balleisen, an der Außenflanke der V-Nut ausgerichtet, beseitigt werden. Ein schmales schräges Balleisen ist im allgemeinen am besten hierfür geeignet.

Abb. 6.10 Ausheben der Späne mit dem schrägen Balleisen

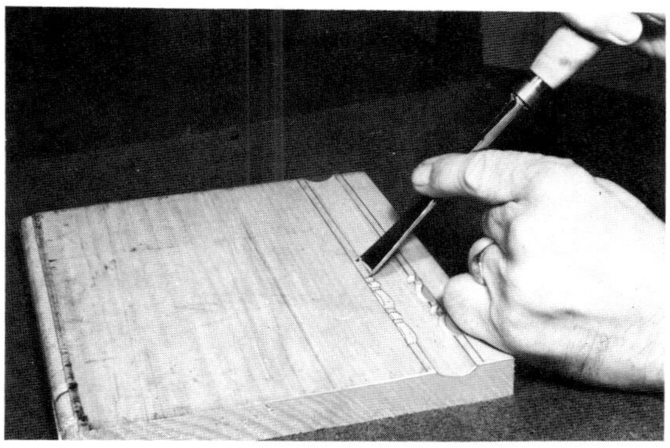

Abb. 6.11 Erste Stiche nach Muster I in Abb. 6.2

Abb. 6.12 Späneausheben (Muster I in Abb. 6.2)

Ähnlich ist das Verfahren beim Schnitzen des Musters in Abb. 6.2 I. Auch hier wird zunächst die Hohlkehle angebracht, die dann, abwechselnd mit einem großen und einem kleinen Hohleisen, mit einer Reihe von leicht schrägen Stichen versehen wird (Abb. 6.11). Zum Herausstechen der Abfallstücke wird ein schräges Balleisen geneigt angesetzt (Abb. 6.12).

Verschiedene Muster

Die Muster in Abb. 6.2 A, H, K (links), L, S, T, V und Y sind alle Varianten der Kerbschnitzerei, in senkrechten Stichen und unter Abheben des Abfalls oder Spans durch einen schrägen Stich ausgeführt. Das Muster L geht etwas mehr ins Detail, ist aber von der Schnitztechnik her das gleiche. Die mittleren Trennlinien werden zuerst eingestochen, wonach das Material auf beiden Seiten abgeschrägt wird. Wo die Linien gekrümmt verlaufen, wird statt des Balleisens ein Hohleisen bevorzugt. Man beachte, wie das Gesamtbild dadurch an Ausdruck gewinnt, daß bestimmte Stiche viel tiefer und größer als andere angelegt sind.

Das Muster bei G sieht komplizierter aus als es ist. Die Größe der Halbkreisformen richtet sich nach dem zur Verfügung stehenden Hohleisen. Sie brauchen nicht unbedingt in einem einzigen Stich angelegt zu werden. Bei diesem Muster ist es sogar besser, wenn dies unterbleibt – aus einem Grund, der später noch aufgezeigt wird. Das einzige, was zu tun ist: Das Hohleisen leicht eindrücken, in seiner eigenen Kerbe halb herumdrehen und erneut nach unten drücken, so daß die Krümmungslinie nach Abb. 6.13 fortgesetzt wird. Dies ist zu wiederholen, bis der Halbkreis vollendet ist. Die Späne werden mit einem schmalen flachen Hohleisen wie in Abb. 6.13 abgenommen, worin auch die Neigung im Querschnitt A–A angedeutet ist. Man arbeitet nur bis zur Höhe der Oberfläche der kleinen spitzen Zunge, deren Form als nächstes ausgestochen und der Stich allseitig vertieft wird (Abb. 6.14).

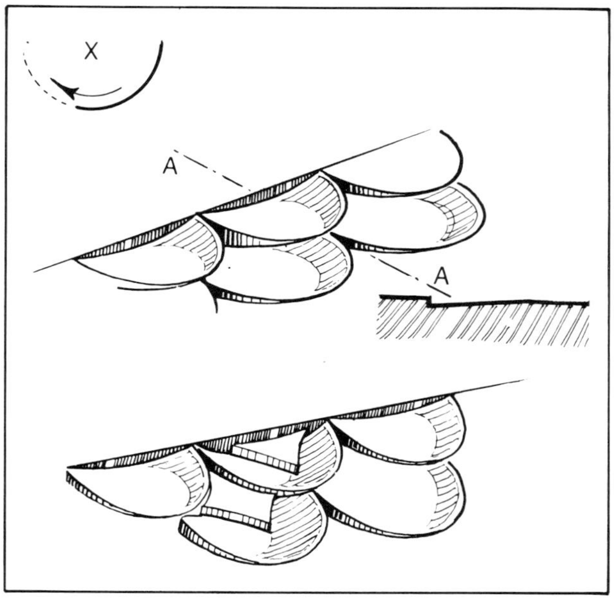

Abb. 6.13 (oben) und Abb. 6.14 (unten) Arbeitsgänge beim Schnitzen des Musters G in Abb. 6.1 und 6.2

Jetzt wird der Vorteil der Verwendung eines schmalen Hohleisens deutlich. Wiederum wird das Holz bis zur Zunge hin abgeschrägt, und das geht besser mit einem ziemlich flacher Hohleisen als mit einem Balleisen.

In den Mustern nach Abb. 6.2 M und Q wird der wellige Stich mit einem Geißfuß angebracht, aber es kann auch ein schmales Ziereisen benutzt werden, wenn dies bevorzugt wird. Die Wellenlinie wird zuerst dünn aufskizziert. Wo kleine runde Vertiefungen anzubringen sind (z.B. beim Muster O), wird ein schmales Hohleisen mit entsprechender Schneidenkrümmung verwendet. Wird dieses leicht in die Oberfläche gedrückt, teilweise herumgedreht und erneut nach unten gedrückt, so kann die Kreisform durch Wiederholung des Vorgangs vollendet werden, wobei das Hohleisen dann unter stärkerem Druck ganz herumgedreht werden und der kleine Kern oder Stopfen mit einem schmalen Balleisen herausgelöst werden kann; manchmal kommt er auch schon mit dem Hohleisen heraus. Die ein wenig rauhe Fläche am Grund der Vertiefung wird mit einem flachen Punktierstift (oder Nagel mit glattem Kopf in entsprechender Größe) geglättet.

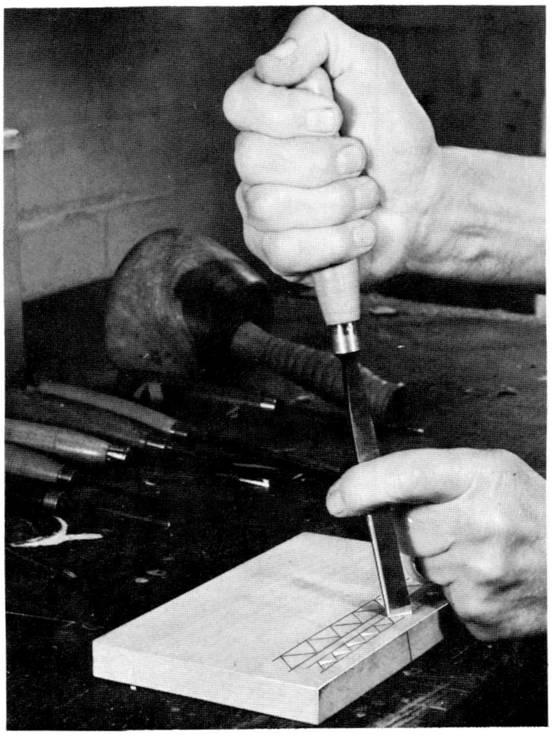

Abb. 6.15 Senkrechte Kerbschnitzstiche als erste Phase im Einbringen der dreieckigen Taschen

Einfache Kerbschnitzarbeiten

Hierzu können Balleisen oder Hohleisen oder ein bis zwei Kerbschnitzmesser benutzt werden. Der gewerbliche Holzbildhauer bevorzugt die ersteren: Kerbschnitzarbeiten kommen bei ihm allerdings nur selten vor. Das Schnitzwerk besteht aus einer Reihe von Aussparungen oder Taschen, gewöhnlich in umgekehrter Pyramidenform. Das Prinzip des Ausstechens ist immer dasselbe. Stiche nach unten werden zuerst angelegt, wobei das Werkzeug je nach Bedarf entweder aufrecht oder leicht geneigt, aber stets so gehalten wird, daß die Schneidkante schräg liegt. Ihre Ecke reicht dann bis zum tiefsten Punkt des Stiches,

Abb. 6.16 Ausheben der Späne beim Kerbschnitzen, möglichst in einem einzigen Stich

und die Schneide verläuft im übrigen so, daß kein Stich über den flachen oder "seichten" Teil hinausgeht.

Abb. 6.15 zeigt ein Beispiel, bei dem eine Reihe von dreieckigen Taschen gestochen wird. Auf jeder Linie erfolgt ein Stich nach unten, wobei das Balleisen nach vorne gekippt oder geschaukelt wird, so daß seine Schneide mit der gewünschten Neigung oder Abschrägung der Tasche ausgerichtet ist. Es ist darauf zu achten, daß der Stich auf die Breite zwischen den Bleistiftstrichen beschränkt bleibt. Mit dem Balleisen in seitlich leicht geneigter Haltung (Abb. 6.16) werden die kleinen Taschen ausgestochen. Jeder Span muß sich sauber und ohne Kratzen oder Schaben herauslösen lassen, möglichst auch mit einer einzigen Werkzeugbewegung. Mit einiger Übung ist dies zu schaffen. Allerdings muß dabei der Faserverlauf im Holz beachtet werden, weil sonst vor der Schneide ein Riß entstehen und sich über die Linie hinaus erstrecken kann.

Wenn die Taschen eine umgekehrte Pyramidenform haben, sich ihre tiefsten Stellen also in der Mitte befinden, muß zuerst auf den Mittellinien eingestochen werden, die sich in einem gemeinsamen Mittelpunkt treffen und zu den Ecken hin verlaufen. In Abb. 6.17 sind die Taschen beispielsweise dreieckig, wie durch ABC angedeutet. Die Mittellinien AO, BO und CO werden zuerst gestochen, wobei die Beitelschneide schräg und mit einer Ecke im Mittelpunkt O gehalten wird (Abb. 6.18). Jetzt kann jede der Facetten BOA, BOC und COA abgeschrägt werden. Mit einiger Geschicklichkeit laufen diese Facetten alle regelmäßig auf den Mittellinien zusammen.

Für gekrümmte Facetten benutzt man besser ein Hohleisen statt eines Balleisens.

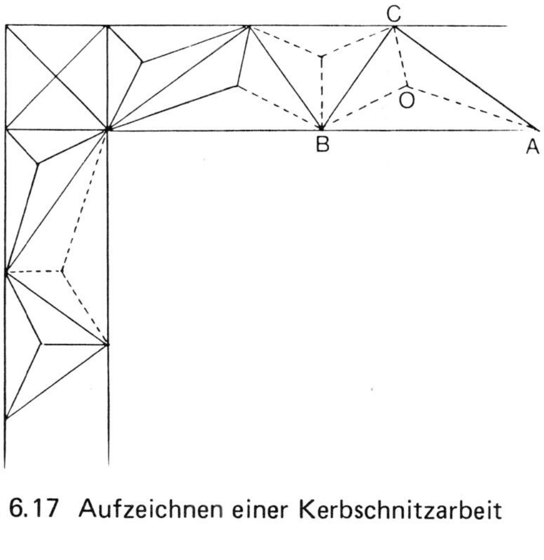

Abb. 6.17 Aufzeichnen einer Kerbschnitzarbeit

Eine gewisse Sorgfalt im Entwurf von Kerbschnitzmustern ist notwendig, um einen eintönigen Gesamteindruck zu vermeiden. Hierfür gibt es verschiedene Möglichkeiten. Zum einen kann man ihre Anbringung auf bestimmte Stellen beschränken und glatte Flächen dazwischen unberührt lassen. Das Muster in Abb. 6.20 ist z.B. viel wirkungsvoller, als wenn die ganze

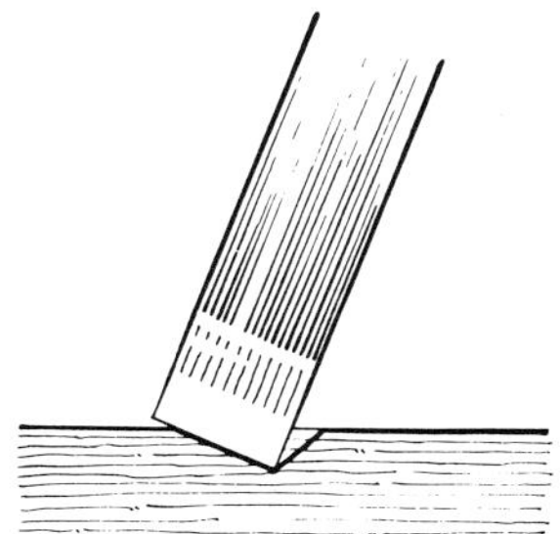

Abb. 6.18 Erster Stich nach unten in Taschenmitte

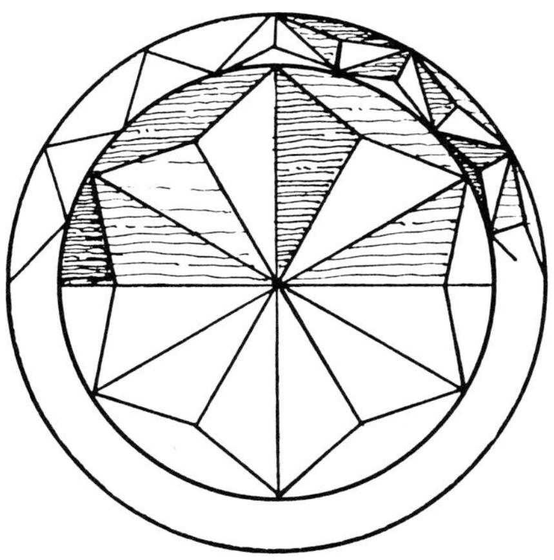

Abb. 6.19 Einfaches Kerbschnitzmotiv auf Kreisbasis

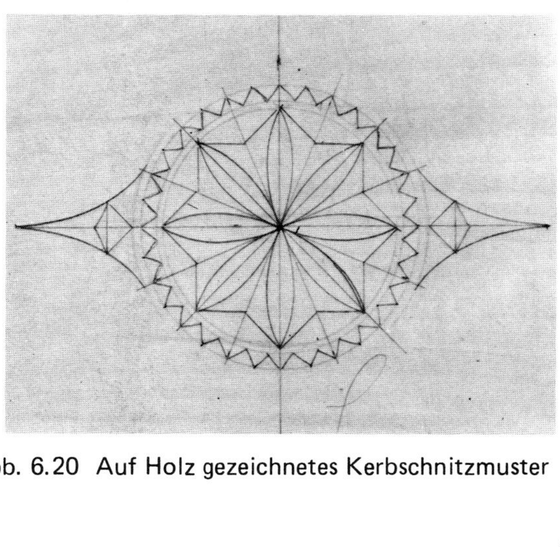

Abb. 6.20 Auf Holz gezeichnetes Kerbschnitzmuster

Oberfläche mit Taschen ausgefüllt wäre. Zum anderen kann man mit einer Zentralfigur – Kreis, Quadrat, Dreieck oder was immer – beginnen und dieser den Rest des Musters unterordnen. Das Hauptthema des Musters in Abb. 6.19 ist der Kreis. Eine weitere Möglichkeit sind unterschiedliche Taschengrößen. Bei dem Muster in Abb. 6.20 steht beispielsweise der Ring aus kleinen Taschen im Kontrast zu den großen Taschen in der Mitte; es wirkt dadurch im Vergleich mit einer Gesamtgruppe von Vertiefungen gleicher Größe weit eindrucksvoller.

Abb. 6.21 Etwa 63 cm hohe Figur in englischem Walnußholz (geschnitzt von Jutta Storch)

Kapitel 7
Wappenlöwe

Dieses Schnitzwerk ist hervorragend geeignet, an ihm den Umgang mit dem Geißfuß zu erlernen.

Es ist ebenso wie das Blattwerk in Abb. 5.1 eher als Übungsstück als eine in sich geschlossene Arbeit gedacht, und es ist Sache des Schülers, seine Gedanken in alternativen Entwürfen weiterzuentwickeln.

Zwecks leichter Übertragung auf das Holz, wie schon in Kapitel 5 beschrieben, ist das Muster in einem Quadratnetz angelegt. Das am besten geeignete Material dafür ist Eichenholz, wenngleich die hier gezeigte Tafel aus Mahagoni besteht.

Abb. 7.1 Das teilweise ausgestochene Muster. Ein scharfer Geißfuß und sorgfältige Linienführung sind wesentlich bei diesem lehrreichen Übungsstück. Obwohl die Stiche nur 3 mm tief sind, ist das Ergebnis außerordentlich wirkungsvoll. Die Modellierarbeit umfaßt nicht mehr als ein Abschrägen in den V-förmigen Umrißstich hinein. Gerundete Formstiche über die ganze Fläche hinweg werden nicht angestrebt.

Der Gebrauch des Geißfußes

Nach Übertragung des Musters auf das Holz müssen zunächst die Umrisse mit einem Geißfuß ausgestochen werden. Wählen Sie einen Schneidenwinkel von etwa 60°, also nicht zu spitz, und stechen Sie nicht tiefer als ungefähr 3 mm – eher ein bißchen weniger, wenn eine Wahl zu treffen ist. Sie werden feststellen, daß es mit einem wirklich scharfen Werkzeug keine Schwierigkeiten gibt, abgesehen vielleicht von einem gelegentlichen Ausreißen der Faser. Dem kann durch Umkehrung der Stichrichtung abgeholfen werden, so daß bald eine saubere Umrißlinie erzielt wird. Das Bild erhält eine stärkere künstlerische und skulpturelle Wirkung, wenn die Konturenstiche ein wenig nach außen geneigt sind, statt genau einen rechten Winkel zur Oberfläche zu bilden. Unterschneidungen machen sich bei Schnitzwerken dieser Art nie gut.

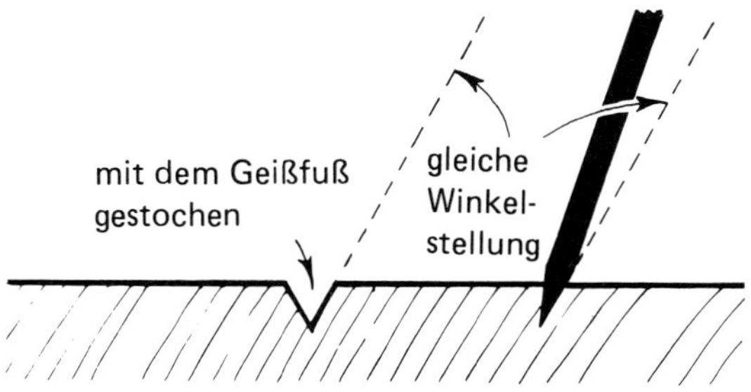

Abb. 7.2 Winkelstellung des Balleisens beim Ausstechen kleiner Einzelheiten

Sie werden auch bald bemerken, daß sich mit dem Geißfuß nicht in die kleineren Einzelheiten des Bildes hineinarbeiten läßt, und Sie sollten das auch gar nicht erst versuchen. Benutzen Sie den Geißfuß so weit es geht und setzen Sie anschließend Stiche mit Ball- und Hohleisen, deren

Abb. 7.3 Das Muster in einem Gitter aus Quadraten von 25 mm Seitenlänge. Diese Größe braucht nicht strikt eingehalten, sondern kann auf Quadrate von 22 mm oder 19 mm verringert werden.

Schneiden den Bildformen angepaßt sind, wobei Sie den Klüpfel oder Handballen zu Hilfe nehmen können. Halten Sie das Werkzeug in der gleichen Schräglage wie die Flanke des Geißfußstiches (Abb. 7.2) und räumen Sie dann das Abfallholz mit einem Balleisen von etwa 6 mm aus, wobei Sie an den Geißfußstich anschließen. Am Ende Ihrer Bemühungen dürfte dann eine saubere und gleichmäßige Umrißlinie im ganzen Bild stehen.

Modellieren

Hierbei ist zunächst zu bedenken, daß der Löwe rein dekorativen Zwecken dient und entsprechend ausgelegt ist. Jedes Modellieren muß deshalb in dekorativer Weise vorgenommen werden, und zwar ohne den Versuch, das Bild naturalistisch zu behandeln. Ferner ist beim Modellieren zu beachten, daß das Relief einen gewissen plastischen oder vergleichenden Eindruck vermit-

Abb. 7.4 Das fertige Bild

teln muß: Ein Beinpaar beispielsweise vor dem anderen, und der Schweif in der Mitte! Hierfür haben Sie nur 3 mm Material zur Verfügung.

Wenden Sie diese Regel auf alle anderen Formen des Bildes an, und Sie werden bald verstehen, wie wichtig es ist, nur mit sehr flachen Hohleisen von etwa 6 mm oder nur leicht gekrümmten Flacheisen zu modellieren.

Überlegen Sie sich zuerst alle Stiche und zeichnen Sie sie dann dünn auf das Holz. Jetzt stechen Sie frei mit einem der genannten Hohl- oder Flacheisen, von dem Sie sich jene kunstvollen Formen versprechen. Versuchen Sie nicht, diese Werkzeugspuren in den Rest der Form übergehen zu lassen, wie Sie vielleicht gerne möchten. Sollte dies bei einigen Stichen notwendig sein, dann nur in einem Mindestmaß.

Kapitel 8
Rundes Flachbild

Abb. 8.1 zeigt ein rundes Flachbild oder Rondell, dessen Rand auf den in Abb. 8.2 gezeigten Querschnitt gedrechselt worden ist und das aus 19 oder 25 mm dickem Material ausgesägt werden kann. Das geometrische Muster ist so angeordnet, daß es jeder verfügbaren Plattengröße angepaßt werden kann. Das abgebildete Schnitzwerk wurde im Durchmesser von etwa 30 cm in Eichenholz ausgeführt. Walnuß und Mahagoni würden sich auch gut eignen.

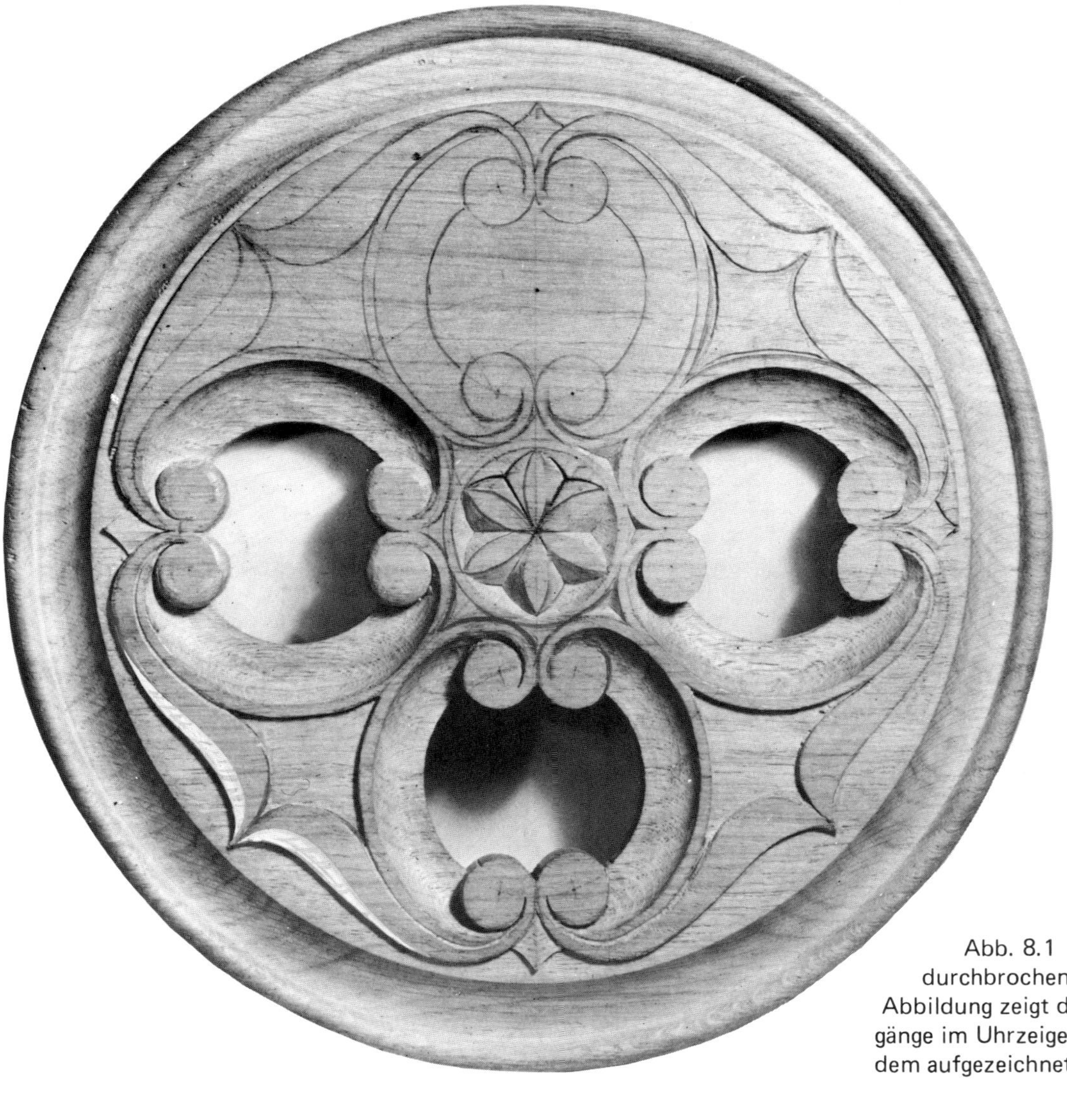

Abb. 8.1 Hübsches Flachbild, durchbrochen und geschnitzt. Die Abbildung zeigt die einzelnen Arbeitsgänge im Uhrzeigersinn, beginnend mit dem aufgezeichneten Muster oben.

Modelliert wird hierbei in einer neuen Art, denn im Gegensatz zu der einfachen Blattform (vgl. Abb. 5.1) erfordert es nur wenig Arbeit mit dem Grundausstechen, um das Relief herauszuarbeiten. Auch ist der wohlüberlegte Einsatz des Geißfußes wie bei dem Wappenlöwen nicht erforderlich.

Die Hauptform als fester Bestandteil des Musters wird mit einer feinen Laubsäge ausgeschnitten.

Durchbrochene Schnitzwerke haben seit Jahrhunderten als Verzierung in östlichen und westlichen Ländern eine wichtige Rolle gespielt. Ich denke dabei besonders an die wundervollen byzantinischen Kapitelle (Trapezkapitelle), die mittelalterlichen Altargitter in englischen Kirchen und die Rahmen und Pfeilerscheiben im georgianischen Stil, um nur einige zu nennen.

Der Entwurf eines durchbrochenen Musters ist keine einfache Aufgabe, denn alle Einheiten oder Formen müssen untereinander verbunden werden und dürfen nicht nur jeweils für sich, sondern müssen auch für das Gesamtbild attraktiv wirken. Kleine Teile, die (besonders mit der Faser) leicht abbrechen können, sind zu vermeiden.

Aufzeichnen

Der Vorgang des Aufzeichnens ergibt sich aus Abb. 8.2. Es ist ratsam, das Muster erst auf Papier zu zeichnen und dann auf das Holz zu übertragen. Bei einer Gesamtgröße von 30 cm muß ein Kreis mit diesem Durchmesser eingezeichnet werden, dazu konzentrisch ein zweiter zur Ab-

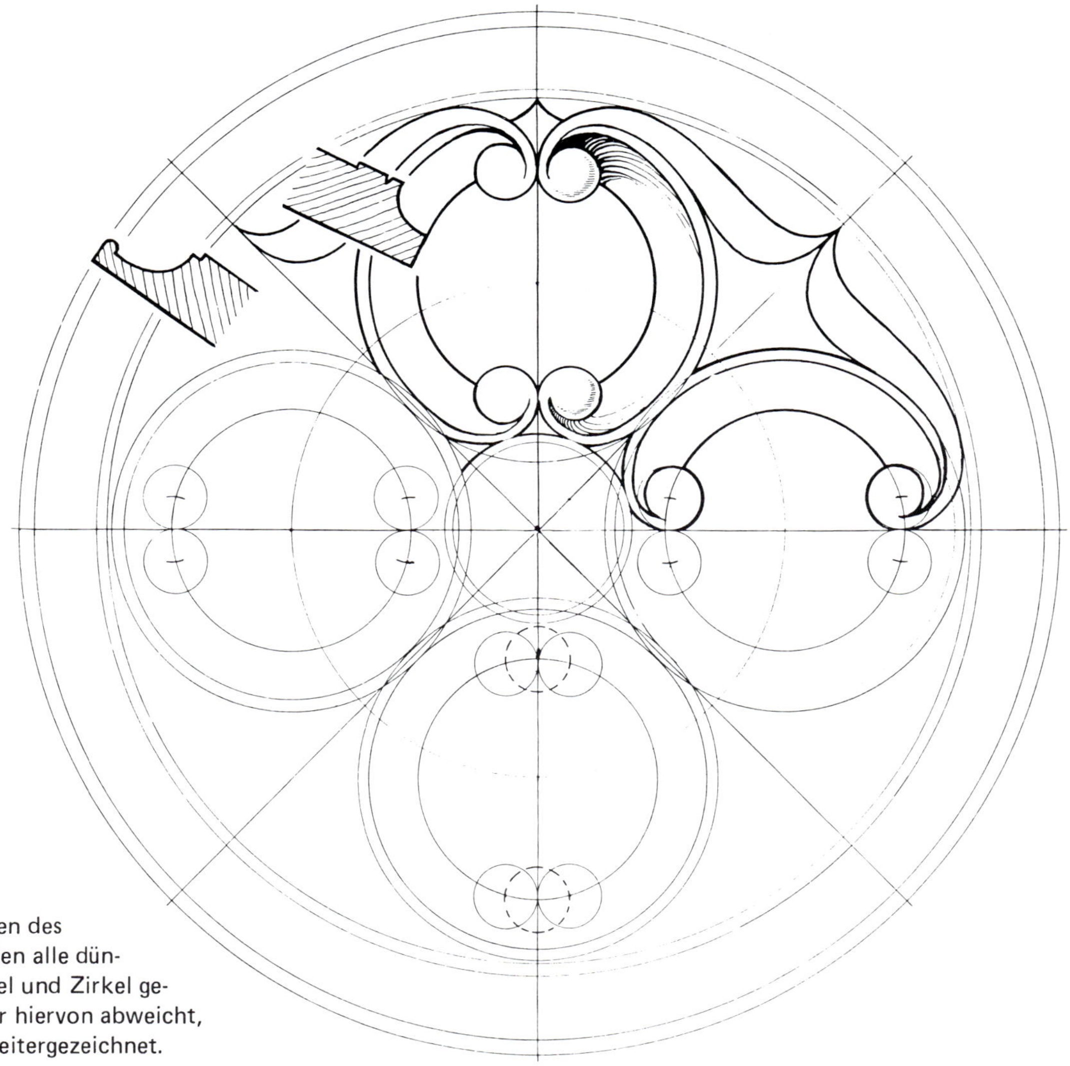

Abb. 8.2 Aufzeichnen des Musters. Zuerst werden alle dünnen Linien mit Winkel und Zirkel gezogen. Wo das Muster hiervon abweicht, wird mit der Hand weitergezeichnet.

Abb. 8.3 Hohlstechen der Schnörkelrundungen

grenzung der Randleiste. Auch für die Schrägen mit 90° und 45° sind Durchmesser mit Hilfe eines Anschlagwinkels einzuzeichnen.

Die Grundfiguren der Schnörkel sind kleine Kreise, die mit dem Zirkel so aufzutragen sind, daß sie sich jeweils um 3 mm überschneiden. Dieses Maß entspricht der Breite der unbearbeitet bleibenden Stege. Wenn die Position eines Schnörkels festgelegt ist, können auch die anderen im gleichen Abstand vom Mittelpunkt angezeichnet werden. Ein gewisses Ausprobieren kann hierbei nötig sein, ehe die richtigen Proportionen erreicht sind.

Auch die Innenkreise der Schnörkel werden mit dem Zirkel gezogen. Für die Schnecken an ihren Enden sind auf diesen Innenkreisen besondere kleine Kreise anzulegen. Abb. 8.2 zeigt jedoch, daß die Enden der Schnörkel sowie die Schnekken selbst von der Kreisform abweichen und an diesen Stellen freihändig eingezeichnet werden müssen. Das gilt auch für die kleinen Zungen und Blätter zwischen den Schnörkeln. Das kleine runde Kerbschnitzwerk in der Mitte kann ganz mit dem Zirkel eingezeichnet werden.

Wenn das Muster einwandfrei zu Papier gebracht worden ist, sollte es im ganzen neu auf das Holz gezeichnet werden. Bei der geometrischen Anordnung ist im Interesse eines gut proportionierten Ergebnisses sorgfältig vorzugehen. Von den Blättern und Schnecken zeichnen Sie jeweils ein Stück sorgsam auf und kopieren es an den übrigen Stellen genau ab.

Schnitzen der Schnörkel und Schnecken

Als erstes müssen die Durchbrüche angelegt werden, am besten mit Hilfe eines Fachmanns und einer guten Laubsägemaschine, denn ein verlaufener, unregelmäßiger Schnitt ist schwer zu korrigieren. Man kann auch die Handlaubsäge benutzen, aber dabei muß nicht nur genau an den Strichen entlang gesägt, sondern die Säge auch genau rechtwinklig zur Holzplatte geführt werden. Ein gewisses Nacharbeiten mit der Feile dürfte dann unerläßlich sein.

Nun folgt das Ausstechen der Schnörkelhöhlungen mit einem geraden Hohleisen von etwa 13 mm, und zwar überall auf gleichmäßige Tiefe, die seitlich am Rand mit Bleistift angezeichnet wird. Als Anhaltspunkt: Bei einer Höhlung von etwa 16 mm Breite beträgt die Tiefe ungefähr 8 mm. Arbeiten Sie möglichst mit der Faser; teilweises Stechen quer zur Faser wird sich allerdings nicht vermeiden lassen. Arbeiten Sie bis an die Schnecken heran und stechen diese dann ringsherum senkrecht aus, wobei das Hohleisen etwa 1 mm von der Umrißlinie entfernt angesetzt wird. Entfernen Sie die Späne fast bis auf die volle Tiefe und stechen Sie dann ganz bis zur fertigen Kontur der Schnecke ein.

In der Scheibe nach Abb. 8.1 sind die beiden Schnörkel oben und unten leichter zu schnitzen, weil das Werkzeug bei Annäherung an die Schnecken mit der Holzfaser sticht. Bei den seitlichen Schnörkeln muß gegen die Faser gearbeitet werden. Am besten arbeitet man also so weit wie möglich mit der Faser und bringt dann an den Enden feine Fertigstiche an. Gut geschärfte Werkzeuge sind wichtig und schälende Schnitte unter Drehen des Beitels sind da, wo sie angebracht werden können, hilfreich. Abb. 8.3 zeigt den Schnitzvorgang.

Wie Abb. 8.1 auf der linken Seite erkennen läßt, sind die Schnecken an den Schnörkeln leicht abgerundet, und zwar nicht über ihre ganze Oberfläche hinweg, sondern nur an den Kanten.

Zum Schluß werden die Kanten der Durchbrüche auf der Rückseite abgeschrägt (Abb. 8.4), wodurch dem Schnitzwerk auf seiner Vorderseite eine gewisse zusätzliche Leichtigkeit vermittelt wird.

Abb. 8.4 Abgeschrägte Kanten der Durchbrüche auf der Rückseite

Blattwerk

Die Blätter selbst bleiben erhaben, während das Grundmaterial um sie herum bis zur Höhe der Spitzkehle in der Formkante zurückgestochen wird. Am einfachsten ist es, mit einem Geißfuß die Umrißlinie abzufahren, wobei das Werkzeug zur Abfallseite der Linie hin gehalten wird. Im oberen rechten Teil der Abb. 8.1 ist dies zu sehen, und zwar durchlaufend um die Schnörkel herum und in die Schnecken hinein. Ein solcher Geißfußstich erleichtert den nachfolgenden Arbeitsgang des Ausstechens ungemein, weil das Hohleisen jetzt ohne die Gefahr, unter der Keilwirkung seiner Schneide in das Blatt hineingedrückt zu werden, ganz bis zur Umrißlinie geführt werden kann. Der V-förmige Stich entlastet den Druck, so daß das Holz auf der Abfallseite wegbröckeln kann.

Abb. 8.5 Dekorative Lindenholzfüllung, etwa 46 cm breit (geschnitzt von Derrick Winwood)

Der größte Teil der Fläche kann mit einem wenig gekrümmten Hohleisen herausgenommen und mit einem Balleisen fertigbearbeitet werden. Für scharfe Ecken muß jedoch ein gekröpftes Hohleisen benutzt werden. Die Fertigtiefe beträgt nur 2 mm und kann mit dem Auge abgeschätzt werden. Wenn viel Material auf diese Weise ausgestochen werden muß, kann ein kleiner Grundhobel oder eine Oberfräse zu Hilfe genommen werden. Der Hobel würde allerdings mehr zum Ablehren der Grundtiefe als zur Holzbearbeitung dienen.

An der Verbindungsstelle der Blätter wird durch Ausstechen auf beiden Seiten und Abschrägen mit einem schmalen und ziemlich flachen Hohleisen eine kleine Zunge gebildet.

Mittelrosette

Bei dieser Kerbschnitzarbeit werden radiale Blattformen durch das Ausstechen von Taschen gebildet. Die Mittellinien der Taschen werden angezeichnet und auf ihnen Ball- und Hohleisenstiche angesetzt (Abb. 8.1 oben). Das Balleisen wird dabei schräg gehalten, so daß die Schneide in der Mitte der Rosette tiefer eindringt. Zum Abschrägen des Materials bis zu diesen Mittellinien wird ein Hohleisen benutzt. Man beachte, daß alle Facetten in einer Ebene zusammenlaufen. Auf die gleiche Weise werden kleine Taschen in die kleinen dreieckigen Bereiche zwischen der Mittelrosette und den Schnörkeln eingestochen.

Kapitel 9
Akanthus-Blattwerk

Das Blatt des Akanthus (Bärenklau) ist in der Schnitzkunst wahrscheinlich weiter als jedes andere Motiv verbreitet gewesen. Immer tritt es in konventioneller Form im Unterschied zur naturalistischen und je nach Periode und Stil in verschiedenartiger Gestaltung auf: Manchmal hochstilisiert mit viereckigen, stacheligen Lappen wie in byzantinischen Ornamenten, andererseits wieder mit fein ausgearbeitetem Rankenwerk, so daß man nur schwer sagen kann, wo das Natürliche aufhört und das Konventionelle beginnt. Ein Merkmal jedoch scheint ihnen allen gemeinsam zu sein, nämlich die spitz zulaufenden oder abgerundeten Lappen des Blattes und seine Zusammensetzung aus mehreren kleineren Lappengruppen, die sich verbinden und von einer gemeinsamen Blattader ausgehen. Die näher am Stengel befindlichen Gruppen neigen zum Überlappen der weiter entfernten; daher die typische Anordnung von Augen und kleinen Kanälen an den Verbindungsstellen der Blattlappen (Abb. 9.2).

Abb. 9.1 Das Akanthus-Ornament ist möglicherweise die meisterlichste Form des Konventionalismus, die jemals in die Dekorationskunst eingeführt worden ist. Es stammt von den Griechen, denen die wildwachsende Pflanze gleichen Namens als Vorlage diente.

Der Sage nach wuchs der Akanthus um die Marmorblöcke herum, die zum Bau eines griechischen Tempels bereitgelegt worden waren. Die Spitzen seiner Blätter krümmten sich dabei in Form einer Spirale oder Schnekke, während seine Ranken den Marmorblock wie ein Gesims umgaben. Dies ist im Bild anschaulich dargestellt.

Seit dieser Zeit waren solche Ornamente weit verbreitet und haben praktisch alle Richtungen des Kunsthandwerks stark beeinflußt. Von ihrer Entstehung in Griechenland um das Jahr 400 v. Chr. an bis zur Renaissance in England haben sie beispielsweise Architektur und Kunsthandwerk in mancherlei Material bereichert.

Im Gegensatz zur Tudorrose und bourbonischen Lilie hat der Akanthus keine symbolische oder nationale Bedeutung. Durch die Ausschaltung alles künstlerisch Unwesentlichen ist er vielmehr zu einem abstrakten Motiv geworden, dessen sich alle handwerklichen Künste bedienen können und das dem Künstler und Handwerker gleichermaßen auf der Suche nach Schönheit in der Form zur Seite steht.

Abb. 9.2 Kräftig ausgeprägtes Schnitzwerk im Grinlin-Gibbon-Stil

Die Bedeutung dieser Einzelheiten, das Ausmaß der Modellierung und die Form der Blätter sind je nach Stil und Periode des Schnitzwerks verschieden.

Die einzelnen Arbeitsgänge an dem Blattwerk in Abb. 9.2, das den georgianischen Stil zur Grundlage hat, sind in den Abb. 9.4 bis 9.7 dargestellt. Die Form ist ziemlich kräftig in scharfer Abgrenzung ausgelegt und ausgeprägt modelliert. Die Tafel aus einem geeigneten Holz beliebiger Art ist etwa 330 x 150 mm groß und typisch für Dekorationen, die in der ersten Hälfte des 18. Jahrhunderts an Füllungen, Einrichtungsgegenständen und in der Möbeltischlerei allgemein hätten verwendet werden können. Das Holz ist 25 mm dick und der Untergrund auf etwa 9 mm ausgestochen.

Muster

Das Muster wird zunächst auf Papier gezeichnet (Abb. 9.3), wobei auf die natürliche Linienführung der Blätter zu achten und ein unzusammenhängendes Erscheinungsbild zu vermeiden ist. Der Zeitaufwand für diese wesentliche Vorarbeit lohnt sich, denn eine noch so ausgezeichnete Ausführung kann eine schlechte Zeichnung nicht

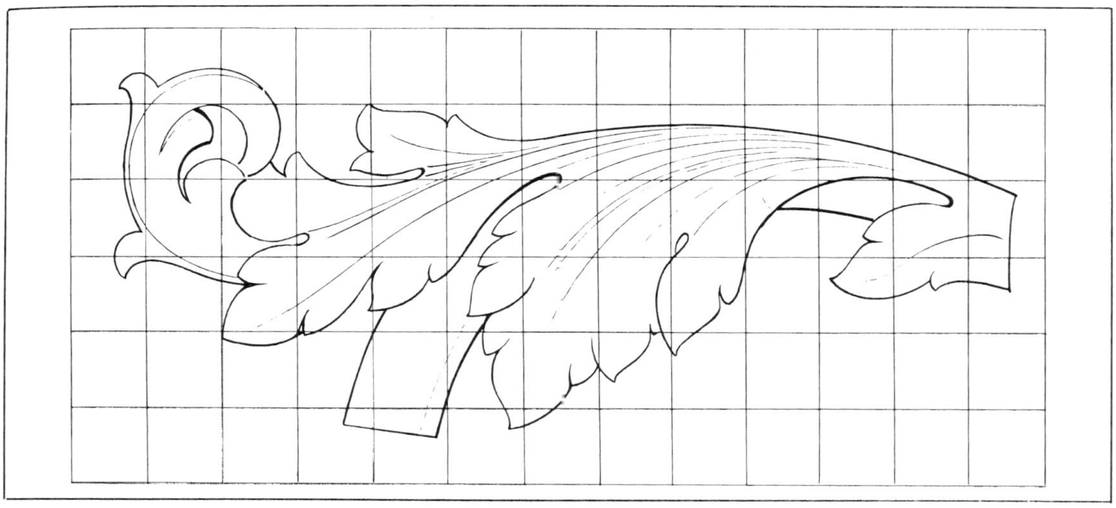

Abb. 9.3 Das Muster im Netz aus Quadraten mit 25 mm Seitenlänge

wettmachen. Die gelungene Musterzeichnung kann dann mit Kohlepapier auf das Holz übertragen werden. Bewahren Sie aber die Originalzeichnung auf, weil der Abdruck auf dem Holz später beim Modellieren verlorengeht und Sie dann auf die Zeichnung als Grundlage zurückgreifen können.

Grundausstechen

Dieser erste Arbeitsgang erfordert das Anreißen der Ausstechtiefe am Außenrand nach dem Streichmaßverfahren. Mit einem ziemlich großen, halbrunden Hohleisen von etwa 19 mm stechen Sie den Untergrund dann von den Rändern her aus, wobei die Stiche bei Annäherung an die Umrißlinie des Musters zur Oberfläche hin auslaufen können. Die Arbeit quer zur Faser ist leichter, so daß die Gefahr des Splitterns vermindert wird.

Nach dieser Grundarbeit stechen Sie mit einem Hohleisen von etwa 6 mm rings um das Muster herum. Dabei bleiben Sie 1–3 mm von der Umrißlinie entfernt und umgehen alle Einzelheiten. Durch diesen Stich, der auf der Abfallseite angelegt wird, soll das Ausstechen der Kontur mit Hohleisen und Klüpfel erleichtert werden, indem das Holz zur Abfallseite hin in den Hohlstich wegbröckeln kann (Abb. 9.4).

Konturausstechen

Mit einem ziemlich breiten und flachen Hohleisen und unter Zuhilfenahme des Klüpfels stechen Sie das Muster ringsherum aus, wobei Sie der Umrißlinie zwar nahekommen, aber wie in Abb. 9.4 alle kleineren Einzelheiten auslassen. Stechen Sie nur bis kurz oberhalb der Fertigtiefe, weil das Blattwerk später unterschnitten werden muß und Beitelspuren auf dem Untergrund dann schlecht aussehen würden. Zum Grundausstechen auf Fertigtiefe, d.h. bis zum seitlich aufgezeichneten Bleistiftstrich, kann nunmehr ein ziemlich breites und flaches Hohleisen verwendet werden (Abb. 9.5).

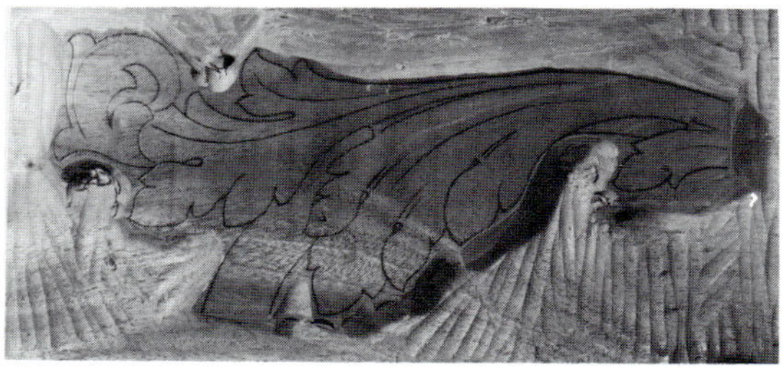

Abb. 9.4 Grundausstich in der Vorstufe

Abb. 9.5 Das Blattwerk nach dem Formvorstechen

Abb. 9.6 Weitere Modellierarbeit

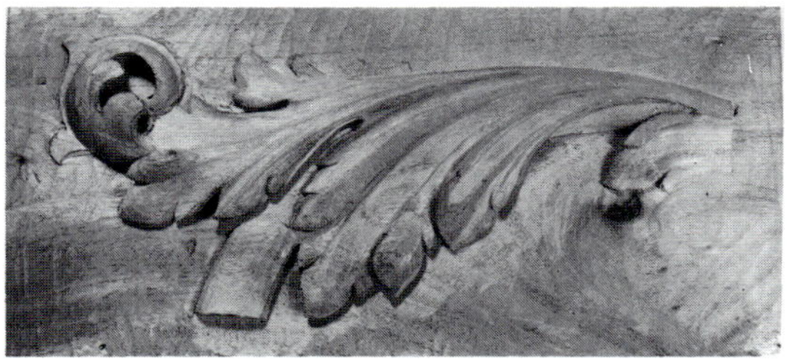

Abb. 9.7 Die Konturen nach dem Fertigausstechen und Hinterschneiden

Modellieren

Bevor bei dem Blattwerk in irgendwelche Details gegangen wird, muß das Ganze im Arbeitsgang des sogenannten Formstechens, in der ersten Phase auch "Formvorstechen" genannt, modelliert werden, wobei die höchstgelegenen Teile, wie beispielsweise die Kuppe der Blattlocke und der Hauptstrang, vorerst noch unberührt bleiben. Stechen Sie gleichzeitig aber bis zur untersten Ebene, z.B. an der Unterseite der Blattlocke und an dem kleinen Blattzweig in der Nähe. Lassen Sie kein Aufmaß "für alle Fälle" auf dem Material, denn dies ist bereits im ersten Arbeitsgang des Grundausstechens berücksichtigt worden, und der Untergrund muß ja noch saubergeräumt werden. Vergessen Sie nicht, daß Sie ein Relief von 13 mm schnitzen und die allgemeine Wirkung darin sehen wollen, ehe Sie mit den Einzelheiten fortfahren. Nutzen Sie, mit anderen Worten, diese 13 mm gut aus. Durch das Formvorstechen bis zum niedrigsten Teil besorgen Sie automatisch die Zwischenstufe des Modellierens, ohne sich um die Einzelheiten zu bemühen. Dies ist bei Schnitzwerken aller Art, ob Relief oder Figur, eine hochinteressante Arbeit, bei der Sie zudem noch an Vertrauen und Sicherheit gewinnen. Stechen Sie jetzt auch die "Augen" des Blattes, denn dabei entstehen dauerhafte Markierungen, die Sie als Anhaltspunkte benutzen können, wenn Sie das Blattwerk neu auf das Holz zeichnen. Das tut der Schnitzer nämlich in jeder Phase seiner Arbeit immer wieder. Mit einem schmalen Hohleisen, etwa 3 mm, gelingen die Augen gut. Zum weiteren Ausheben der Form können Hohleisen mit verschiedenen Schneidenkrümmungen verwendet werden, wobei die Betonung der zur Blattlocke führenden Hauptlinie der Arbeit zusätzliche Qualität verleiht.

Geschwungene, fließende Stiche mit den genannten Werkzeugen bringen eine gewisse Rhythmik in das Blattwerk, die Sie beim Schnitzen fühlen sollten.

Versuchen Sie nicht, die Oberfläche absolut glatt zu machen; Beitelspuren dürfen zwar nicht zu grob sein, aber sie geben der Arbeit einen gewissen Charakter. Wo sich die Teile überlagern, streben Sie eine möglichst natürliche Form an.

Die Blattlappen auf beiden Seiten des breiten Hauptstengels sollten beispielsweise zum Untergrund hin abfallen, so als hätten sie sich durch ihr Eigengewicht geneigt. Charakteristisch an diesem Blattornament ist die ziemlich stumpfe, gerundete Form einiger Blattlappen, hergestellt mit einem Hohleisen, dessen Schneide auf der Innenseite breit angefast ist; sie macht die Arbeit noch attraktiver.

Im Zuge dieses Arbeitsgangs kann auch die Kontur der Blätter fertig ausgestochen und hinterschnitten und der Untergrund so geglättet werden, daß er in die Stichkanten hinein verläuft.

Ein paar kräftige Stiche mit einem schmalen Hohleisen entlang der Blattrichtung geben dem Bild schließlich Schärfe und verleihen den Blättern eine Andeutung von Schwung und Kontinuität. Diese Stiche müssen zwar sorgfältig, aber doch mit einer einzigen, durchgehenden Bewegung und sicherer Hand eingebracht werden.

Wenn Sie über die endgültige Stichrichtung im Zweifel sind, nehmen Sie zuerst dünne Bleistiftmarkierungen vor. Die Abb. 9.6 und 9.7 zeigen die weiteren Stufen auf dem Wege zum fertigen Schnitzwerk in Abb. 9.2.

Blattwerk im Adam-Stil

Die Abb. 9.9 bis 9.12 zeigen einen Blattzweig in einem anderen Stil in einer Reihe von Arbeitsphasen. Es handelt sich um die verfeinerte Ausführung, die der schottische Architekt Robert Adam (1728–1792) gegen Ende des 18. Jahrhunderts benutzt hat. Das Relief ist mit nur etwa 6 mm verhältnismäßig flach; die Lappenenden sind mehr rund als spitz, und die Modellierung ist im allgemeinen flacher ausgeführt.

Abb. 9.8 zeigt das Muster in der Aufzeichnung nach Quadraten von 25 mm Seitenlänge, jedoch spielt die genaue Größe keine Rolle. Das Muster braucht in der Tat nicht kompromißlos abkopiert zu werden, wenn nur der grundsätzliche Stilausdruck beibehalten wird.

Abb. 9.8 Akanthus-Blattwerk im Adam-Stil, eingezeichnet in ein Gitter aus Quadraten von 25 mm Seitenlänge

Wie in dem vorherigen Beispiel wird das Muster auf Papier gezeichnet und auf das Holz übertragen. Der Untergrund wird bis zur groben Umrißlinie des Musters zurückgestochen, wobei die feineren Einzelheiten der Blätter übergangen werden (Abb. 9.9).

Abb. 9.9 Ausstechen des Untergrundes bis zu den Umrißlinien

Abb. 9.10 Formstechen

Abb. 9.11 Fertigausstechen der Blätter und Hinterschneiden

Abb. 9. 12 Endbearbeitung der Konturen

Jetzt erfolgt das Formstechen wie in Abb. 9.10, wonach die Konturen der Blätter fertig ausgestochen und leicht hinterschnitten werden können (Abb. 9.11). Hierzu ist eine gewisse Nachbearbeitung des Untergrundes notwendig, worauf schon in der ersten Phase des Konturausstechens Rücksicht genommen werden muß, indem das Werkzeug kurz über der fertigen Tiefe angehalten wird, um unansehnliche Werkzeugspuren in der Grundoberfläche zu vermeiden.

Abb. 9.12 zeigt die letzte Arbeitsstufe des Formfertigstechens und der Endbearbeitung der Konturen.

Kapitel 10
Geschnitzte Zierprofile

Kein anderer Zweig der Schnitzkunst hat dieser so seinen Stempel aufgedrückt wie die Dekoration von Gesimsen oder Kantenprofilen. Es ist möglich, eine bestimmte Periode in der Geschichte an Stil, Form und Schnitzart solcher Zierprofile zu erkennen. Deshalb können wir überall in Europa auf die Arbeit von Jahrhunderten zurückblicken, wenn wir Antwort auf die Frage suchen, wie Simswerke der heutigen Zeit in ansprechender Form auszuführen sind. Der große Unterschied zu heute ist wirtschaftlicher Art, denn während es früher in der quantitativen und qualitativen Gestaltung reichverzierter Gesimse keine Grenzen gab, müssen wir uns heute in beschränktem Maße mit gutplazierten Ornamenten zufriedengeben — was in mancher Hinsicht nur von Vorteil ist.

Die folgende Rechnung für eine Arbeit in der St. Pauls-Kathedrale mag unter vielen ähnlichen dieser Art aus dem Jahre 1697 hierfür einen Hinweis geben:

"Für 2 Kyma schnitzereyen im grossen Gesims an Ew. Präbend Chorgestühl, Umfang 4 zoll, geschnitten mit Blätterwerk, lang 186 fuß, der fuß um 2 schilling 6 pence, macht 23 pfund 5 schilling."

Heute hätten die Kosten hierfür etwa 3–4 Pfund pro Fuß betragen.

Wo heute allerdings geschnitztes Simswerk angebracht wird, wie dies in vielen wiederaufgebauten, öffentlichen Gebäuden der Fall ist, gereicht es dem Schnitzer zur Ehre. Bei Gebäuden ist es Sache des Architekten und in der Massenherstellung von Möbeln eine Angelegenheit des Industrie-Designers. In der Praxis aber wird der Kunsthandwerker, der sein Fach versteht, bei der Planung solcher Zierprofile stets zu Rate gezogen, und zwar mit großem Erfolg.

Zierprofile werden wie andere Schnitzarbeiten auf zwei Gebieten angewendet: In der Architektur und in der Möbelherstellung, wobei zwischen beiden ein gewisser Zusammenhang besteht; das Verfahren des Entwerfens und Aufzeichnens gilt jedenfalls für beide.

Zierprofile an Möbelstücken

Es liegt in der Natur der Sache, daß Möbelstücke vielfach gebeizt und poliert werden, wobei auch die kleinen Schnitzdekorationen an Tischplatten, Schränken und Stühlen die Aufmerksamkeit des Polierers verlangen. Dieser muß sich jedoch mit der Arbeit als Ganzes befassen und bevorzugt Material, daß nicht unbedingt völlig glatt ist, sondern eine frische, sauber bearbeitete Oberfläche hat. Hierfür müssen die Werkzeuge sorgfältig ausgewählt werden, möglichst in dünner Fischschwanzausführung mit einer Schneide, deren Form den Konturen auf beiden Seiten entspricht und die gut angefast und sauber abgezogen ist.

Architektonisches Simswerk

Profile in der Architektur, wie Gesimse, Architrave an Türen usw. im Renaissance-Stil, tiefgestochene oder durchbrochene Zierbänder der Gotik oder flachere aus der Zeit des Königs Jakob I, erfordern sowohl im Entwerfen als auch in der Schnitzarbeit eine andere Arbeitsweise als im Möbelbau. Sie müssen jeweils vom Standpunkt der Funktion und Örtlichkeit aus betrachtet werden, auch im Zusammenhang mit der Tischlerarbeit und vielfach auch im Hinblick auf ihre spätere Vergoldung.

Abb. 10.1 Frühgotisches Schnitzwerk aus England

Arbeitsweise

Wenn nur ein kurzes Profil von 10–20 cm zu bearbeiten ist, können hierfür Bildhauerbeitel verwendet werden. Im allgemeinen ist es jedoch besser, sich der Arbeitsweise des Tischlers zu bedienen. In Tischlerwerkstätten werden Zierprofile heute auf der Oberfräse, auf der Vierseitenmaschine oder auf einem ähnlichen Gerät hergestellt. Wem solche Dinge nicht zur Verfügung stehen, der muß entweder mit Beiteln oder mit einer Handoberfräse arbeiten.

Abb. 10.2 Handoberfräse im Fräslineal

Verwendung der Oberfräse

Abb. 10.2 zeigt eine elektrische Handoberfräse im Einsatz. Bei der Herstellung kleiner Zierprofile ist sie sehr leistungsfähig, aber größere Querschnitte schafft sie nicht, zumindest nicht in einem Arbeitsgang. Hierfür sind mehrere Arbeitsgänge erforderlich, wobei jedesmal ein anderer Fräser eingesetzt werden muß. Ein Nachteil dabei ist, daß die Form und Größe der Fräser natürlich beschränkt und solche Fräser nicht billig sind. Deshalb muß manchmal das Profil so ausgelegt werden, daß es mit den vorhandenen Fräsern bearbeitet werden kann – nicht immer eine zufriedenstellende Lösung.

Unentbehrlich ist die Oberfräse jedoch beim Abnehmen größerer Querschnitt-Teile in rechtwinkliger Form als Vorbereitung auf die spätere Bearbeitung mit Handwerkzeugen. Abb. 10.3 A zeigt das fertige Profil. Der erste Arbeitsgang hierfür besteht im Anlegen eines großen rechtwinkligen Falzes für den unteren Teil des Profils (Abb. 10.3 B). Nun kann man entweder das restliche Profil ganz von Hand bearbeiten oder, wie in Abb. 10.3 C gezeigt, eine Reihe von Frässchnitten (oder Schnitte mit der Kreissäge) anbringen, die die anschließende Handarbeit erleichtern.

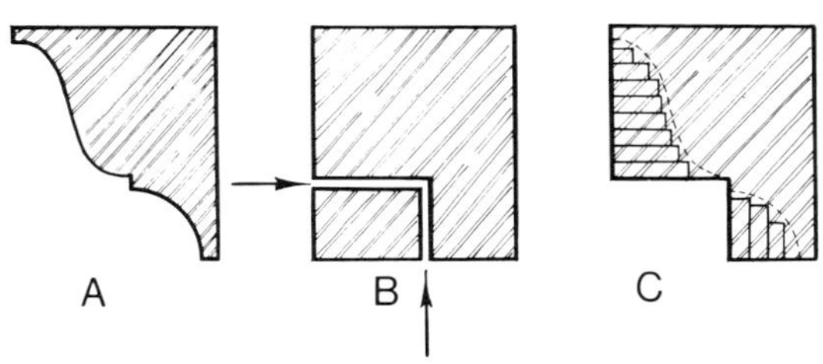

Abb. 10.3 Abnehmen größerer Querschnitt-Teile
(A) Fertiges Zierprofil
(B) Die ersten Schnitte
(C) Mehrere Schnitte nebeneinander zum groben Herausarbeiten des Profils

Handbearbeitung

Wenn nur mit Handwerkzeugen gearbeitet werden kann, sind Kehlhobel oder ein Schabeisen zu verwenden. Der Hobel schneidet ein sauberes Profil und arbeitet schneller als das Schabeisen, hat aber den Nachteil, daß man für jedes anfallende Profil immer wieder einen anderen Hobel braucht. Die meisten Schnitzer greifen daher zum Schab- oder Kratzeisen, das für Profile aller Art leicht hergerichtet werden kann (Abb. 10.5).

Abb. 10.4 Profilbearbeitung mit dem Schabeisen

Es besteht aus zwei rechtwinklig ausgefalzten und zusammengeschraubten Holzstücken, die an der Falzunterkante leicht abgerundet sind. Das Eisen (Stück eines alten Sägeblatts oder Schabers) wird im Spiegelbild des gewünschten Profils zurechtgefeilt und durch den Druck der Schrauben zwischen den beiden Hölzern festgehalten. Die Schabkante muß rechtwinklig gefeilt werden, so daß in beiden Richtungen geschabt werden kann. Abb. 10.4 zeigt das Werkzeug im Einsatz. Es wird mit der Falzkante gegen das zu bearbeitende Holz angelegt und hin und her geschoben, wobei das Material schabend oder kratzend abgenommen wird. Diese Bearbeitung hört von selbst auf, wenn die volle Tiefe erreicht ist.

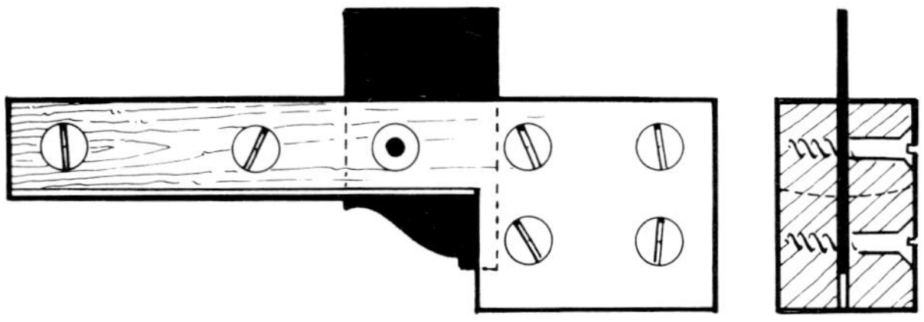

Abb. 10.5 Aufbau des Schabeisens

Der Versuch, große Zierprofile mit dem Schabeisen in einem Arbeitsgang zu bearbeiten, ist nutzlos. Alle Querschnitte, die wesentlich größer sind als 25 mm, können nur in einzelnen Teilabschnitten bearbeitet werden. Demjenigen, der sich hierin nicht auskennt, ist anzuraten, die Dienste einer Tischlerei in Anspruch zu nehmen. Wie auch immer, benutzen Sie auf keinen Fall Glaspapier zum Glätten, denn winzige Schmirgelkörner setzen sich unweigerlich im Holz fest und lassen eine Beitelschneide leicht stumpf werden.

Aufzeichnen des Musters

Bei geschnitzten Zierprofilen ist der sogenannte Rapport, die Wiederkehr des Musters, nicht zu vermeiden; von ihr hängt die Schönheit des Dekors weitgehend ab. Leichtes und schnelles Aufzeichnen des Musters ist daher notwendig. Am besten fertigen Sie von dem wiederkehrenden Muster eine Schablone an und benutzen diese über die ganze Länge des Profils, ausgehend von einer vorher angebrachten Markierung. Als Schablone kann dünne weiche Folie verwendet werden, die sich dem Querschnitt ohne Zurückfedern anpaßt.

Im allgemeinen ist es ratsam, das Material eng an die Form anzubiegen, damit die Lage der verschiedenen Elemente erkennbar wird, dann flach auszustrecken und die Details einzuzeichnen. Es ist nicht notwendig, das ganze Muster aufzutragen. Die Hauptelemente des wiederkehrenden Musters genügen; der Rest kann nach Augenmaß abgeschätzt und mit den richtigen Werkzeugen angerissen werden. Wenn dann die Formen mit denselben Werkzeugen gestochen werden, die für das anschließende Schnitzen vorgesehen sind, so ergibt sich nicht nur eine exakte Arbeit, sondern es wird auch viel Zeit gespart. Bei einer Metallfolie stumpft die Werkzeugschneide ein wenig ab, aber dem kann bald abgeholfen werden, und auf Dauer macht sich diese Mühe bezahlt. Abb. 10.6 zeigt eine Schablone für das wiederkehrende Muster am Rand einer Tischplatte.

Tragen Sie nur die Hauptelemente auf und lassen Sie Halter in dem Muster, um ein Verschieben beim Schablonieren und den Ausfall benötigter Teile zu vermeiden. Zum Markieren des Holzes kann Plakatwasserfarbe (Plaka-Farbe) verwendet werden, in möglichst trockener und dickflüssiger Konsistenz, um das Überlaufen an den Rändern

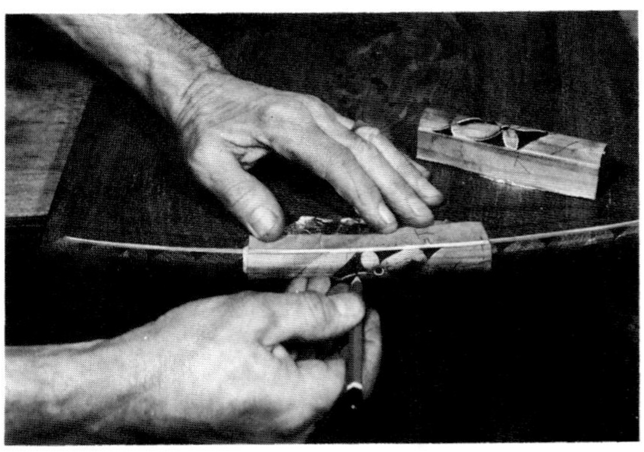

Abb. 10.6 Anzeichnen des wiederkehrenden Musters, meistens bequemer mit Tupfpinsel und Plaka-Farbe

zu verhüten. Zum Auftupfen der Farbe sollte entweder ein richtiger Schablonierpinsel oder ein ähnlicher Pinsel mit kurzen Borsten benutzt werden.

Schnitzarbeit

Beim Schnitzen von Zierprofilen liegt das Geheimnis des Erfolges in einer Reihe von klar umrissenen und sauberen Stichen, ausgeführt in einer oder höchstens zwei Werkzeugbewegungen. Das geht nicht nur schneller, sondern verleiht der Arbeit auch jenen frischen und spontanen Charakter, der auf andere Weise nicht zu erreichen ist und durch jede Art von Herumtrödeln, Unsicherheit beim Stechen oder Kratzerei verlorengehen würde. Am besten ist es, ein oder zwei wiederkehrende Muster auszuprobieren, damit das System als Ganzes erkennbar wird und die benötigten Werkzeuge festgelegt werden können. Je weniger Werkzeuge, desto besser. Auch sollte man die benötigten Beitel in Reichweite bereitlegen, so daß keine Zeit mit Suchen vergeudet wird.

Einfaches Blattmuster

In der Praxis werden alle mit ein und demselben Werkzeug auszuführenden Stiche über die ganze Länge des Profils angebracht. Dadurch wird Zeit gespart und die Aussicht auf Gleichförmigkeit der wiederkehrenden Muster wesentlich verbessert. Die Reihenfolge der Arbeitsgänge richtet sich natürlich nach den ersten versuchsweisen Stichen. Abb. 10.7 zeigt dagegen die einzelnen Arbeitsstufen nebeneinander, um das Verfahren zu verdeutlichen.

Zuerst werden die kleinen gerundeten Vertiefungen mit einem schmalen halbrunden Hohleisen ausgestochen, das auf der Markierung angesetzt und dann im vollen Kreis gedreht wird. Stechen Sie zunächst unter leichtem Druck, um sicherzugehen, daß das Hohleisen die genaue Richtung einhält, und drücken Sie dann stärker zu. Sie werden feststellen, daß der kleine runde Holzstopfen unter einer leichten seitlichen Bewegung des Werkzeugs sauber herausbricht. Da dies aber nicht bei jedem Stich der Fall sein wird, schlägt man zum Egalisieren einen kleinen runden Punktierstift leicht mit dem Hammer hinein. Als Punktierstift kann man sich einen Nagel von passender Dicke zurechtfeilen. Überlassen Sie allerdings diesem Stift nicht die Arbeit, die das Hohleisen zu verrichten hat, weil sonst der Eindruck einer maschineller Bearbeitung entsteht.

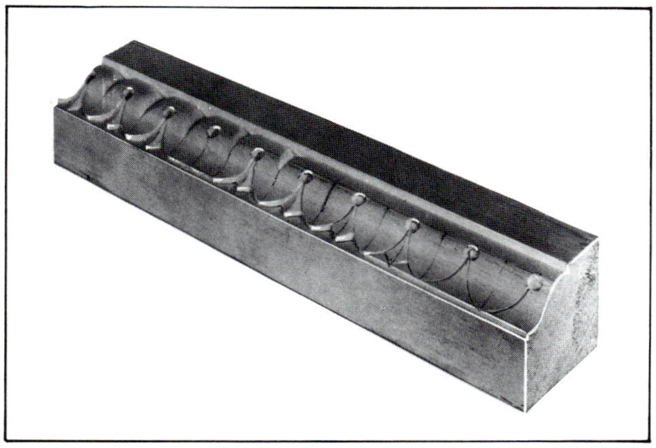

Abb. 10.7 Arbeitsgänge beim Schnitzen einer Blattwelle

Jetzt werden die gekrümmten Ränder des Hauptblattes von den gerundeten Vertiefungen bis zur Unterkante eingestochen. Stechen Sie bei Annäherung an die Blatt- und Zungenspitzen etwas tiefer, weil später noch etwas Holz auszuheben ist. Bei Weichholz genügt der Druck mit der Hand, wogegen zähere Hölzer einen leichten Schlag mit dem Klüpfel erfordern können. Nun schieben Sie dasselbe Hohleisen herum zum unteren Teil des Blattes gegenüber der Zunge und stechen geringfügig tiefer ein – praktisch bis zum Untergrund. Auch die Hohlseiten der Zunge werden anschließend bis zum Untergrund eingestochen, und letzterer wird mit einem Flach- oder Balleisen ausgestochen. Wenn der Faserverlauf des Holzes nicht allzu kompliziert ist, genügt hierfür gewöhnlich ein einziger Stich, der den Span sauber abheben sollte.

Die Zunge hat einen Mittelgrat mit Abschrägungen auf beiden Seiten. Auch hierfür genügt ein einziger Stich mit einem Flacheisen. Die ersten versuchsweisen Stiche zeigen an, wie tief gestochen werden muß, und der Vorteil der gleichen Stiche über die ganze Länge des Profils wird nunmehr deutlich. Den Kniff mit der Gleichförmigkeit aller dieser Stiche lernen Sie rasch.

Zum Schluß werden die zentralen Kerben in den Blättern mit senkrechten Balleisenstichen angebracht, wobei die Ecke des Werkzeugs bis in die Spitzkehlung hineinreicht und das Werkzeug seitwärts gekippt wird bis seine Schneide nach unten die Grenze des Stiches erreicht hat. Diese Kerben laufen zur Blattspitze hin nach oben aus. Das Holz wird auf beiden Seiten in diese zentrale Kerbe hinein abgeschrägt, indem das Hohleisen parallel zum Profilstab geführt und sein Heft angehoben wird, so daß sich eine Kurve (keine Schräge) bildet, wenn die zentrale Kerbe erreicht ist. Die Führung des Hohleisens rechtwinklig zum Profil und das Einstechen bis zur Spitzkeh-

Abb. 10.8 Ein anderes Blattwellenmuster

le ist ein alternatives Verfahren. Hinterher kann es notwendig sein, den Eindruck an der Spitzkehle mit einem schmalen schrägen Balleisen beizuarbeiten.

Eine andere geschnitzte Blattwelle mit den Arbeitsphasen von rechts nach links zeigt Abb. 10.8.

Nach dem Aufschablonieren des Musters wird auf der Vorderseite das Holz so wie in Abb. 10.7 bis zum Untergrund ausgestochen. Dann werden die Zungen abgeschrägt und anschließend die Kerben in den Blättern angebracht. Hierzu wird ein senkrechter Stich nach unten und ein einzelner Schrägstich angesetzt, so daß der Abfall mit nur zwei Stichen ausgehoben wird.

Astragal-Profile

Ein weiterer, viel geschnitzter Querschnitt ist der sogenannte Astragal oder Rundstab, an dem Schnitzer zu allen Zeiten ihre Kunst mit herrlichen Ergebnissen erprobt haben. An mittelalterlichen Altargittern, Kanzeln usw. findet man solche wundervollen Schnitzwerke, bis zu 100 mm breit, tief ausgestochen, manchmal durchbrochen und vielfach bemalt und vergoldet. Diesen Künstlern war eine größere Gestaltungsfreiheit eingeräumt; ihre Muster zeigen keine so mechanische Wiederkehr wie in der späteren Renaissance. Die schweren Höhlungen und Rundungen der Gotik verlangten nach ausgeprägten Mustern und einer gewissen Kühnheit in der Schnitzarbeit, während die Elisabethaner mit flacheren Formen in Querschnitt und Ausführung nachfolgten. Die Abb. 10.9 und 10.10 zeigen diese Unterschiede.

Abb. 10.9 Gotisches Zierprofil, geschnitzt und durchbrochen. Die durchbrochene Aufsatzleiste verleiht dem Dekor eine starke Ausdruckskraft.

Abb. 10.10 Zierprofil aus der Zeit Jakobs I. Gegenüber der Arbeit in Abb. 10.9 ist die Wirkung wesentlich flacher und ohne die gleiche Mustervielfalt.

Die anschließende Zeit der Renaissance war mit ihren klassischen Formen nicht unbedingt eine offensichtliche Fortsetzung der englischen Arbeiten aus dem 15. Jahrhundert, sondern eher der griechischen und römischen Periode während der Zeit des Wiederauflebens der Lehre und Kunst entlehnt.

Zeit der Renaissance

Für die Kunsthandwerker in Britannien, die drei Jahrhunderte lang in bester englischer Tradition gearbeitet hatten, muß es ein schwerer Schlag gewesen sein, als sie plötzlich mit klassischen Gedanken und Arbeiten konfrontiert wurden, die ihre Lehrmeister von ihren Auslandsreisen mitgebracht hatten.

Dennoch entwickelte sich bald ein neuer Stil mit flacheren, verfeinerten Gesimsformen, wie Kyma oder Blattwelle, konvexer Stab, Hohlkehle oder Trochilos, Wulst oder Torus, konvexe Stäbe in römischer Form und der Astragal oder Rundstab (Abb. 10.11).

Astragal

Wir wollen unsere Aufmerksamkeit, was das Schnitzen betrifft, eine Weile auf den Astragal oder Rundstab beschränken. Abb. 10.12 zeigt bei "A" den sogenannten Perlenstab und bei "B" den Perlenschnurstab. In beiden Fällen ist das Anzeichnen der Perlen wesentlich, was durch Bleisiftmarkierungen geschehen kann. Besser allerdings sind Stiche mit dem Federzirkel, um den Abstand der Perlen festzuhalten (Abb. 10.13). In diese Markierungen wird ein möglichst dünnes Balleisen quer zur Holzfaser gestochen (Abb. 10.13 C).

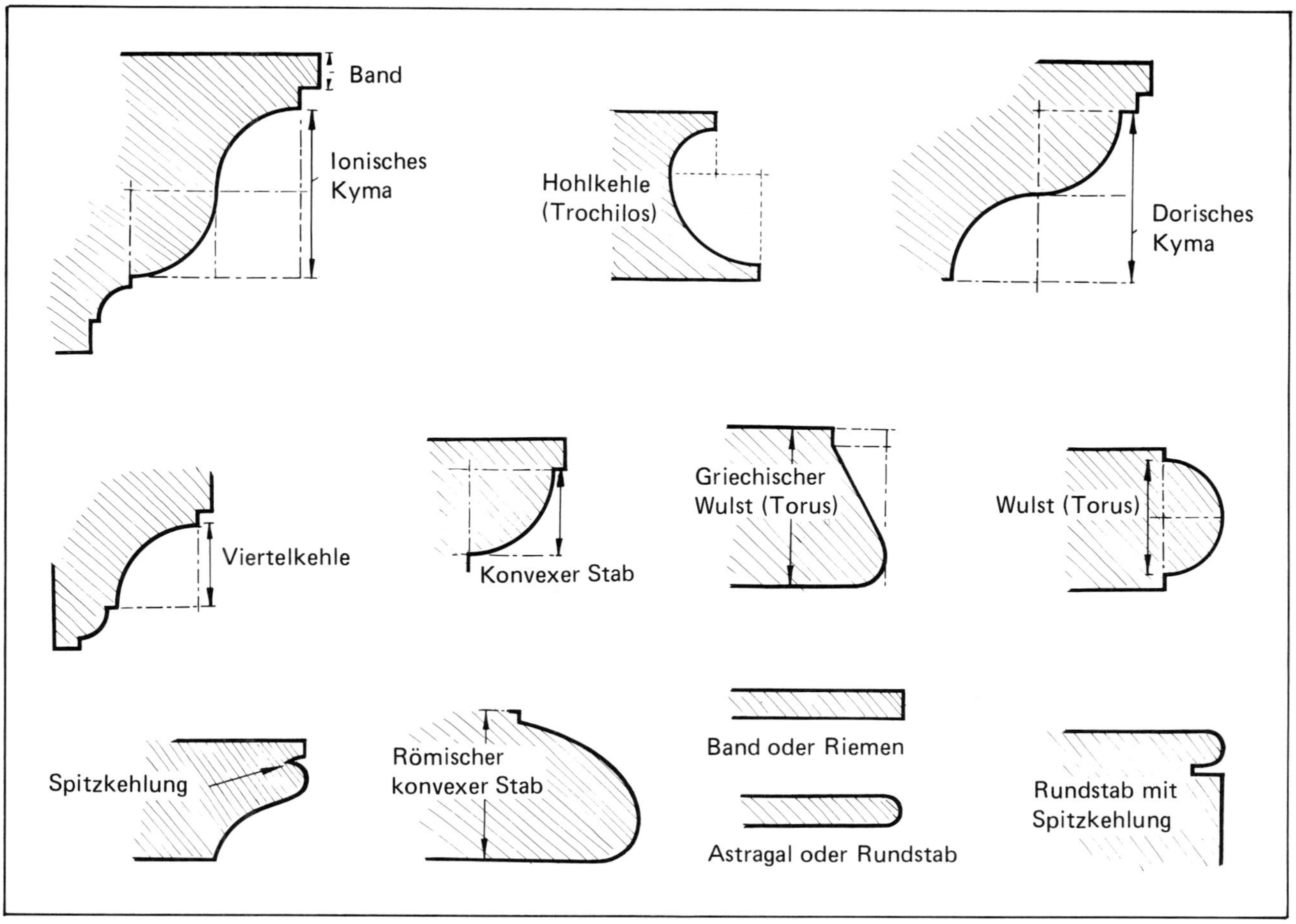

Abb. 10.11 Zierprofile aus der Renaissance

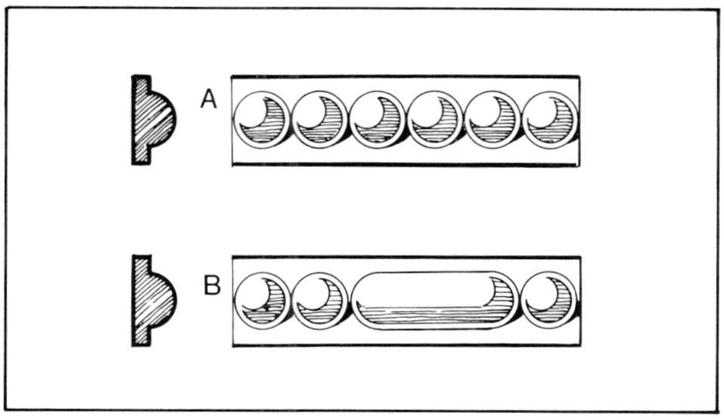

Abb. 10.12 Perlenstab (A) oder Perlenschnurstab (B)

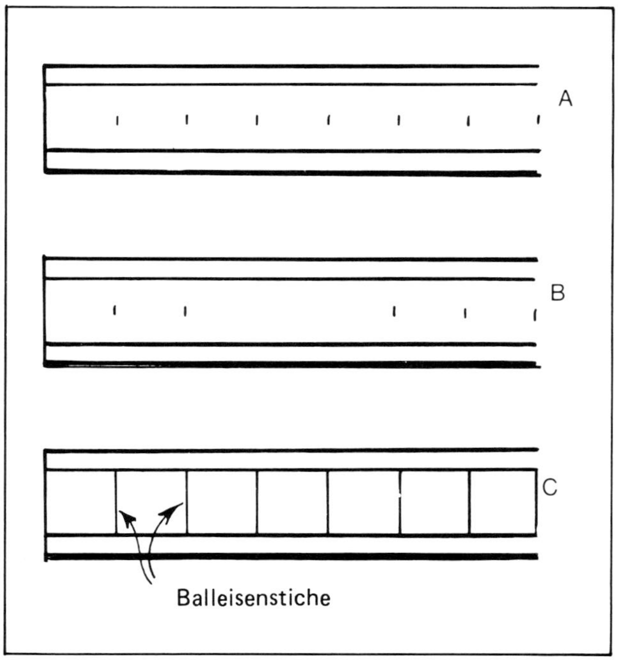

Abb. 10.13 Markierungen für den Perlenstab (A) und den Perlenschnurstab (B), Vorstiche (C)

Das Hohleisen wird kurz vor den Balleisenstichen ziemlich flach von der Seite her angesetzt (Abb. 10.14 A), dann abgehoben und gleichzeitig nach unten gedrückt (Abb. 10.14 B und C). So sticht es die gerundete Form aus und bildet zur gleichen Zeit die halbkugelige Perle. Ein gut angefastes und auf der Schneideninnenseite gut geschärftes Blumeneisen ist das beste Werkzeug für diese Arbeit. Der erfahrene Schnitzer hält sich gewöhnlich eins oder zwei davon, die er seine "Perlenbeitel" nennt und nur für solche Rundstäbe benutzt.

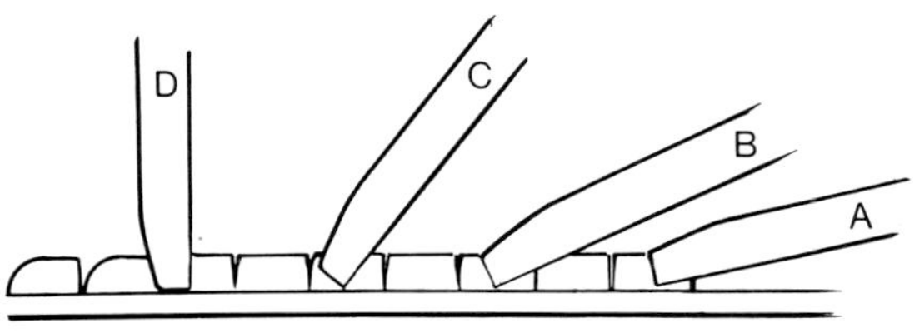

Abb. 10.14 Ausstechen der Perlenform

Manche Schnitzer schlagen leicht auf das Heft des Beitels, wenn er hochgehebelt wird, um eine bessere Führung zu erreichen. Vermeiden Sie ein Anschrägen des Holzes, denn eine Pyramidenform kann ganz leicht entstehen. Wenn das Werkzeug senkrecht steht, erhält es einen kräftigeren Schlag, damit es bis zum Grund der Perle eindringt.

Ausräumen der Ecken

Die kleinen Abfallecken zwischen den Perlen werden mit einem schmalen Balleisen ausgestochen und brechen im allgemeinen leicht heraus. Da die meisten Hohleisenschneiden keine komplette Halbkreisform haben, bleibt ein Teil des Kreises unausgestochen. Um ihn zu vervollständigen, wird das Hohleisen aufrecht gehalten und unter angemessenem Druck gedreht. Der gewerbliche Schnitzer weiß das natürlich und kann die gesamte Arbeit mit dem Hohleisen fertigmachen, bevor er die Abfallecken mit dem Balleisen aussticht. Wenn die Ecken nicht sauber zu bekommen sind, kann zum Glätten ein kleiner Punktierstift verwendet werden, der eine spezielle Dreikantform hat und dem Durchmesser der Perle angepaßt ist. Im allgemeinen ist dies jedoch nicht notwendig und sollte tunlichst vermieden werden. Verlassen Sie sich beim Säubern der Ecken auch nicht auf einen solchen Stift.

Angebracht ist hier eine Warnung an den Schnitzer in Weichholz, z.B. Kiefer: Wenn das Balleisen beim Stechen der ersten Trennkerben zwischen den Perlen mit dem Klüpfel geschlagen wird, kann leicht auch das Holz der Perlen selbst reißen. Das stellen Sie aber erst dann fest, wenn Sie mit dem Hohleisen an das Formen der Perlen gehen. Besser ist es, wenn Sie mit dem Balleisen auf beiden Seiten der einzelnen Perlen zuerst einen schneidenden oder "ziehenden" Stich von Hand anbringen, und zwar quer zur Holzfaser.

Alternatives Muster

Abb. 10.15 zeigt als Beispiel ein anderes Rundstabmuster in den einzelnen Arbeitsphasen, für dessen Wiederkehr eine Markierschablone anzufertigen wäre. Dann wird eine Reihe von senkrechten Stichen an den Hauptelementen angebracht und das Holz seitlich abgeschrägt. Bei Weichholz genügen hierfür leichte Schläge mit der Handfläche, während Hartholz im allgemeinen einen Schlag mit dem Klüpfel erfordert.

Ein weiteres, etwas komplizierteres Blatt- und Bandmuster zeigt Abb. 10.16. Hierbei können die ersten Stiche mit dem Geißfuß angebracht werden, mit denen das Band spiralförmig um den Querschnitt herumgelegt wird. Als nächstes werden die Perlen in der Mitte mit einem schmalen halbrunden Hohleisen geformt, das am Umfang der Perle gedreht wird. Dann wird das Holz auf beiden Seiten leicht angeschrägt und die Perle gerundet, indem der Beitel mit seiner Hohlseite nach unten angesetzt und zum Ausstechen der runden Form angehoben wird. Bei Weich-

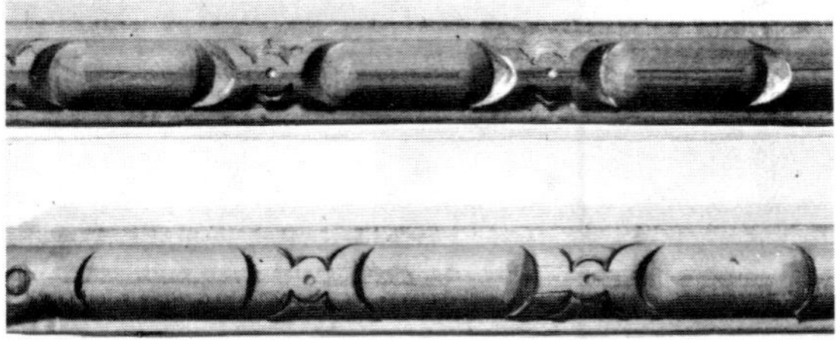

Abb. 10.15 Arbeitsphasen (von rechts nach links) beim Schnitzen eines Rundstabs

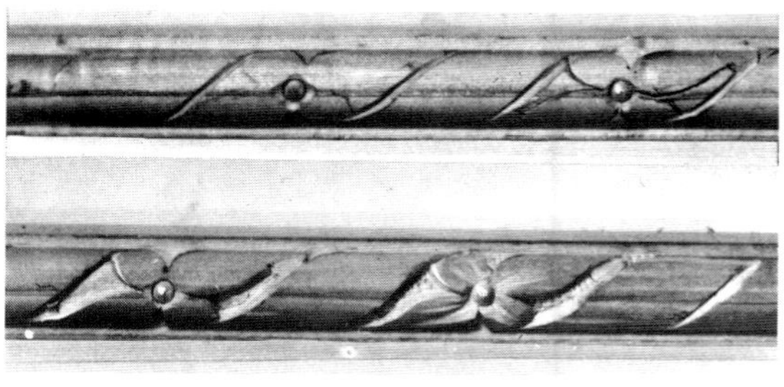

Abb. 10.16 Arbeitsphasen beim Schnitzen eines Blatt- und Bandmusters

Abb. 10.17 Feinschnitzwerk in einem Zierprofil aus der Renaissance

holz können die Konturen der Blätter sofort eingestochen werden, während es bei Hartholz notwendig sein kann, direkt auf der Umrißlinie mit Hilfe des Klüpfels einzustechen. Setzen Sie nie zwei Stiche an der Umrißlinie an, wenn es sich vermeiden läßt.

In Anlehnung an die Rundung des Profils wird anschließend der Untergrund ausgestochen. Zum Schluß werden die Blätter und das Band mit einem Ziereisen leicht modelliert, wobei für das Bandwerk einige wenige, flache und unregelmäßige Stiche genügen.

Eine kunstvolle Akanthus-Blattschnitzerei in einem dorischen Kymaprofil ist in den Abb. 10.18 bis 10.22 dargestellt. Auch hierfür wird eine Schablone benötigt, die als Folie wie in Abb. 10.18 angebogen werden kann. Abb. 10.19 zeigt die Blattwelle nach dem Schablonieren.

Der erste Schnitzarbeitsgang besteht im Grundausstechen auf etwa 6 mm am oberen Rand, wobei die Form des Profils nicht verlorengehen darf (Abb. 10.21 und 10.23). Es folgt das Unterschneiden der Blattlocke im Hauptelement (Abb. 10.21), ebenfalls in Anlehnung an die Profilform. Zum Schluß werden die Blätter wie in den Abb. 10.21 und 10.22 modelliert. Eine Blattwelle dieser Art erfordert eine vorsichtige Werkzeugführung und saubere Ausarbeitung der Konturen.

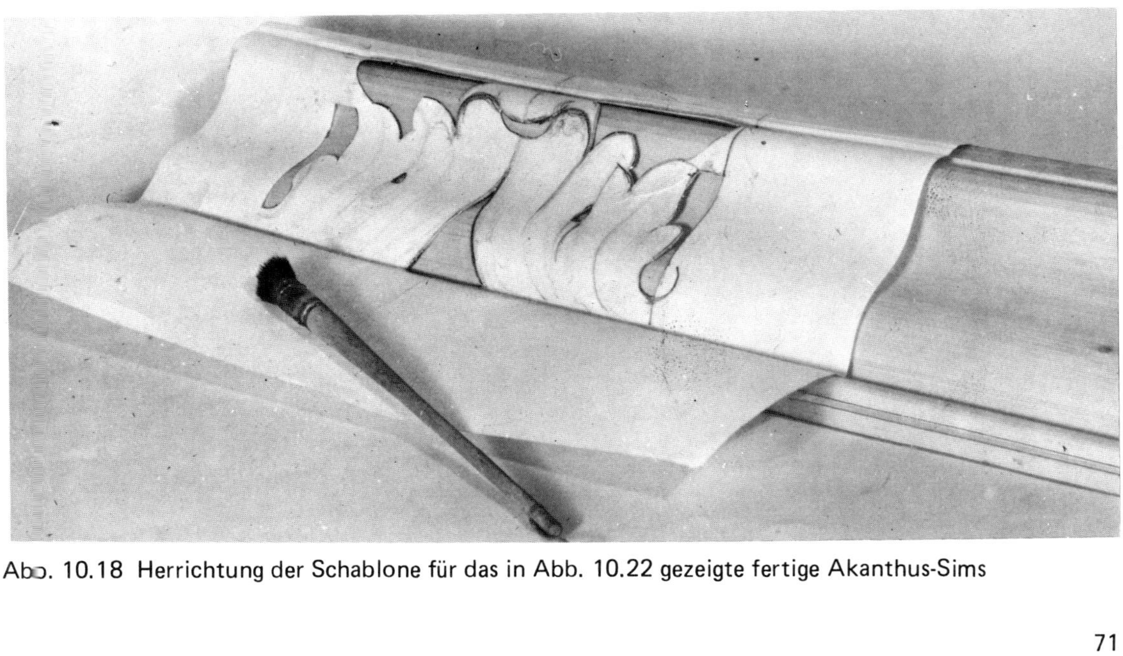

Abb. 10.18 Herrichtung der Schablone für das in Abb. 10.22 gezeigte fertige Akanthus-Sims

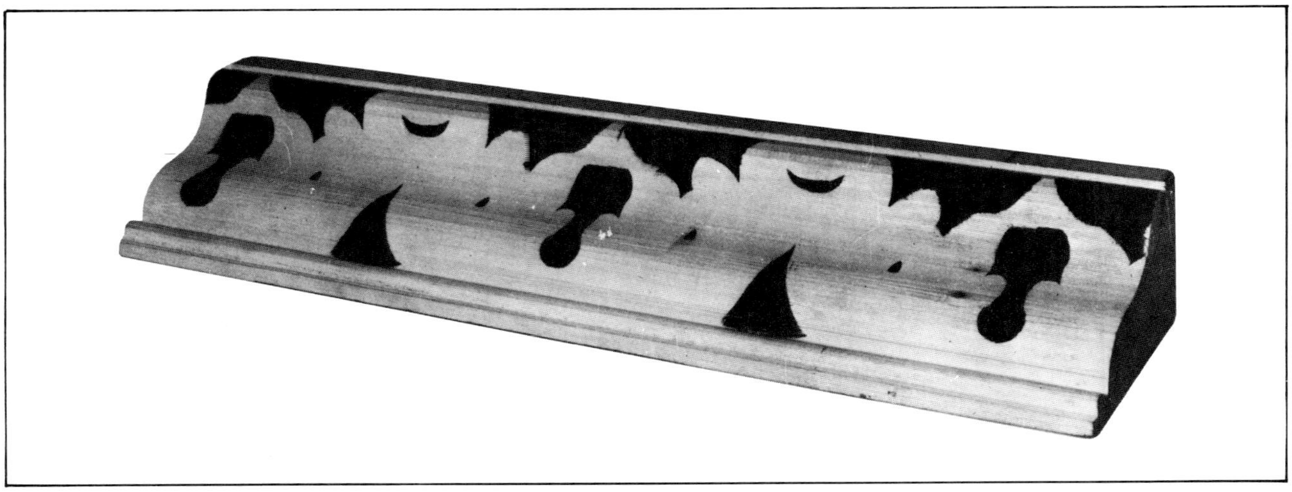

Abb. 10.19 Das Profil nach dem Schablonieren: Nur die Hauptelemente des Musters wurden ausgestochen

Abb. 10.20 Erste Stufe beim Schnitzen: Der Untergrund wird in Anlehnung an die Profilform ausgestochen

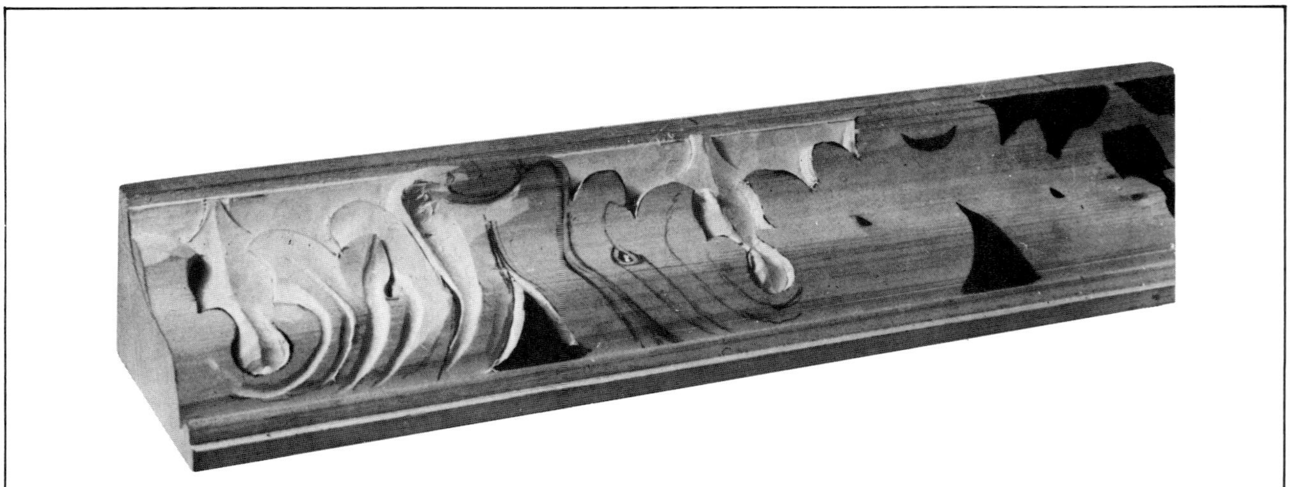

Abb. 10.21 Eine weitere Stufe: Ausstechen des Materials unter der Locke des Hauptblattes

Abb. 10.22 Die fertiggeschnitzte Blattwelle

Gehrungsstöße

Ein Punkt, der sowohl hinsichtlich des Anzeichnens als auch des Schnitzens nicht übersehen werden darf, ist die Bearbeitung von Eckverbindungen in Form einer sogenannten Maurergehrung oder einer Tafelgehrung von 45°. Nehmen wir an, eine Eichenvertäfelung ist mit Maurergehrung herzustellen, wobei die Zierprofilleisten auf den Rahmen geklebt werden. Normalerweise wird dabei die Zierleiste auf den Riegeln durchgeführt und endet auf den äußeren Höhenfriesen bei ungefähr Materialbreite plus etwa 13 mm. Das Ganze wird zusammengeleimt und dem Schnitzer zurückgegeben, der das Zierprofil auf dem Rahmen von Hand zu einem Gehrungsstoß zurechtschnitzt (Abb. 10.24). Die Zierleisten könnten aber auch an den Zargen enden und dort ein Quadrat bilden, in das eine sogenannte Patera oder Isolierrosette geschnitzt werden könnte (Abb. 10.25).

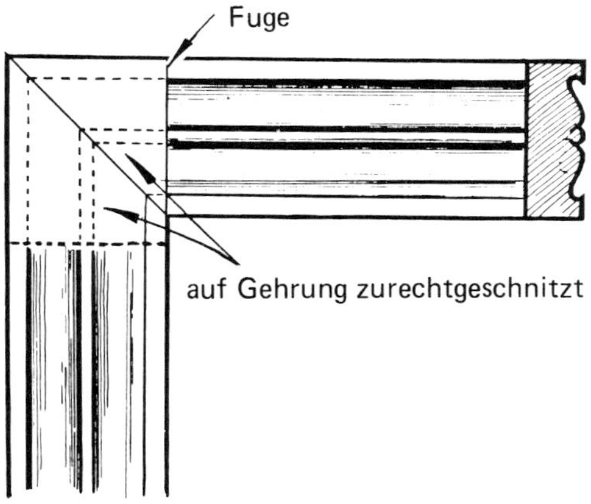

Abb. 10.24 Schnitzen auf Maurergehrung

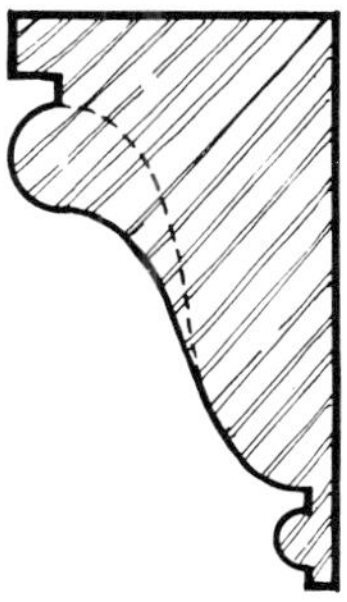

Abb. 10.23 Verlangter Querschnitt mit Grundausstich (gestrichelte Linie)

Abb. 10.25 Patera oder Isolierrosette zur Eckenabdeckung

Zierprofile, die mit 45°-Gehrung zu schnitzen sind, werden gewöhnlich vom Tischler in anfallenden Längen mit deutlichen Bleistiftmarkierungen für die Gehrung geliefert. Fehlt diese Markierung, so muß die Tafelgröße festgestellt und auf den Zierleisten angegeben werden, bevor irgendeine Schnitzarbeit in Angriff genommen wird. Dies ist für den Abstand des wiederkehrenden Musters sowie für die endgültige Anordnung und Befestigung sehr wichtig.

Bei der Festlegung dieser Abstände lassen Sie für den Gehrungsstoß ungefähr einen halben Rapport Platz auf der Innenseite der Zierleiste.

Wie bei der Maurergehrung macht der Schnitzer den Stoß nach dem Aufleimen fertig. Das gilt auch für den Fall, daß die Zierleisten auf das feste Rahmenwerk geleimt werden. Halten Sie beim Schnitzen möglichst Abstand von der Gehrungsfuge und versehen Sie die Blätter mit einem Stiel in der Mitte, um zu verhindern, daß kleine Stücke aus der Fuge herausfallen (Abb. 10.26).

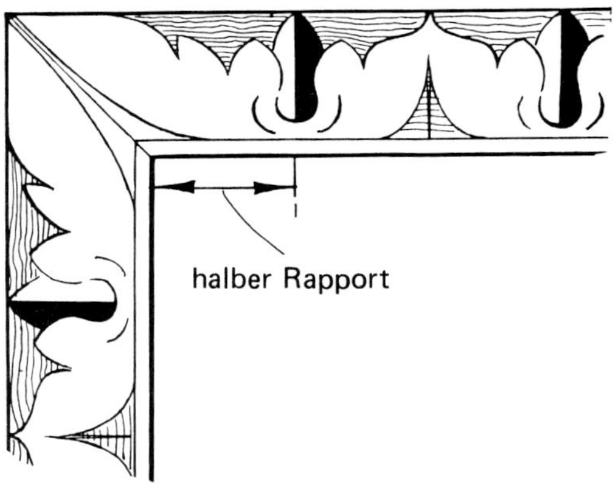

Abb. 10.26 Schnitzen am Gehrungsstoß

Kapitel 11
Faltwerkfüllungen

Eine Arbeit, in die sich Schnitzer und Schreiner teilen, ist die Herstellung von Faltwerkfüllungen. Bis zum Ende des 15. Jahrhunderts hatten sich ausländische Einflüsse auf englische Holzarbeiten nicht spürbar bemerkbar gemacht. Dann wurden sie zum Teil durch Flamboyant-Maßwerke, geschnitzte Säulen und Faltwerktafeln vom Kontinent her geprägt, so wie jene in der Kathedrale von Carlisle und in der Kirche von Charlton-on-Otmoor. Die Faltwerkfüllungen in Carlisle sind in ihrer Art außerordentlich einfach, denn ihr oberer Rand wurde als Querschnitt der Täfelung selbst ausgeführt, indem man die Konturen ausstach und den Untergrund so weit zurückschnitt, daß die Füllung in dem Rahmenwerk untergebracht werden konnte (Abb. 11.2).

Abb. 11.1 Eichenholzfüllung mit geschnitztem Faltwerk in einem Bauernhaus aus dem 15. Jahrhundert (jetzt zerstört)

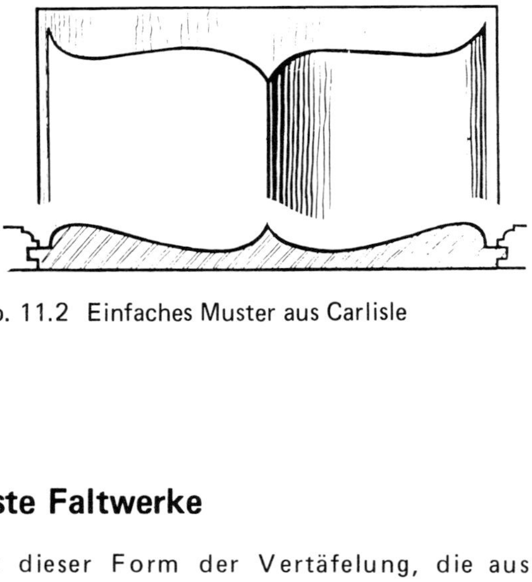

Abb. 11.2 Einfaches Muster aus Carlisle

Erste Faltwerke

Mit dieser Form der Vertäfelung, die aus fast drei Jahrhunderten gotischer Tradition hervorgegangen ist, wurde etwas Neues begonnen. Sie entwickelte sich schnell weiter und verlor, wie so viele Motivformen, die einfach begonnen hatten, viel von ihrer Schönheit und Zweckmäßigkeit, als die Handwerker mit dem Hobel und später mit der Fräse an sie herangingen und das Dekor sich selbst überließen. Heute sieht man demzufolge vielfach Füllungen mit grobgeschnittenen Höhlungen und Rundungen, die mit einem Faltwerk keinerlei Ähnlichkeit aufweisen. Die in Abb. 11.3 gezeigten Arbeiten haben sich in positiver Weise aus den früheren entwickelt. Sie haben ein flaches Relief und sind an den Stirnseiten auf eine Art bearbeitet, an der nur schwer etwas verbessert werden kann, besonders im Wechsel innerhalb einer Reihe von Füllungen.

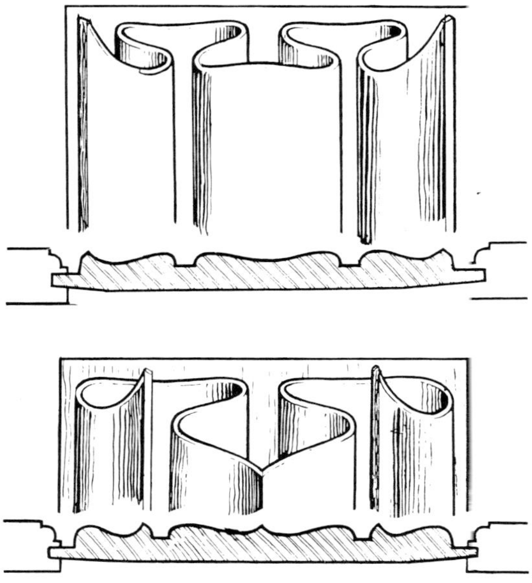

Abb. 11.3 Zwei Muster als Flachrelief

Denken Sie an die Hinweise in bezug auf die Einfachheit des Musters und das ziemlich flache Relief in den ersten Beispielen, wenn Sie sich an eigenen Entwürfen versuchen. Vergessen Sie auch nicht, daß es eine herkömmliche Form ist, die Sie in Holz festhalten wollen und an die entweder ein Schnitzer oder Tischler mit verfügbaren Werkzeugen ohne komplizierte Profile herangehen könnte. Schauen Sie sich in Kirchen, Museen und anderen öffentlichen Gebäuden um, damit Sie Ihren Horizont erweitern. Die spätmittelalterliche Kanzel (Abb. 11.4) trägt besonders hübsche Muster, bei denen die Falten in die Füllung eingeschnitten sind und die höchstgelegenen Teile mit der Vorderfläche der Tafel selbst bündig abschneiden. Der untere Rand ist ansprechend geformt, und oben trägt jede Füllung ein aufgesetztes Maßwerk.

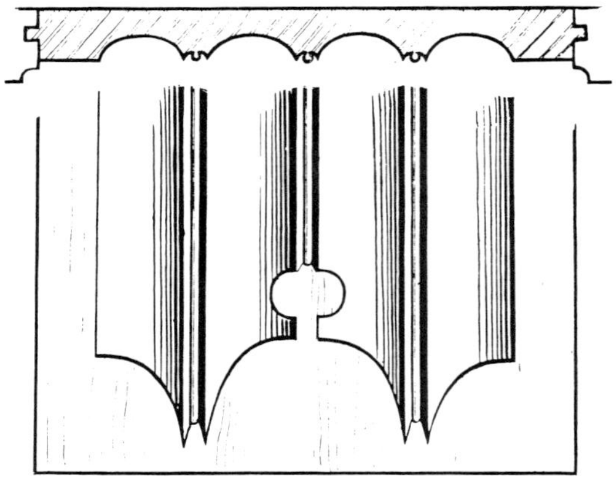

Abb. 11.4 Faltwerk an einer spätmittelalterlichen Kanzel

Abb. 11.5 Faltwerk auf der Grundlage einer Füllung in der Westminster Abtei aus dem 15. Jahrhundert. Die linke Partie ist fertig, die rechte in Bearbeitung. Bei einem echten Faltwerk wie diesem sind die Falten über die ganze Breite klar zu erkennen.

Bei einigen Beispielen aus dem frühen 16. Jahrhundert erheben sich Blätter aus dem mittleren Profil, einige flämische aus derselben Periode haben laubwerkverzierte Längs- und Kopfseiten. Diese neigen wie zahlreiche andere dazu, sich eher zu geschnitzten Vertäfelungen als zu Faltwerkfüllungen auszuwachsen. Das Faltwerk in Abb. 11.5 basiert auf einer Reihe von Arbeiten an einer Kanzel aus dem 15. Jahrhundert in der Westminster Abtei. Die Tiefe der Wellen ist etwa 13 mm, so daß das Material insgesamt 19 bis 22 mm dick sein muß.

Muster

Zeichnen Sie das Muster auf Papier und fügen Sie eine Seitenansicht von den Falten hinzu, wie sie wirklich übereinanderliegen.

Eine solche Ansicht ist wichtig, denn ohne sie kann kein Querschnitt angezeichnet werden, auf den das Holz zu bearbeiten ist, weil nämlich die Wellenform der Füllung zwar die vorderen Falten darstellt, aber keine Ähnlichkeit mit den hinteren Wellen oder Falten hat. Die Seitenansicht in Abb. 11.6 E zeigt die wirklichen Falten, wonach der Querschnitt in Abb. 11.6 D aufgezeichnet werden kann. Dieser zeigt wiederum die Anordnung der ersten einzustechenden Nuten oder Kerben (Abb. 11.6 C).

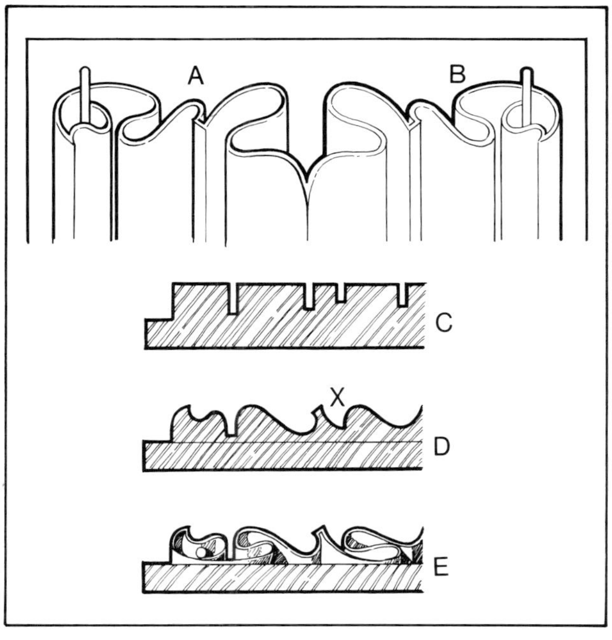

Abb. 11.6 Das Aufzeichnen des Musters in Abb. 11.5

A – Zu schnitzende Form
B – Bis zu der starken Linie wird der Untergrund ausgestochen
C – Erste Nuten oder Kerben
D – Zu bearbeitender Querschnitt
E – Seitenansicht mit Anordnung der Falten

Letztere können entweder mit der Kreissäge oder mit der elektrischen Handoberfräse geschnitten werden. Wer solche Geräte nicht zur Verfügung hat, kann auch einen Grundhobel benutzen. Beachten Sie die verschiedenen Tiefen.

Bearbeitung der Wellen und Falten

Diese vorgestochenen Nuten oder Kerben haben natürlich den Zweck, die Herausarbeitung der Wellen oder Falten zu erleichtern; sie bilden zuverlässige Führungen beim Gebrauch des Simshobels. Zunächst aber muß auf allen vier Seiten ein Falz bis zur Tiefe des Untergrunds angebracht werden (Abb. 11.7).

Abb. 11.7 Tafel mit eingearbeiteten Nuten oder Kerben

Für die hohlen Partien der Falten werden runde Kehlhobel – mindestens zwei – benötigt. Die einzige schwierige Stelle dabei ist in Abb. 11.6 D mit "X" gekennzeichnet, denn hier kommt man nicht so leicht in den spitzen Winkel der Kerbe hinein. Man kann sich damit behelfen, daß man die Ecke zuerst mit einer Zapfensäge schneidet und dann mit dem kleinen Rundhobel so tief es geht nacharbeitet. Die Höhlung wird mit einem Messer, dessen Klinge wie die eines Federmessers geformt ist, mit schabenden Bewegungen fertiggeschnitten. Auch der Seitenfalzhobel ist dafür brauchbar.

Gerundete Partien können mit dem Falzhobel bearbeitet werden, und zwar in Grobeinstellung für die Masse des Materials und die Feineinstellung für die Endbearbeitung. Eine dicke Rundfeile ist nützlich zum Brechen der Hohlraumfacetten. Zum Schluß wickeln Sie grobes Glaspapier um entsprechend profilierte Holzstücke und glätten die Facetten zu durchgehenden Kurven. Mit feinem Glaspapier geben Sie dem Ganzen dann den letzten Schliff. Abb. 11.8 zeigt die Füllung in diesem vorgefertigten Zustand.

Abb. 11.8 Fertige Wellenform

Anzeichnen der stirnseitigen Formen

Der erste Arbeitsgang beim eigentlichen Schnitzen ist das Ausstechen des überflüssigen Materials bis zur Höhe des Untergrunds. Hierzu müssen die Konturen der Falten auf die wellenförmige Oberfläche aufgetragen werden. Das ist ein wenig schwierig, aber erfordert eigentlich nur das Abmessen von der Endkante an mehreren Stellen und das Einzeichnen der Kurven. Wenn eine Seite fertig ist, kann man ein Stück Pauspapier in die Form hineindrücken und die Linien aufzeichnen.

Dieses Pauspapier kann dann umgedreht und für die Falten auf der gegenüberliegenden Seite verwendet werden.

Obwohl die Umrißlinien einiger Falten im Laufe der Schnitzarbeit automatisch verschwinden, ist es ratsam, sie alle einzutragen. Vorerst jedoch wird die Umrißlinie benötigt, bis zu der der Untergrund ausgestochen werden muß, und das ist die starke Linie in Abb. 11.6 B. Stechen Sie auf dieser Linie ein, allerdings nicht ganz bis auf Grundtiefe. Die Falten müssen nämlich, um realistisch zu wirken, leicht unterschnitten werden; Grundstiche, die jetzt schon zu tief angesetzt wurden, machen sich dabei dann als Makel bemerkbar. Nützlich ist es auch, wenn Sie mit einem schmalen Hohleisen zunächst auf der Abfallseite an der Umrißlinie entlang einen Stich anlegen.

Wenn dann die Form ausgestochen wird, bröckelt das Holz leicht weg.

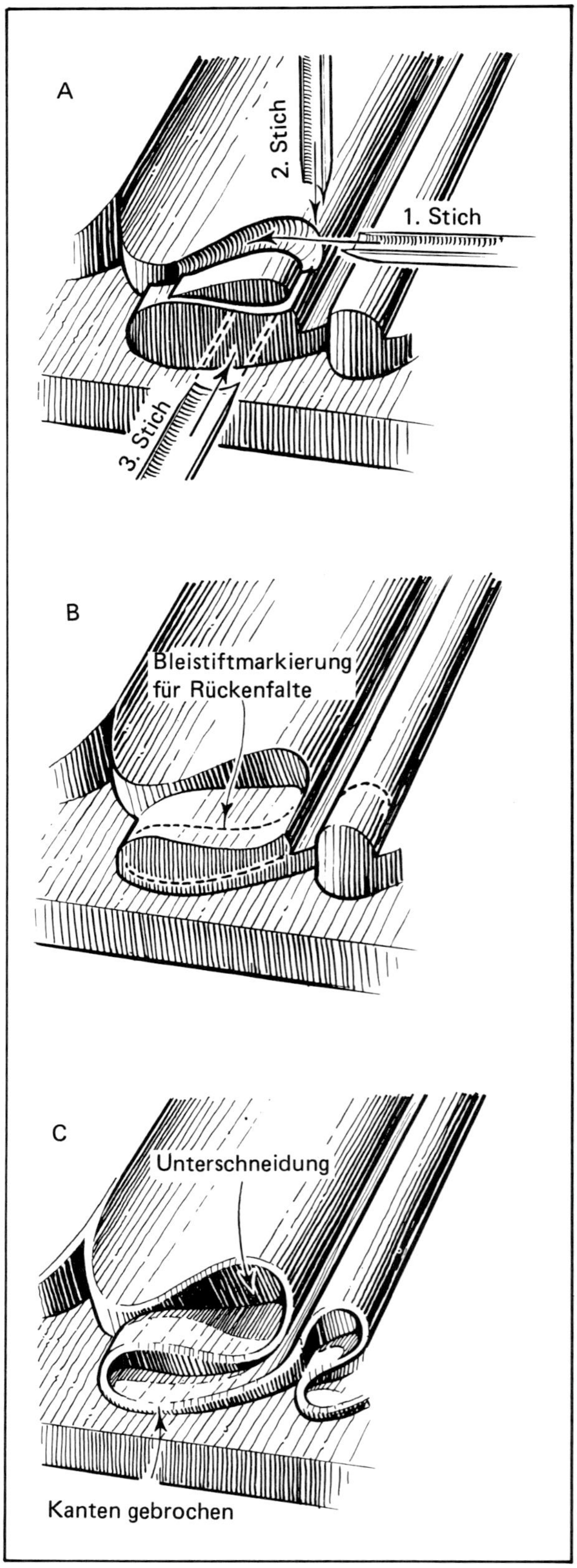

Abb. 11.9 Das Schnitzen der stirnseitigen Faltenform

A – Die ersten 3 Stiche nach dem Anzeichnen
B – Die zweite Phase mit markierter Rückenfalte
C – Fertige Schnitzarbeit

Schnitzen der stirnseitigen Formen

Abb. 11.9 zeigt die einzelnen Arbeitsgänge beim Formen der Falten. Bei Abb. 11.9 A erfolgt ein Hohleisenstich quer zur Faser und zur Abfallseite der Kontur hin. Die Wellenform der Zwischen- und Rückenfalten ist dabei zu beachten, denn diese müssen ja so aussehen, als lägen sie übereinander. Mit einem zweiten und dritten Stich wird dann der Abfall beseitigt und die bei Abb. 11.9 B gezeigte Wirkung erzielt, die ebenso in Abb. 11.5 rechts im unfertigen Teil zu sehen ist. Wo Späne abgenommen worden sind, muß jetzt die Faltenkontur neu aufgezeichnet werden. Das Unterschneiden nach Abb. 11.9 schließt sich an und wird beschränkt auf die Kanten, die mehr oder weniger horizontal verlaufen. An den Seiten der Falten muß das Hohleisen praktisch waagerecht angesetzt werden, wobei die Füllung flach auf der Werkbank liegt. Hierbei ist sofort zu erkennen, daß Material in beträchtlicher Dicke stehenbleiben muß, denn das Holz würde zerbröckeln, wenn es auf Papierstärke abgearbeitet worden wäre. Das ist der Grund dafür, daß auf der ursprünglichen Zeichnung in Abb. 11.6 A eine Doppellinie eingetragen ist.

Zum Schluß können die äußersten Kanten der Falten gebrochen werden (Abb. 11.9 C), und zwar in einem Ausmaß, das je nach Füllung verschieden ist; bei der einen ist die Kantenbrechung kaum vorhanden, bei der anderen beträgt sie ganze 2 mm. Ein schmales scharfes Balleisen ist das beste Werkzeug dafür. Die Breite der Fase und ihre Neigung zur Vorderseite hin müssen auf der ganzen Strecke konstant gehalten werden.

Abb. 11.10 Faltwerkfüllung in einem alten Haus. Obwohl sich mehr als 200 Füllungen in dem Raum befinden, unterscheiden sich alle im Detail geringfügig voneinander.

Kapitel 12
Tabletts mit geschweiftem Profilrand

Ein reizvoller Gegenstand in der Schnitzkunst des 18. Jahrhunderts war der sogenannte Pastetenkrusten-Rand (in profilierter und geschweifter Form), der häufig an kleinen Tischplatten angebracht wurde. Man findet ihn hauptsächlich auf kleinen dreibeinigen Tischen an runden Tischplatten mit versenktem Mittelteil. Die besten Arbeiten sind ganz aus dem Vollen angefertigt, wobei der Rand mit Schnitzwerkzeugen bearbeitet worden ist. Dies war jedoch ganz eindeutig mit sehr viel Arbeit verbunden, so daß manchmal ein weniger aufwendiges Verfahren angewendet wurde. Man nahm eine dünnere Tischplatte, stellte den Profilrand gesondert her und leimte ihn dann auf. Damit sparte man nicht nur viel Zeit, sondern erreichte auch eine saubere Verarbeitung. Unter den Händen eines guten Holzbildhauers aber wurden die Schnitzwerke aus dem Vollen zu wahren Kunstwerken, die zudem noch den Vorteil hatten, daß sich keine Leimverbindungen lösen konnten. Das Tablett in Abb. 12.2 gehört dazu.

Abb. 12.1 Platte mit Pastetenkrusten-Rand und Käfiglagerung auf einem dreibeinigen Tisch

An runden Tabletts ist die Arbeit am leichtesten, zumindest für den, dem eine Drechslerbank zur Verfügung steht, denn der ganze mittlere Teil der Holzplatte kann durch Drechseln herausgearbeitet werden, so daß nur noch der Rand von Hand ausgesägt und geschnitzt werden muß. Ist das Tablett oval oder rechteckig, so kann mit der elektrischen Handoberfräse gearbeitet werden.

Wenn nur ein Grundhobel zur Verfügung steht, sollte man eine Reihe von "Wänden" oder Stegen stehenlassen, an die der Hobel angelegt werden kann und die nachträglich abgebeitelt werden. Die Fertigbearbeitung erfolgt dann später durch Schaben.

Das Einstechen des gesamten Mittelteils auf der Drechslerbank ist natürlich wesentlich leichter als die Arbeit mit Beitel oder Grundhobel. Deshalb wird die runde Form bevorzugt. Alle in Abb. 12.11 gezeigten Ausführungen erfordern Schnitz-, Fräs- oder Hobelarbeit oder eine Kombination davon.

Anzeichnen

Das Muster für das Tablett in Abb. 12.2 ist in Abb. 12.3 aufgezeichnet. Der Durchmesser beträgt 30 cm. Ein ähnliches Muster kann auch für Tabletts verwendet werden, die ein wenig größer sind. Wesentlich größere Servierbretter oder Tischplatten erfordern jedoch das Aufzeichnen eines oder ggf. zweier zusätzlicher, wiederkeh-

Abb. 12.2 Bei diesem Tablett, das auch als Tischplatte verwendet werden kann, wurde die Mittelfläche auf der Drechslerbank versenkt. Der Profilrand ist komplett geschnitzt.

render Muster. Legen Sie die Anzahl der Rapporte fest und teilen Sie den Kreis dementsprechend ein. Der Aufriß in Abb. 12.3 entspricht der Ausführung mit vier Rapporten in Abb. 12.2.

Die kleinen Rundungen können mit dem Zirkel aufgetragen werden, der auf einer Linie ein wenig außerhalb des Hauptdurchmessers angesetzt wird. Auch für den mittleren Teil der geschweiften Form (Serpentine) kann der Zirkel benutzt werden, aber deren Endungen sind von Hand einzuzeichnen. Zeichnen Sie ein wiederkehrendes Muster komplett auf Papier, um sicherzugehen, daß die Abstände stimmen. Fertigen Sie dann eine Kartonschablone von einer Hälfte dieses Musters an, die sowohl die inneren als auch die äußeren Konturen des Profilrandes enthält.

Mit ein wenig Überlegung kommt man darauf, daß zwar die Innenfläche größtenteils gedrechselt, der Profilrand aber nur in beschränktem Maße auf der Drechslerbank bearbeitet werden kann. Doch selbst das lohnt sich, weil damit der Querschnitt kontrolliert und die Gleichförmigkeit unterstützt wird. Abb. 12.4 zeigt einen Teil des Profilrandes mit dem fertigen Querschnitt bei 4 A, der naturgemäß jedoch nur in dem bei 4 B gezeigten Ausmaß gedrechselt werden kann.

Die Höhlung stellt den wirklichen Querschnitt am innersten Punkt der Krümmung dar. Das gleiche gilt für die Innenkante des oberen Wulstes. Jeder Versuch, diese weiter nach außen zu verlegen, würde dazu führen, daß Material über die Linie hinaus abgenommen würde. Ebenso wird die obere Außenkante zum Wulst gerundet, aber sie kann nicht weiter nach innen gezogen werden.

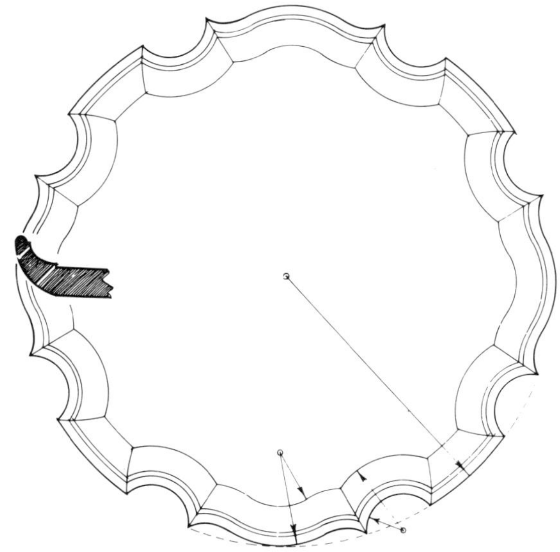

Abb. 12.3 Anzeichnen der Form und des Randquerschnitts

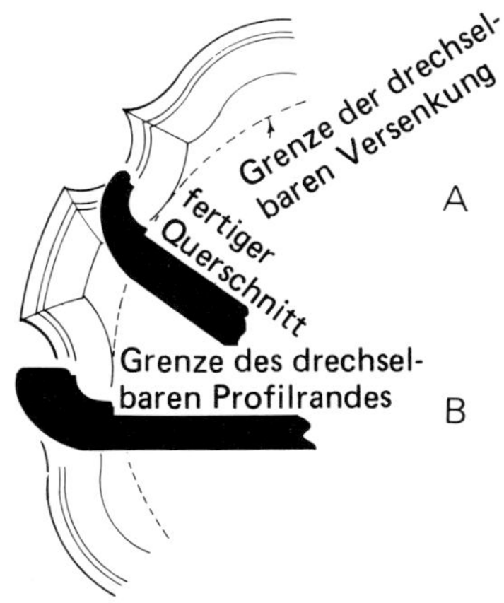

Abb. 12.4 Die fertige Form und die Grenze des Drechselbereichs

Drechseln

Sägen Sie die Holzplatte in etwa auf Kreisform und zentrieren Sie sie auf der Planscheibe der Drechslerbank mit einem ungefähr 19 mm dicken Stück Abfallholz als Zwischenlage. Sie kann mit Schrauben befestigt werden, weil die Löcher später durch aufgeklebtes Billardtuch (Flanellstoff) verdeckt werden. Stechen Sie die mittlere Fläche mit Schabbeiteln bis zur inneren Grenzlinie des Profilrandes (Abb. 12.4) aus; sie sollte vollkommen flach sein, allerdings ohne die Verwendung von Glaspapier, um das Abstumpfen der Schnitzwerkzeuge zu vermeiden. Der Rand selbst kann auf den bei 4 B gezeigten

Querschnitt gedrechselt werden, aber auch hier gilt: kein Glaspapier. Abb. 12.5 zeigt das Tablett nach diesen einleitenden Arbeitsgängen.

Aussägen

Spannen Sie die Holzplatte von der Bank ab und teilen Sie ihren Umfang in die Anzahl der wiederkehrenden Muster auf. Mit Hilfe der vorbereiteten Kartonschablone zeichnen Sie die Außenkante mit Bleistift an. Der Umriß kann entweder maschinell auf der Band- oder Laubsäge oder von Hand mit der Bogensäge ausgesägt werden.

Dann glätten Sie die Randflächen mit einer Halbrundfeile in geraden und rechtwinklig angesetzten Strichen, wobei darauf zu achten ist, daß alle entsprechenden Formen untereinander gleich sind.

Abb. 12.5 Fertiggedrechselte Platte mit Profilrand

Abb. 12.6 Rand ausgesägt und Wulst teilweise geschnitzt

Abb. 12.7 Kontur des Hohlelements aufgezeichnet und Abfall ausgestochen

Abb. 12.8 Fertiggeschnitztes Tablett mit parallelem Profilrand

Formschnitzen

Mit dem Bleistift und der Hand als Streichmaß zeichnen Sie den Wulst parallel zur äußeren Kontur an. Dies wird in Abb. 12.6 angedeutet, wo das Material bis zum Wulst auf die Tiefe der Fase ausgestochen ist. Am besten fahren Sie den Umriß auf der Abfallseite zunächst mit einem schmalen Hohleisen ab. Wenn dann mit Flach- oder Hohleisen, die der Form der Kurve nahekommen, eingestochen wird, bröckelt das Abfallholz leicht weg. Zum Schluß stechen Sie mit einem Flacheisen bis zur Höhe der Fase aus.

Jetzt müssen die inneren und äußeren Linien der Höhlung angezeichnet werden, was wegen der welligen Oberfläche einigermaßen schwierig ist. Abb. 12.9 zeigt, wie es mit einem zum Streichmaß umgewandelten Schabeisen zu machen ist.

Das Schabeisen bekommt einen Schlitz zum Einspannen des Bleistifts und wird an seiner Anlagefläche abgerundet damit es den Krümmungen folgen kann. Dann wird es um den ganzen Rand herumgeführt, wobei man den Bleistift der Wellenform in Auf- und Abbewegungen folgen läßt und das Streichmaß gegenüber der Kurve radial ausgerichtet hält.

Hierbei entsteht die Markierung in Abb. 12.7, welche außerdem die Mittelfläche bis zum Rand herausgearbeitet zeigt. Bei dieser Arbeit beachten Sie sorgfältig den Faserverlauf des Holzes und arbeiten möglichst mit der Faser. Zur Fertigbearbeitung und zum Glätten der Oberflächen ist eine Ziehklinge nützlich, mit der auch die gesamte versenkte Mittelfläche nachträglich geglättet werden kann.

Anschließend wird das Hohlelement geschnitzt, wegen der starken Abweichungen im Faserverlauf vermutlich die schwierigste Arbeit. Mit einem breiten Hohleisen stechen Sie dabei grob vor und folgen dem Faserverlauf so weit wie möglich. Mit einem leicht gekrümmten Flacheisen, dessen Schneide in etwa der Form der (teilweise leicht gekrümmten) Gehrungsstöße entspricht, stechen Sie an jeder Gehrung senkrecht bis zu einer Tiefe ein, die geringfügig unterhalb der fertigen Oberfläche liegt (Abb. 12.12). Dadurch entsteht eine feste Grenzlinie, bis zu der beim Schnitzen des Hohlelements gearbeitet werden muß.

Beim Stechen in die Gehrungsstöße schneidet der Beitel manchmal mit der Faser und manchmal in Querrichtung dazu. Im letzeren Fall kann man sich die Arbeit erleichtern, indem man das Beitelheft dreht und damit der Klinge einen schälenden Schnitt verleiht.

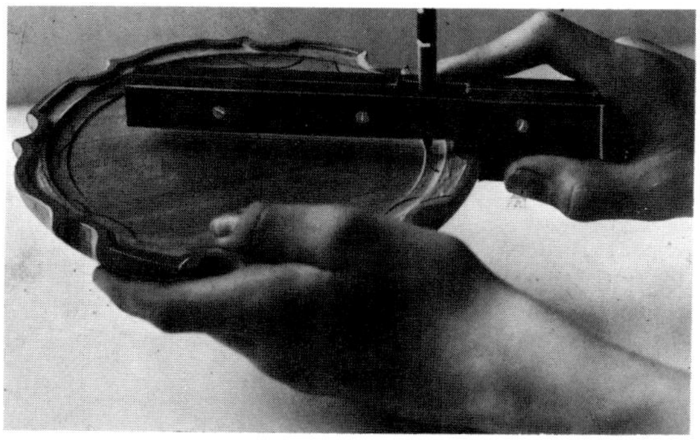

Abb. 12.9 Anzeichnen der Innenkante des Profilrandes, wobei der Bleistift über die Wellen des Hohlelements geführt werden kann

Auch der Wulst muß in einem ähnlichen Verfahren über seine ganze Länge geschnitzt werden.

Rasiermesserscharfe Werkzeuge sind Voraussetzung für eine saubere Arbeit. Damit kann man sogar gegen die Faser arbeiten, wenn dünne Späne mit drehenden Beitelbewegungen abgenommen werden.

Rückseite

Die Rückseite des Tabletts wird so bearbeitet, daß über den ganzen Umfang die gleiche Form entsteht, wobei das Schabeisen wie in Abb. 12.9 zum Anreißen verwendet werden kann. Eine Ansicht der Rückseite zeigt Abb. 12.10.

Abb. 12.10 Rückseite mit geschweifter Anschrägung

Abb. 12.11 Servierbretter oder Tischplatten in anderen Formen, die nicht auf der Drechslerbank bearbeitet werden können

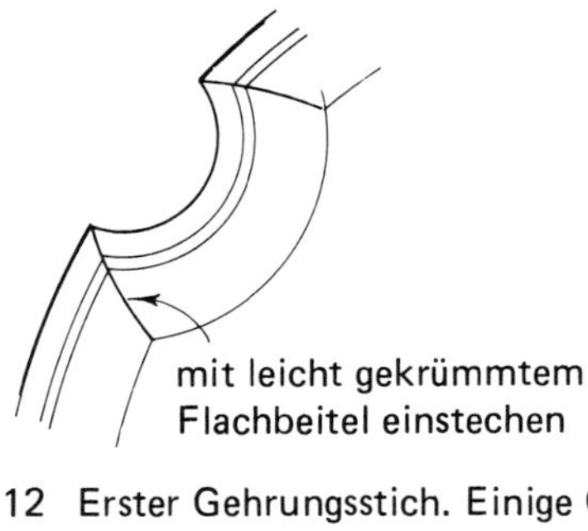

Abb. 12.12 Erster Gehrungsstich. Einige Gehrungsstöße sind leicht gekrümmt.

Oberflächenbehandlung

Es ist außerordentlich schwierig, nur mit Hilfe von Schnitzwerkzeugen eine Oberfläche zu erzielen, die zum Schellackpolieren oder Lackieren geeignet ist. Meistens wird Glaspapier verwendet, denn der Rand ist in der Tat nur ein Zierprofil.

Für einige Teile ist ein Profilklotz nützlich; sonst aber kann das Glaspapier mit dem Finger bewegt werden. Arbeiten Sie zuerst mit Feinkörnung 2 und dann mit Superfeinkörnung 1. Für die mittlere Fläche brauchen Sie einen flachen Schleifklotz und eine spitze Sonderform für die Ecken.

Halten Sie den Schleifklotz flach und bewegen Sie ihn mit der Faser.

Auf einem Tablett aus Mahagoni ergibt Kaliumbichromat (-dichromat) eine ausgezeichnete Färbung, auf die Schellackpolitur oder Kunststofflack aufgetragen werden kann. Letzterer ist wegen der zahlreichen inneren, schwierig zu erreichenden Ecken leichter anzuwenden. Tragen Sie mit einem Pinsel etwa vier Schichten auf und reiben Sie die vorherige Schicht vor dem Auftragen der nächsten immer gut ab. Benutzen Sie geseiftes Glaspapier in Superfeinkörnung 1 zum Glätten und Autopolitur (Lackreiniger) für die Endbearbeitung.

Kapitel 13
Gotisches Schnitzwerk

Blatt- und Rankenwerk

Das Muster zu dem Blattwerk in Abb. 13.1 kann mit seinen Einzelheiten der Abb. 13.2 entnommen und in voller Größe auf Papier gezeichnet werden. Man braucht sich dabei nicht streng an die Vorlage zu halten; es ist sogar besser, wenn der Leser es zu dem Grundthema mit eigenen Variationen versucht. Gestalten Sie die Blätter so, daß sie die Zwickelfelder (sogenannte Spandrillen) mit schönen Formen ausfüllen, die für herkömmliche Blattwerke dieser Art so charakteristisch sind. Die Schnittdarstellungen in Abb. 13.2 zeigen das Profil der einzelnen Elemente.

Abb. 13.1 Geranktes Blattwerk

Grundausstechen

Der Untergrund wird etwa 6 mm tief ausgestochen. Da es sich um Eichenholz handelt, wäre es riskant zu versuchen, die Konturen mit Hohleisen und Klüpfel auszustechen, was sehr wahrscheinlich zu einer eingekerbten oder ausgebrochenen Werkzeugschneide führen würde. Viel sicherer ist es, mit dem Geißfuß um den Umriß herum einzustechen, und zwar auf der Abfallseite der Umrißlinie. Hier bröckelt das Holz dann leicht ab, wenn später die Form ausgestochen wird. Es ist unmöglich, allen verzwickten Einzelheiten nachzugehen, aber es genügt, wenn der Umriß in groben Zügen ausgestochen wird.

Während mit dem Geißfuß gearbeitet wird, kann damit zu beiden Seiten des mittleren, erhabenen Teils der einzelnen Lappen ein Stich angelegt werden. Hiermit wird ihre Position festgelegt und für das spätere Modellieren ein Anfang gemacht. Abb. 13.3. zeigt das Schnitzwerk in die-

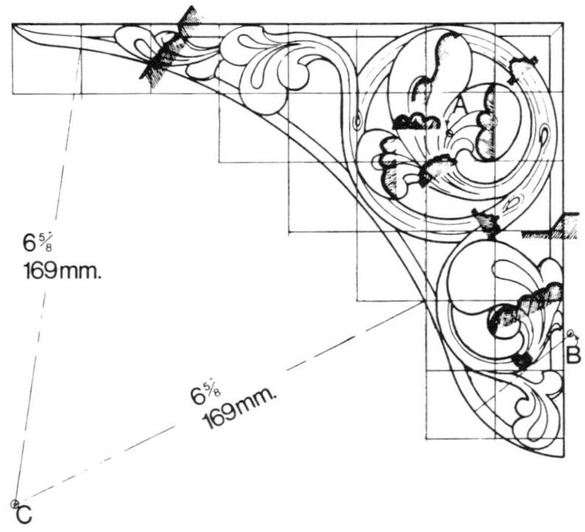

Abb. 13.2 Muster in einem Gitter aus Quadraten von 25 mm Seitenlänge

ser Arbeitsphase, wobei die Geißfußstiche bei Abb. 13.3. B deutlich gezeigt werden. Beachten Sie, daß die Stiche um den gerundeten Mittelteil der Lappen flacher sind als die an den Kanten.

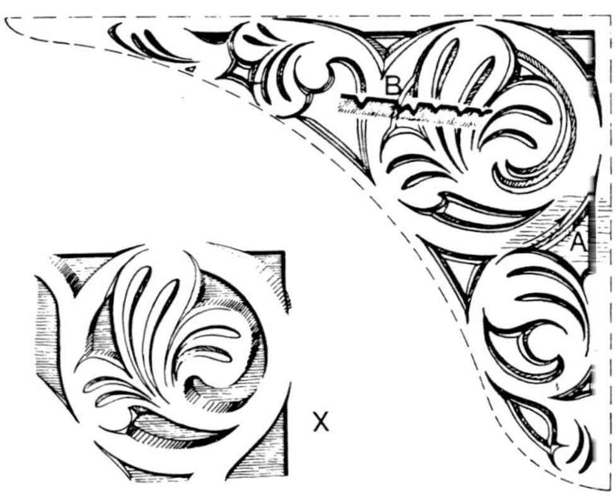

Abb. 13.3 Erste Stufe: Ausstechen der Umrisse mit dem Geißfuß. Bei „X" ist der Untergrund ausgestochen, und die Blätter sind fertig zum Modellieren.

Wenn mit schräg angesetztem Geißfuß quer zur Faser gearbeitet wird, stellt man fest, daß die eine Seite des Werkzeugs zum Ausreißen des Holzes neigt, während die andere einen glatten Stich hinterläßt. Man muß sich deshalb überlegen, in welcher Richtung am besten gearbeitet werden kann. Da nur eine Seite des Stiches wichtig ist und die andere keine Rolle spielt, arbeiten Sie also in der Richtung, in der die wichtige Seite sauber ausgestochen wird. Nehmen Sie zum Beispiel den Teil in Abb. 13.3 A. Hier muß das Werkzeug eindeutig in Pfeilrichtung bewegt werden, weil die linke Seite der Geißfußschneide einen sauberen Stich an dem Stengel anbringt. Die rechte, zum Ausreißen neigende Seite ist lediglich ein Teil des Untergrunds, der ausgestochen werden muß.

Je schärfer die Beitelschneide, desto geringer die Gefahr des Ausreißens. Ein wirklich scharfes Werkzeug kann oft auch gegen die Faser sauber ausstechen, vorausgesetzt, daß nur dünne Späne abgehoben werden. Es gibt Gelegenheiten, wo nur gegen die Faser gearbeitet werden kann, und dann ist Rasiermesserschärfe wesentlich.

Konturausstechen

Jetzt folgt das Grund- und Konturausstechen. Wählen Sie der Form angepaßte Hohleisen und stechen Sie damit an den Umrißlinien der Blattlappen und Ranken entlang, wobei Sie jedoch an den Stellen anhalten, wo die Ranken von den Lappen überdeckt werden. Halten Sie die Werkzeuge so, daß ein senkrechter Stich erfolgt. Es ist unwahrscheinlich, daß die Schneide gleich in einem Stich bis auf Fertigtiefe dringt; fast immer muß etwas Grundmaterial abgenommen und dann wieder nach unten gestochen werden. Bleiben Sie in jedem Fall kurz über der Fertigtiefe, weil die Arbeit höchstwahrscheinlich später korrigiert und saubergestochen werden muß, wobei unansehnliche Beitelspuren zurückbleiben würden.

Bis zu einem gewissen Grade kann das Material mit einem normalen geraden Flach- oder Hohleisen herausgenommen werden, aber zum sauberen Fertigstechen ist ein gekröpftes Balleisen unentbehrlich (Abb. 13.4). Ein solches kann in Vertiefungen benutzt werden, die viel kleiner sind als die in Abb. 13.4 B und 13.4. C gezeigten. Für breitere Aussparungen ist die Größe von 6 mm und für die schmaleren die Größe von 3 mm geeignet. Außerdem brauchen Sie noch ein gekröpftes Balleisen mit schräger Schneide, um in spitzwinklige Ecken zu gelangen. Nach dem Grundausstechen entspricht das Äußere des Schnitzwerkes der Darstellung in Abb. 13.3 X. Beachten Sie, daß die Umrißlinie um den geschnitzten Bereich mit einer Schräge versehen ist. Das Konturausstechen sollte daher an der inneren Linie vorgenommen und die Schräge hinterher gestochen werden.

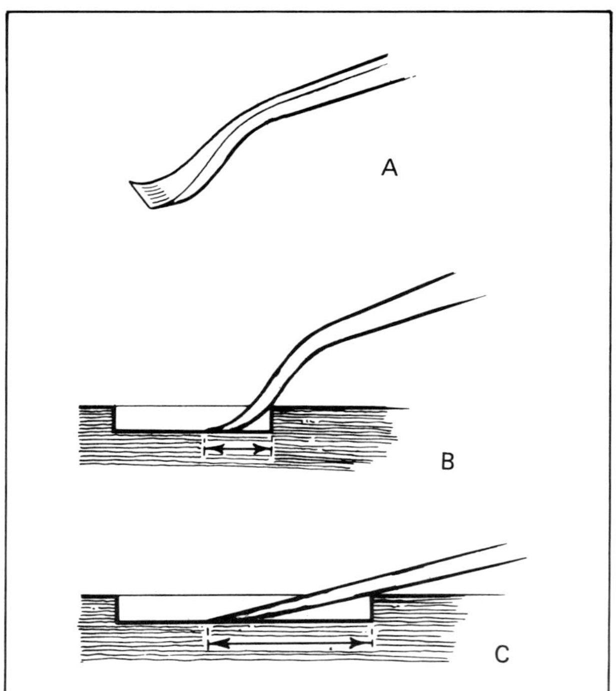

Abb. 13.4 Verwendung des gekröpften Balleisens zum Grundausstechen in engen Vertiefungen

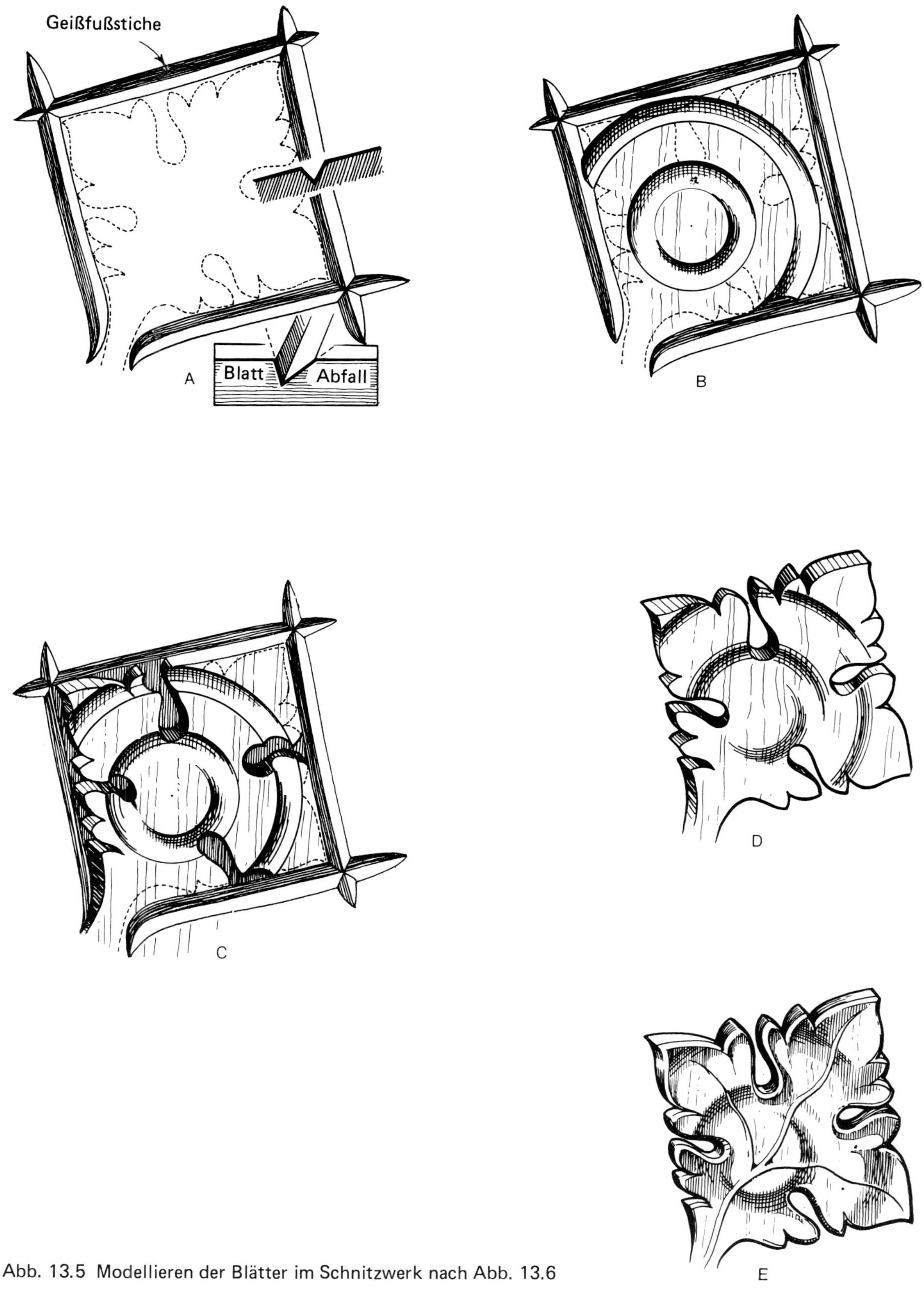

Abb. 13.5 Modellieren der Blätter im Schnitzwerk nach Abb. 13.6

Abb. 13.6

Abb. 13.7 Holländisches Eichenholzgitter von 1692 (Crown Copyright)

Modellieren

Beim anschließenden Modellieren beachten Sie die Querschnitte in Abb. 13.2 und arbeiten so weit wie möglich mit der Faser. Infolge des wechselnden Faserverlaufs bedeutet dies, daß Sie einen Stich einmal in der einen Richtung beginnen und in der anderen Richtung vollenden müssen. In diesem Zusammenhang sei daran erinnert, welcher gewaltige Vorteil es ist, wenn man auch mit der linken Hand arbeiten kann; das Werkstück braucht nicht ausgespannt und herumgedreht zu werden. Bemühen Sie sich um lange entschlossene Stiche und vermeiden Sie kleine Knabberspäne. Diese Technik ist in jedem Fall erstrebenswert, obwohl Ihre Arbeit damit nicht gleich perfekt ausfallen wird. Das gilt besonders für das Modellieren der Ranken, deren Facetten in langen fließenden Linien verlaufen sollen.

Am Anfang können Sie die Ranken abrunden, wobei Sie ein Hohleisen von 6 mm mit der Wölbung nach oben benutzen, und die Hohlräume danach mit einem Hohleisen von 3 mm einstechen. Die kleinen "Augen" an den Abzweigungen der Ranken stellen Sie durch senkrechte Stiche mit einem Ziereisen von 2 mm her, und die Langseiten stechen Sie mit dem Hohleisen von 6 mm aus. Das schmale gekröpfte Balleisen beseitigt dann die Abfallspäne.

Die erhabenen Ballenpartien werden an den Enden mit einem passenden Hohleisen senkrecht abgestochen. Dann können Sie die gerundete Form herstellen, indem Sie den Beitel mit der Hohlseite nach unten ganz flach halten, etwa 3 mm vor dem senkrechten Stich ansetzen und das Heft im Zuge der Vorwärtsbewegung so weit anheben, daß der waagerechte Stich in einen senkrechten übergeht. Für die Langseiten benutzen Sie Hohleisen, deren Schneiden der Form angepaßt sind, und führen sie in langgezogenen Stichen mit der Hohlseite nach unten. Arbeiten Sie vorsichtig, damit Sie nicht in die Ecken hineinstechen.

Unmittelbar vor seinem erhabenen Mittelteil ist der Lappen ausgehöhlt. Für diese Höhlung und zum Abschrägen der Kanten können passende Hohl- und Flacheisen verwendet werden.

Variante A (Abb. 13.6)

Hierbei ist das allgemeine Verfahren des Anzeichnens und Ausstechens der Konturen und des Untergrunds mit einer Ausnahme dasselbe wie für das Beispiel in Abb. 13.1. Eine besondere Behandlung ist hauptsächlich beim Modellieren erforderlich. Aus Abb. 13.6 ist ersichtlich, daß die Blätter wellenförmig sind. Würde diese Wellenform nach dem Fertigausstechen der Konturen angebracht, so würde das Holz an der Umrißlinie ausbröckeln. Deshalb wird das in Abb. 13.5 dargestellte Verfahren angewendet. Mit dem Geißfuß werden gerade Stiche angelegt, mit denen die annähernd quadratische Form des

Abb. 13.8 Affe in Eichenholz (geschnitzt von William Wheeler)

Blattes (Abb. 13.5 A) abgegrenzt wird. Damit ist dann die Grundform festgelegt. Dann werden zwei kreisförmige Hohleisenstiche wie in Abb. 13.5 B eingebracht, die die Positionen der Hauptwellenformen festlegen. Nun können die Konturen fertig ausgestochen (Abb. 13.5 C) oder die Kanten der Höhlungen abgerundet werden (Abb. 13.5 D). Zum Schluß werden die Blattadern mit einem Ziereisen oder schmalen Geißfuß eingeschnitten, und das Material wird auf beiden Seiten geglättet (Abb. 13.5 E). Die Abbildung zeigt außerdem, wie eine Schräge oder Fase an den Umrissen der Blätter entlang angelegt wird.

Kapitel 14
Vergoldete Stehlampe

Die Lampe in Abb. 14.1 ist mehr als Tischlampe und weniger als Leselampe gedacht. Sie ist deshalb 48 cm hoch und beleuchtet einen ganzen Eßtisch. Im Gesamtstil ist sie an den der italienischen Renaissance angelehnt und ölvergoldet, obwohl sie mit wasservergoldeten und blankgeprägten Elementen noch attraktiver aussehen würde. Bestimmte Profil- und Schneckenteile könnten daher in dieser Art hergerichtet werden.

Abb. 14.1 Vergoldete Tischlampe, 48 cm hoch

Aufbau

Die Lampe besteht aus 5 Hauptteilen: Fassung, Teller, Ständer, Sockel und Fuß. Letzterer besteht aus einem Mittelteil, woran drei schneckenförmige Einzelfüße befestigt sind. Abb. 14.2 zeigt die Lampe teilweise im Schnitt, aus dem die Art des Zusammenbaus der Einzelteile hervorgeht. Der Ständer ist oben und unten mit einem Zapfen versehen, auf den Fassung und Teller bzw. Sockel und Fuß aufgesteckt sind. Die Einzelfüße sind mit Dübeln von 9 mm am Fußmittelteil befestigt.

Wenn das Muster in voller Größe aufgezeichnet wird, kann der genaue Grundriß des Fußes einschließlich der Stärke des benötigten Rohmaterials festgelegt werden, so wie in Abb. 14.2 dargestellt. Es ist ratsam, zuerst alle Einzelteile komplett einschließlich der gedrechselten oberen Elemente vorzubereiten, bevor mit der Schnitzarbeit begonnen wird. Denken Sie beim Drechseln an genügend Aufmaß für das zu schnitzende Blattwerk. Die Blattlocken auf dem verdickten Hauptteil des Ständers erfordern beispielsweise das in der Schnittdarstellung angegebene gerundete Profil, und der ganze untere Teil ist etwa 2 mm stärker als der obere, so daß die Blätter als um einen einfachen Baluster herumgeschlungen erscheinen. Auch beim Fuß muß für das zu schnitzende Rankenwerk genügend Rohmaterial vorgesehen werden.

Alle Teile werden vorbearbeitet und zusammengefügt, aber erst verleimt, wenn die Schnitzarbeit beendet ist. Der Fuß gilt allerdings als eine Einheit, bei der die drei am Umfang verteilten Stücke für die Einzelfüße angeleimt werden. Da hierfür Spannzwingen benötigt werden, ist es besser, die Außenränder ohne irgendwelche Formgebung kantig zu lassen, weil sich die Zwingen sonst nur schwierig ansetzen lassen. Da die

Abb. 14.2 Ansicht mit Teilschnitt und Grundriß

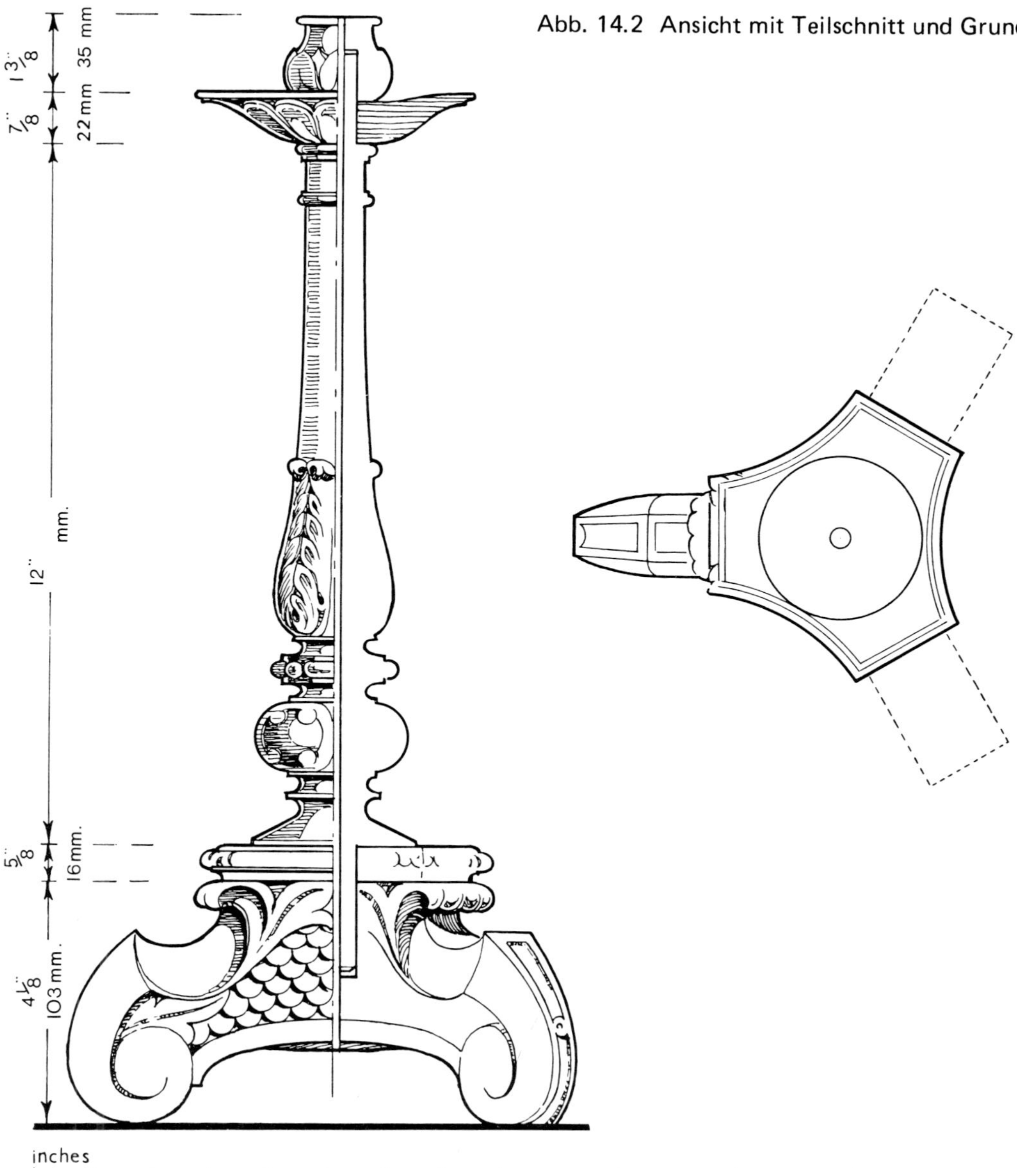

Fußteile im Abstand von 120 Grad angeordnet werden müssen, ist es ratsam, sie einzeln nacheinander anzuleimen, damit die Zwingen sich nicht gegenseitig behindern.

Nach dem Zusammenbau des Fußes können die drei Hauptflächen zu einer fließenden Kurve ausgehöhlt werden. Zum groben Vorstechen benutzen Sie dabei ein Flacheisen und für die Fertigbearbeitung eine breite Halbrundfeile oder einen Schabhobel. Wenn alle drei Teile einwandfrei und gleichmäßig hergestellt sind, kann die äußere Form ausgesägt und mit Schabhobel und Feile fertigbearbeitet werden.

Ein anderes, oft angewandtes Verfahren ist das Drechseln des ganzen Fußteils mit der äußeren Form der Schnecken als Profil und das Ausschneiden der überflüssigen Partien auf der Bandsäge. Der Vorteil dabei ist, daß alle Umrißlinien einander genau entsprechen und das Zusammenfügen der Einzelfüße vermieden wird.

Andererseits muß das Holz gewöhnlich geschichtet werden, weil ein Holzblock mit der notwendigen Dicke schwer zu beschaffen ist und kleine Drechslerbänke oft nicht den erforderlichen Arbeitsbereich aufweisen. Hier dürfte gewöhnlich von Fall zu Fall zu entscheiden sein.

Schnitzen des Ständers

Der verdickte Teil des Ständers trägt an seinem Umfang vier Blätter, deren Einteilung man mit dem Zirkel so lange ausprobiert, bis vier gleiche Abstände festgelegt sind. Diese müssen nochmals halbiert werden, da jedes Blatt eine mittlere Ader hat. Ziehen Sie an jeder Markierung einen senkrechten Strich, wozu Sie sich den Ständer in vertikaler Stellung vor die Augen halten und so die Geradlinigkeit der Striche am besten beurteilen können.

Die Unterteilung der Blattlappen wird am besten nach dem Drittelsystem vorgenommen. Dazu teilen Sie die Gesamthöhe in drei Abschnitte ein und legen die Spitze des untersten Lappens auf die untere Markierung (Abb. 14.3 A). Die verbleibende Strecke darüber wird wiederum dreigeteilt und die Spitze des zweiten Blattes am unteren Strich markiert (Abb. 14.3 B). Bei Abb. 14.3. C wird der Vorgang wiederholt, bis die nötige Anzahl Lappen angerissen ist.

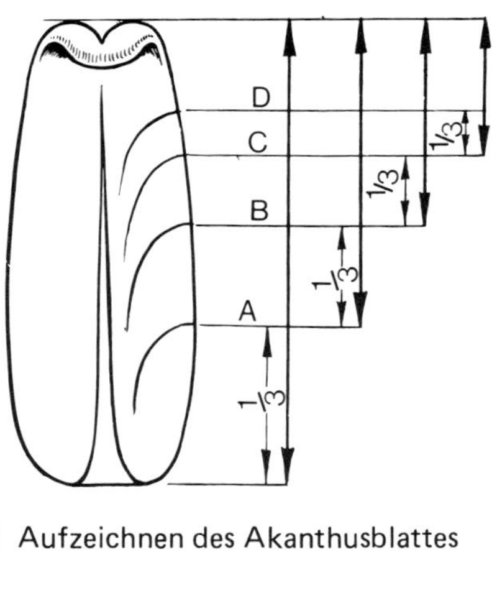

Abb. 14.3 Aufzeichnen des Akanthusblattes

Begonnen wird die Schnitzarbeit mit dem Ausstechen der dreikantigen Vertiefungen an den Stoßstellen der Lappen (Abb. 14.4). Hierzu benutzen Sie ein der Form entsprechendes schmales Hohleisen und heben den Span mit einem gebogenen schrägen Balleisen ab. Da hiermit ein sauberer Grundausstich nur schwer zu erreichen ist, feilen Sie sich zweckmäßigerweise einen dreikantigen Punktierstift aus einem dicken Nagel zurecht (Abb. 14.5) und glätten damit den Grund des Stiches nachträglich. Benutzen Sie den Stift nur zu diesem Zweck und nicht als Ersatz für das Hohleisen.

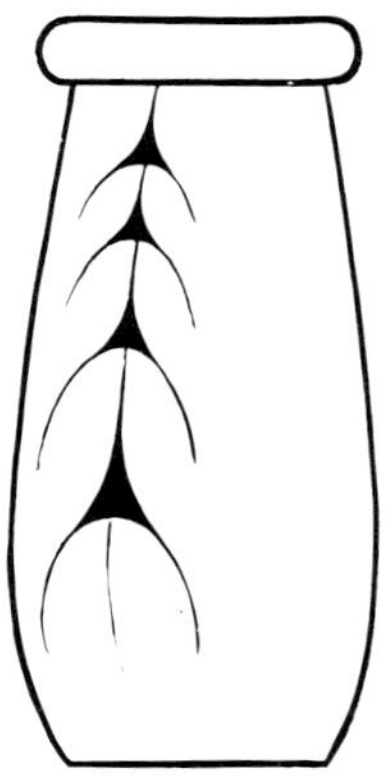
Abb. 14.4 Schema des Blattwerks

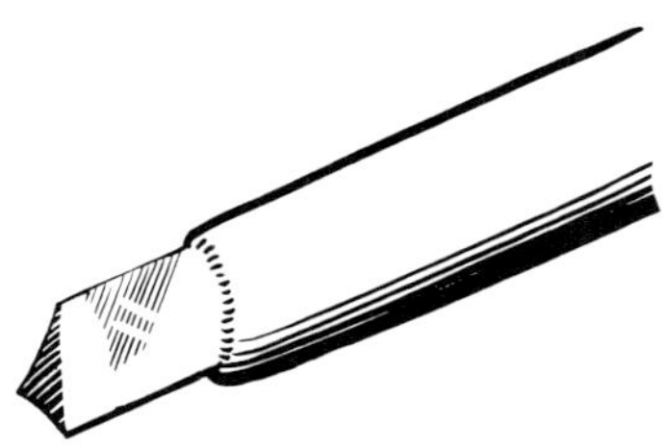
Abb. 14.5 Punktierstift zum Glätten der Dreikanttaschen

Damit sind die Hauptkonturen der Blätter festgelegt, so daß nun in begrenztem Umfang modelliert werden kann. Die Hauptader des Blattes wird mit dem Geißfuß eingestochen und das Holz auf beiden Seiten mit einem Flacheisen in die Ader hinein abgeschrägt. Die überlappende Wirkung erzielen Sie, indem Sie mit einem Hohleisen senkrecht einstechen und das Material vorsichtig seitlich abheben. An den Verbindungsstellen der unteren Blätter mit den nächsthöheren befindet sich jeweils ein "Auge", das mit einem Ziereisen gestochen werden kann. Zum Schluß schnitzen Sie die Locken oder Wölbungen an den Blattspitzen. Beachten Sie, daß sich in der Mitte jeder Spitze (bei der es sich natürlich um die Blattrückseite handelt) eine V-förmige Vertiefung befindet, die in Wirklichkeit das Ende der Blatthauptader in umgekehrter Form darstellt.

Für das Perlschnurprofil an dem darunter befindlichen Ständerelement benutzen Sie ein Hohleisen mit passender oder ein wenig breiterer Schneide. Der entsprechende Schnitzvorgang wird in Kapitel 10 beschrieben.

Der dicke Wulst am unteren Ende des Ständers erfordert nur flaches Ausstechen. Zeichnen Sie das Muster auf und stechen Sie die Konturen mit entsprechend geformten Hohleisen aus. Schneiden Sie das Material zu den Schnecken zurecht, aber lassen Sie diese selbst unberührt. Auch die mittlere Fläche zwischen den Schnekken bleibt unberührt und behält ihre ursprüngliche Form bei. Zum Schluß stechen Sie eine flache Höhlung in die Bänder und runden deren kreisförmige Ausläufe leicht ab.

Sockel

Im Grundriß entspricht der Sockel in etwa einem unregelmäßigen Sechseck. Die langen Kanten sind in Anpassung an den Fuß einwärts gekrümmt, und der Rand ist mit einem Rundstabprofil versehen. An den Ecken sind einfache Blattornamente eingeschnitzt, die Perlschnurelemente örtlich unter die Blätter gesteckt. Das Zierprofil selbst kann entweder von Hand geschnitzt oder auf der Oberfräse bearbeitet werden. Das Loch für den Ständerzapfen sollte von beiden Seiten ausgebohrt werden.

Fuß

Nachdem dieser zusammengesetzt und allseitig vorbearbeitet worden ist, müssen die Umrisse der Schnecken und Blätter ausgestochen werden. Achten Sie darauf, daß das breite Schneckenband sich in seinem Auslauf vom Schneckenkern nach und nach verbreitert. Die mittlere Fläche mit dem Schuppenornament wird auf eine Tiefe von 2 mm ausgenommen. Zum Ausstechen der Schuppen benutzen Sie ein Hohleisen mit entsprechend gekrümmter Schneide und schrägen das Holz seitlich mit einem Flacheisen an (siehe auch Abb. 6.13). In den oberen Rand der Schnecke stechen Sie nun die tiefe Höhlung, die mehr hohl als gerundet und somit im Querschnitt derjenigen im unteren Rand entgegengerichtet ist. An der Kante, an der die Blätter von beiden Seiten zusammenlaufen, wird die Blattform durchgehend fortgesetzt. Die tiefe Nische unter den Wölbungen oder Locken der Blattspitzen ist schwierig zu schnitzen; ein gebogener Beitel ist dabei nützlich. An den Außenkanten der Schnecken werden flache Vertiefungen angebracht. Benutzen Sie dabei ein schmales Hohleisen zum Vorstechen der Kontur und ein Flacheisen zum Fertigstechen des dazwischenliegenden Untergrunds. Die Abb. 14.1 und 14.7 zeigen die Einzelheiten.

Abb. 14.6 Anfangsstufe der Schnitzarbeit. Erst wenn diese beendet ist, werden die Einzelteile zusammengeleimt.

Die Bodenfläche des Fußes wird mit Hohleisen zu einer Wölbung ausgestochen. Für die Fertig- und Glattbearbeitung kann jedes andere Werkzeug (Schabhobel, Zieheisen) verwendet werden.

Teller

Der Teller wird gedrechselt und mit einer durchgehenden Bohrung für den Ständerzapfen versehen. Auf der Oberseite wird er – eben wie ein Teller – ausgehöhlt. Achten Sie darauf, daß beim Drechseln unterhalb der gerundeten Kante ein rechtwinkliges Band angesetzt wird. Dieses ist eine große Hilfe für Sie, weil die Spitzen der Blätter damit fluchten und dadurch eine regelmäßige Umfangsteilung der Blätter gewährleistet wird. Stechen Sie die Trennlinien zwischen den Blättern mit dem Geißfuß aus und lassen Sie die gerundeten Blattspitzen daraus vorspringen. Für diese gerundeten Spitzen oder Oberkanten benutzen Sie ein Hohleisen mit passendem Schneidenprofil und heben die Abfallkanten vorsichtig ab.

Lampenfassung

Hierbei kann Ihnen der Drechsler dadurch helfen, daß er einen Außendurchmesser herstellt, an dem die Spitzen der Blattornamente auslaufen. Die Einteilung der acht Hauptblätter nehmen Sie mit dem Zirkel vor und trennen sie am Fuß mit dem Geißfuß. Die obere Form wird freihändig eingezeichnet und am Umriß ebenfalls mit dem Geißfuß bearbeitet, so daß der Abfall bis zur Höhe der darunterliegenden Blätter ausgehoben werden kann. Letztere werden zum Schluß gestochen. Für die Blattadern verwenden Sie ein Ziereisen, mit dem Sie am Fuß ziemlich tief einstechen und den Stich zur Spitze hin ins Leere laufen lassen. Dann krümmen Sie das Holz auf beiden Seiten in die Adern hinein, wobei Sie die Kanten der Blätter unberührt lassen.

Der Zusammenbau kann in einem Arbeitsgang vorgenommen werden. Schraubzwingen sind zwar nicht erforderlich; wenn sie verwendet werden, sind sie über zwei Abfallholzstücke zu spannen, so daß sie nicht mit dem Teller und Fuß der Lampe in Berührung kommen. Setzen Sie unter dem Fuß ein viereckiges Holzstück an, das in seiner Länge seitlich über den Fuß vorsteht. Oben benutzen Sie ein einfaches Stück von gleicher Länge. Auf diese Weise können die Zwingen senkrecht und parallel gespannt werden. Ein leichter Spanndruck genügt.

Der letzte Arbeitsgang ist die Öl- oder Wasservergoldung oder eine Kombination beider Verfahren. Bestimmte Element der Lampe würden wasservergoldet und blankgeprägt besonders gut aussehen. Anweisungen zum Vergolden können Sie den diesbezüglichen Kapiteln entnehmen.

Abb. 14.7 Schnitzarbeit kurz vor der Fertigstellung

Kapitel 15
Polierter und vergoldeter Ovalrahmen

Dieser hübsche Rahmen ist in Mahagoni ausgeführt und auf seinen ebenen Hauptflächen poliert. Das Schnitzwerk des Rahmens ist ölvergoldet, die Krone wasservergoldet. Man könnte, wenn man dies vorzieht, das ganze Stück vergolden, aber gerade der Kontrast zwischen dem polierten Holz und der Vergoldung ergibt ein besonders ansprechendes Aussehen.

Rahmenaufbau

Hierfür gibt es verschiedene Methoden. Der Rahmen in Abb. 15.1 besteht aus vier überblatteten Teilstücken, wie in Abb. 15.2 durch die gestrichelten und durchgezogenen Linien angedeutet. Es können aber auch zwei Rahmenteile miteinander verdübelt werden, wobei jedoch die Dübel so zu setzen sind, daß sie an der Oberfläche nicht austreten, wenn das Material bearbeitet wird.

In jedem Fall zeichnen Sie das ganze Stück im Maßstab 1:1 auf Papier, wobei Sie bei der Ovalform am besten Stift und Schnur nach Abb. 15.3 zum Aufzeichnen benutzen. Es brauchen nur die äußeren und inneren Hauptlinien eingetragen zu werden, aber ein zusätzlicher Schnitt durch den Rahmen wie in Abb. 15.2 ist angebracht. Die Linien für die Überblattungen ziehen Sie mit dem Anschlagwinkel.

Nach dieser Zeichnung fertigen Sie für eines der Teilstücke eine Kartonschablone an, indem Sie die Konturen durchpausen. Damit können die Teile arbeitssparend auf das Holz übertragen werden, wobei die Formen in jeder beliebigen Weise ineinanderlaufen können. Das Ausschneiden wird am besten auf der Bandsäge, notfalls mit der Bügelsäge vorgenommen. Sägen Sie die Überblattungen aus und leimen Sie die Teile zusammen. Richten Sie dabei den Rahmen auf der Zeichnung aus, damit die richtige Form beibehalten wird. Achten Sie darauf, daß die Teile nicht gegeneinander verdreht sind.

Abb. 15.1 Ovaler Spiegelrahmen in Mahagoni, Krone und Rahmenelemente vergoldet, 61 x 47 cm groß (ohne Krone)

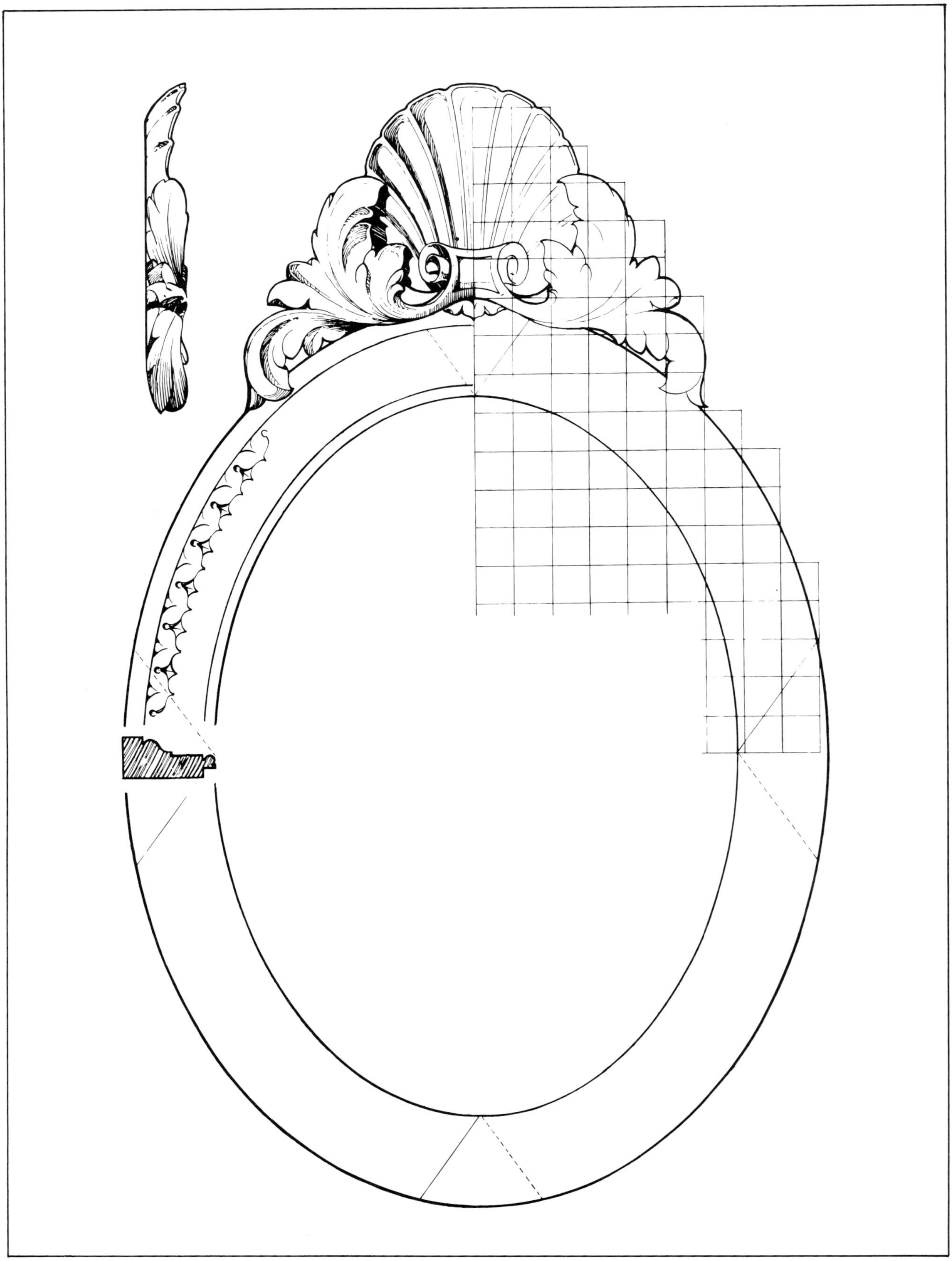

Abb. 15.2 Das Muster im Gitter aus Quadraten von 25 mm Seitenlänge

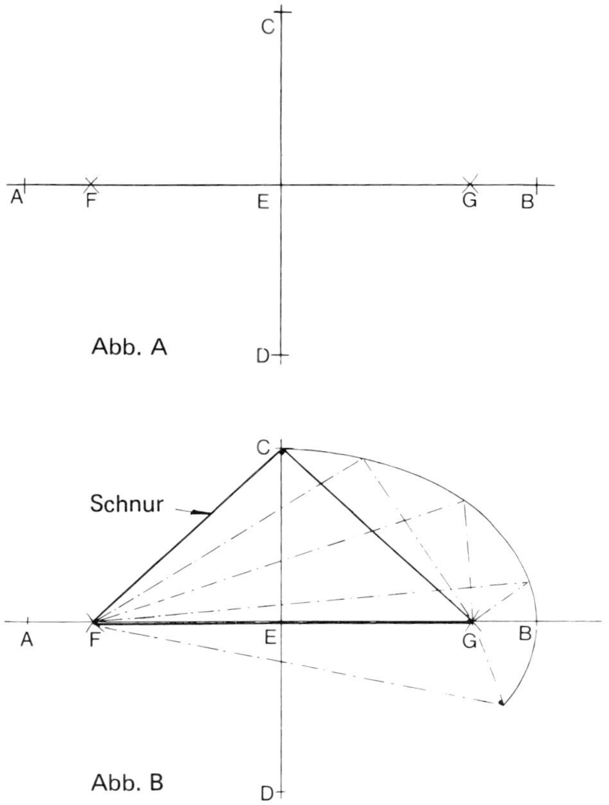

Abb. 15.3 Entwurf einer Ellipse mit Stift und Schnur. Achsen AB und CD mit dem Schnittpunkt E aufzeichnen. Mit dem Radius AE und dem Mittelpunkt D wird AB bei F und G markiert. Bei F, G und C Stifte setzen und dünne Schnur herumziehen (dicke Linie).
Stift bei C entfernen und durch einen scharfen Bleistift ersetzen. Diesen mit gestraffter Schnur so bewegen, daß die Ellipse entsteht.

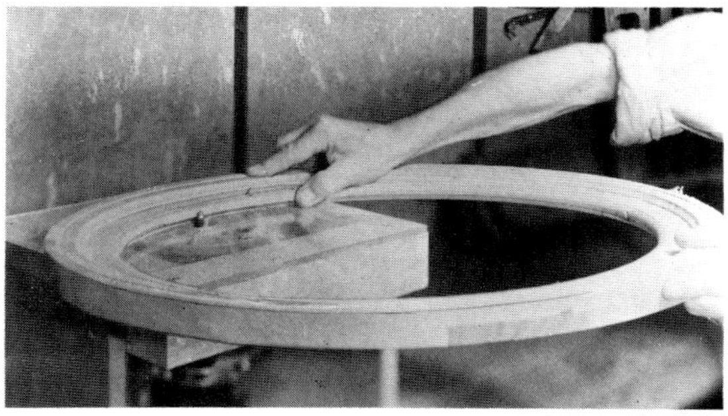

Abb. 15.4 Profilieren und Falzen auf der Oberfräse

Da das anschließende Profilieren und Falzen von der Innenkante her erfolgen muß, sollte diese mit dem Schabhobel sorfältig geglättet und rechtwinklig gehalten werden. Das zweifellos beste Verfahren der Querschnittbearbeitung ist der Einsatz einer Oberfräse. Ansonsten könnte nur noch das Schabeisen benutzt werden, aber dann wäre es besser, das äußere Hauptprofil getrennt aufzusetzen, weil sonst sehr viel Abfallholz zu beseitigen wäre – bestenfalls eine schwierige, wenn nicht gar unmögliche Aufgabe.

Abb. 15.4 zeigt die Bearbeitung auf der elektrischen Handoberfräse, die umgedreht und unter die Werkbank geschraubt worden ist. Die einzelnen Phasen der Fräsarbeit sind in Abb. 15.5 dargestellt. Die Spitzkehlungen an den Falzen (Abb. 15.5 F) müssen übrigens von Hand eingestochen werden, weil die Oberfräse nur in einer Ebene rotiert. Hierfür benutzen Sie dann das Schabeisen.

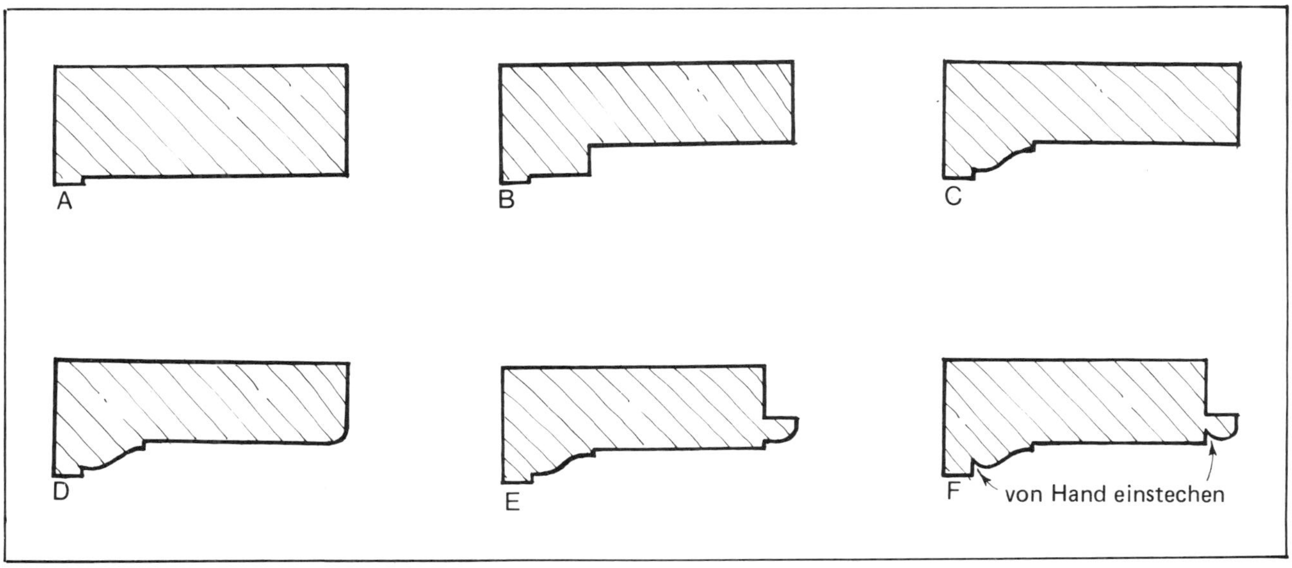

Abb. 15.5 Bearbeitung des Zierprofils

Schnitzen des Rahmens

Probieren Sie das wiederkehrende Blattmuster auf einem Stück Abfallholz aus, denn es ist erstrebenswert, das Muster mit den vorhandenen Beiteln zu schaffen und so wenige Werkzeuge wie möglich zu benutzen. An dem abgebildeten Rahmen wurde der ganze Blattumriß mit einem einzigen Hohleisen von 9 mm ausgestochen und der Abfall mit einem schmalen Balleisen abgenommen. Die Augen wurden mit einem Hohleisen von 3 mm und der gekrümmte Stiel mit einem solchen von 9 mm Schneidenbreite ausgestochen. Die scharfen Kanten wurden mit dem schmalen Balleisen abgenommen – insgesamt also vier Werkzeuge.

Es braucht nicht das ganze Muster komplett aufgezeichnet zu werden. Als Anhaltspunkt für das Ansetzen des Hohleisens genügt die Markierung der Mittelpunkte und Enden der einzelnen Rapporte. Von der Vorlage ausgehend, teilen Sie das Muster ringsherum mit dem Zirkel ein. Nach ungefähr drei Rapporten vom Ausgangspunkt prüfen Sie, ob die Einteilung richtig ist. Wenn nicht, ändern Sie die Abstände zwischen den letzten wenigen Rapporten. Geringfügige Abweichungen machen hier nichts aus.

Beginnen Sie mit dem Ausstechen der Augen, wobei Sie das Hohleisen schräg halten und das Heft im Kreis drehen, so daß eine flache gerundete Vertiefung entsteht. Unebenheiten können später in den Augen mit einem runden Punktierstift beseitigt werden, den Sie sich aus einem dicken Nagel zurechtfeilen können.

Abb. 15.6 zeigt die einzelnen Stufen der Schnitzarbeit. Gehen Sie dabei entschlossen vor. Stechen Sie Zug um Zug an der Linie entlang und räumen Sie den Abfall jeweils mit einem einzigen Stich (höchstens zwei) beiseite. Die Wirkung von Mustern dieser Art beruht auf einer sicheren Beitelführung. Zum Schnitzen des Zierprofils lesen Sie noch einmal die Ausführungen in Kapitel 10. Die Schnitzarbeit ist praktisch die gleiche, allerdings wegen des ständig wechselnden Faserverlaufs ein wenig schwieriger.

Abb. 15.6 Schnitzarbeit am Rahmen

Abb. 15.7 Rahmen in markiertem und teilweise geschnitztem Zustand

Perlschnurprofil

Hierfür benutzen Sie ein schmales Hohleisen, dessen Schneide der Perlenform entspricht, und arbeiten nach den Hinweisen in Kapitel 10. Da der Faserverlauf stellenweise besonders verzwickt ist, kann das Einschneiden der Unterteilungen zwischen den Perlen mit einer hochfeinen Säge sehr hilfreich sein. Normalerweise genügt hierfür ein dünnes Balleisen, aber infolge des ständig wechselnden Faserverlaufs neigen kleinere Einzelteile zum Abbrechen. Dies geschieht nicht, wenn die Säge benutzt wird.

Schnitzen der Krone

Abb. 15.8 zeigt die Krone oder den Aufsatz in verschiedenen Phasen der Schnitzarbeit. Wählen Sie eine gut schnitzbare Holzart, wie Linde, Mahagoni, Agba oder Weimutskiefer (keine Paraná–Kiefer). Zeichnen Sie das Muster in voller Größe auf Papier und übertragen Sie es auf das Holz. Für den Umriß benutzen Sie die Laubsäge, mit der Sie das Stück auch für den oberen Rand des Rahmens passend sägen.

Fangen Sie mit dem Ausstechen der Muschel an und lassen Sie diese von den Blättern überdecken. Für den Anfang genügt ein grobes Ausstechen der Blattkontur; das Fertigausstechen folgt dann später. Vergessen Sie beim Formstechen (Modellieren) der Blätter nicht, daß sie nicht nur flache Formteile haben, sondern auch erheblich

Abb. 15.8 Fortgeschrittene Schnitzarbeit an der Krone

gewellte. Das obere Hauptblatt beispielsweise muß im Querschnitt gerundet sein, so daß es seitlich wie ein Blatt und nicht nur wie die Kante eines Holzstücks aussieht. Diese Einzelheit ist in Abb. 15.2 dargestellt.

Die Rohholzdicke der Krone beträgt etwa 28 mm, die es voll auszunutzen gilt. Die Muschel ist von oben aus auf etwa 6 mm Dicke nach hinten gekrümmt und endet kurz oberhalb der Schnekken. In gleicher Weise müssen auch die Lappen der Blätter innerhalb der Materialstärke auf verschiedenen Ebenen liegen. Stechen Sie in Richtung der Adern, so daß bei der Betrachtung von vorne oder von der Seite glatte, knickfreie Formen zu sehen sind.

Die glatte Oberfläche des Rahmens und seine Kante erhalten eine Schellackpolitur, während das Schnitzwerk vergoldet wird. Einzelheiten zur Vergoldung können dem Kapitel 20 entnommen werden.

Abb. 15.9 Ein vollendetes Kunstwerk aus dem 18. Jahrhundert, dreidimensional aus einem Block von 119 mm Tiefe geschnitzt. Das Rahmenmuster zeugt von großem Ideenreichtum, die Ausführung ist superb. Der Rahmen ist 57 cm hoch und 44 cm breit. (Foto: Victoria und Albert Museum, London; Crown Copyright)

Kapitel 16
Buchstaben und Schriftzüge

Es ist allgemein bekannt, daß Buchstaben und Wörter, in welcher Form sie auch immer dargestellt sein mögen, Symbole sind, deren Zweck es ist, auf schnelle, ausdrucksvolle und, im Kunsthandwerk, auf schöne Weise eine Botschaft zu vermitteln. Sie sollten in ihrer Form auch mit dem Gegenstand dieser Botschaft im Zusammenhang stehen und sich in einem Werkstoff darbieten, der ihre Wirkung verstärkt. Dieser Eigenschaften bedient man sich in analoger Weise in der Heraldik und in zahlreichen Ausdrucksformen des religiösen Symbolismus. Durch die jeweils verwendeten Werkstoffe erhält jede Arbeit ihre besonderen Eigenheiten, und doch drücken sie alle die gleiche Botschaft aus. Der englische Löwe kann beispielsweise durch das gedruckte Wort, aber auch als springender Löwe in einem Wappenschild wiedergegeben werden. Das gilt auch für den Löwen des Heiligen Markus in einem bestickten Banner oder Schnitzwerk. Der Unterschied liegt in der Fähigkeit des Künstlers, ein schönes Muster mit hohem technischen Können auf ein Material zu übertragen, das er meisterhaft beherrscht.

Abb. 16.1 Das Schnitzen eines vertieften Schriftzuges, eine interessante, aber anspruchsvolle Arbeit

Allgemeine Betrachtungen

Das vorstehend Gesagte sollten Sie sich merken, wenn Sie auf dem Gebiet des Schriftschnitzens Ihr Bestes geben wollen. Gewiß läßt sich mancher Schnitzer seine Schriftentwürfe anderweitig anfertigen und arbeitet dann danach. Das ist einer der möglichen Wege, aber nicht der beste. Geschnitzte Schriftzüge, gleich in welchem Stil, Größe oder Werkstoff, sollten in ihrer Vollendung aus den Händen eines einzigen Kunsthandwerkers kommen.

Dieses Kapitel befaßt sich hauptsächlich mit der technischen Seite des Themas. Es muß jedoch hervorgehoben werden, daß gut gestochene Buchstaben an sich nicht genügen. Ob einzeln stehend oder zu Wörtern zusammengesetzt, sie müssen formschön sein und diese Schönheit auch noch in der Zeilenkombination aufweisen.

Im Entwurf von holzgeschnitzten Inschriften ist jeglicher Eindruck eines drucktechnischen Typenschemas zu vermeiden. Auch sollten sie nicht so aussehen, als sei beim Aufzeichnen irgendeine mechanische Vorrichtung verwendet worden. Jede Arbeit ist individuell nach Gesichtspunkten des Standorts, der architektonischen

Umgebung, der Lichtverhältnisse, der Ausführungsform (gestochen oder erhaben) und der späteren Fertigbehandlung (farbig oder vergoldet oder beides) zu betrachten.

Aufzeichnungen

Das Aufzeichnen eines Schriftzuges im richtigen Buchstabenabstand ist ein Thema, das außerordentlich schwierig zu beschreiben oder gar zu lehren ist, denn die Probleme dabei liegen immer wieder woanders. Irgendwelche festen Regeln, die für die eine Arbeit gelten mögen, können bei der nächsten Arbeit schon infolge ihrer besonderen Art durchbrochen werden. Es ließe sich z.B. festlegen, daß der Abstand zwischen zwei Wörtern der Breite des Buchstabens "O" entsprechen und der Zeilenabstand 2/3 der Buchstabenhöhe betragen soll. Diese und andere allgemeine Richtlinien sind aber in der Praxis nie hundertprozentig einzuhalten. In einigen Fällen, z.B. bei massierten Inschriften, müssen die Buchstaben enger zusammengerückt werden, in anderen sind die Zeilen zu verlängern. Diese Erkenntnisse gewinnt man nur durch Erfahrung, verbunden mit einem guten Gespür für die Werkzeuge und Werkstoffe, die von Fall zu Fall zu benutzen sind.

Bleistiftentwürfe

Nun zu einigen vorbereitenden Übungen. Zeichnen Sie die geplante Schriftanordnung mit den entsprechenden Abständen im Maßstab 1:1 auf Papier. Dazu kommen ringsherum kleinere Formate (etwa 50–75 mm) in denselben Proportionen wie die Anordnung in voller Größe. In diese zeichnen Sie grobe Skizzen verschiedener Anordnungen ein, mit allen notwendigen Schriftzügen und ohne Zuhilfenahme von Linien oder sonstigen Anhaltspunkten wie in Abb. 16.2. Wörter, die Sie hervorheben möchten, stellen Sie entsprechend heraus. Vergessen Sie auch massierte und symmetrische Buchstabengruppen nicht und probieren Sie anhand der verschiedenen Wörteranordnungen und Abstände alle zu Gebote stehenden Kompositionsmöglichkeiten aus. Eine interessante Arbeit, wie Sie sehen werden. Und auf einmal finden Sie unter Ihren zahlreichen "Kritzeleien" einen Entwurf, der Ihnen besonders gut gefällt.

Diese kleine Skizze wählen Sie dann aus und übertragen sie auf die große Tafel daneben, wofür Sie Anschlagwinkel benötigen. Zeichnen Sie

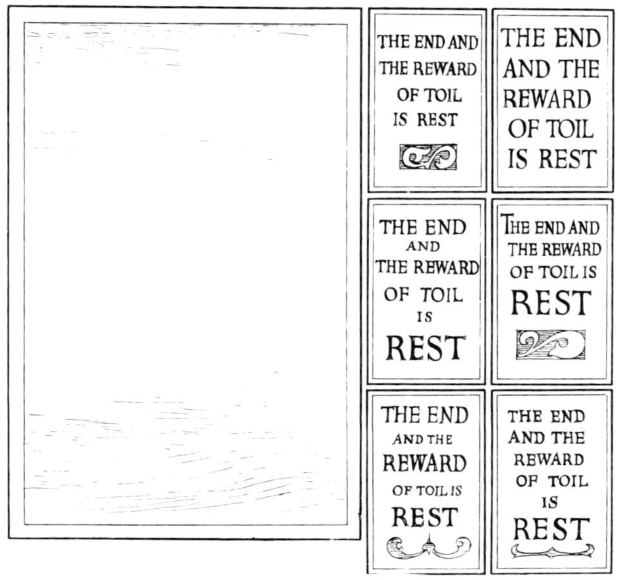

Abb. 16.2 Skizzen als Vorarbeit für eine Schrifttafel. Die kleinen Rechtecke sind im gleichen Größenverhältnis mit der großen Schrifttafel.

die ganze Inschrift nach einem guten Buchstabenbeispiel (etwa das von einer Trajansäule) dünn mit einem weichen Bleistift auf. Achten Sie dabei auf harmonische Abstände und sorgfältige Komposition, denn hiervon hängt es ab, ob Sie mit Ihrer Schrifttafel Erfolg haben oder nicht.

Entwurfshilfen

Die folgenden Erfahrungen im Entwerfen und Schnitzen von Buchstaben sollten Sie sich zunutze machen. Römische Großbuchstaben (Antiqua-Schrift) sind zum Schnitzen besser geeignet als Kleinbuchstaben, obwohl auch diese mit dem gleichen Erfolg ausgeführt werden können. Besteht die Inschrift aus größeren Buchstaben (etwa 50 mm oder höher), so wird die Lesbarkeit durch weitere Abstände zwischen Wörtern und Zeilen als bei Buchstaben von halber Höhe (etwa 25 mm) verbessert. Vermeiden Sie Leerzeilen, die den Eindruck erwecken, als zögen sie sich durch das ganze Schriftbild hindurch.

Manchmal nützt es, wenn Sie die zu schnitzenden Buchstaben zählen und sie grob auf die Anzahl der Zeilen aufteilen, die Sie für die Schaffung einer harmonisch proportionierten Schrifttafel für geeignet halten, wobei Sie für jeden Abstand zwischen zwei Wörtern einen Buchstaben hinzurechnen. Das klappt zwar nie ganz genau, aber als Anhaltspunkt ist es gewiß brauchbar.

Mit eingeschnittenen Buchstaben unter 13 mm Höhe werden Sie übrigens kein gutes Ergebnis erzielen.

Mischen Sie niemals verschiedene Schriftarten auf einer Tafel zusammen; größere Buchstaben derselben Schriftart können Sie jedoch zum Hervorheben bestimmter Wörter benutzen. Wenn die Schrifttafel eingerahmt oder in Zierleisten eingefaßt werden soll, so ist dies beim endgültigen Entwurf zu berücksichtigen. Je kleiner die Buchstaben (etwa 19—30 mm Höhe), desto enger können sie massiert oder zusammengruppiert werden, und es liegt in der Natur der Sache, daß sie dann besser zu lesen sind; dagegen machen größere Buchstaben bis zu 150 mm Höhe einen "isolierteren" Eindruck, was die Lesbarkeit betrifft. Aus diesem Grunde muß der Genauigkeit beim Aufzeichnen und Schnitzen besondere Aufmerksamkeit gewidmet werden.

Aus dem vorstehend Gesagten können Sie entnehmen, daß jegliche Beschriftung wie alle Dinge relativ ist. Die Betrachtungen hinsichtlich der Planung und des Entwurfs von Schriftzügen gelten nicht für einzelne Buchstaben und deren Formen. Gute Formen können Sie erreichen, weil Sie gute Beispiele von Anfang an als Vorbilder haben. Zeichnungen oder Fotografien davon finden Sie ohne weiteres in Mappen und Büchern. Nehmen Sie den Standpunkt, der von verschiedenen Seiten zur Geometrie des einzelnen Buchstabens eingenommen wird, indessen nicht allzu ernst, besonders wenn Anschlagwinkel, Zirkel und Winkelmesser zum Aufzeichnen eines einzigen Buchstabens zur Hilfe genommen werden müssen. Wäre der Kunsthandwerker von heute dazu gezwungen, so würde er seiner Arbeit bald müde werden und niemals jene großartigen Beispiele schaffen, auf die wir mit Recht so stolz sind.

Übertragung des Musters

Setzen wir voraus, daß Sie einen guten Entwurf für eine Schrifttafel auf dem Papier und eine auf Maß zugeschnittene Eichenholztafel vorbereitet haben. Achten Sie darauf, daß das Holz nicht gemasert ist, denn die Maserung kann beim Einstechen von Buchstaben sehr störend sein. Auch sollte die Faser des Holzes waagerecht verlaufen, weil die Stiche quer zur Faser exakter und sauberer ausfallen. Es gibt jedoch Fälle, in denen dies nicht möglich ist, die Faser also senkrecht verläuft und Sie mit ihr arbeiten müssen. Dabei ist der Geißfuß äußerst hilfreich, besonders bei größeren Buchstaben von mehr als 37 mm Höhe. Beim Stechen mit Balleisen in Faserrichtung hat das Holz die Neigung, über die sogenannten Serifen (das sind die ein wenig breiteren Abschlüsse an den Köpfen und Füßen der Buchstaben, bei der Antiqua-Druckschrift auch Haarstriche oder Schraffen genannt) hinaus abzusplittern — ein Schaden, der sich nicht immer beheben, aber durch den Gebrauch des Geißfußes verhindern läßt.

Jetzt muß also das Muster auf die Holztafel übertragen werden. Normalerweise wird dazu Kohlepapier unter die Zeichnung gelegt und das Muster durchgepaust. Das halten wir für ein umständliches Verfahren, weil das Kohlepapier sich beim Durchpausen verschieben kann. Wie geringfügig diese Verschiebung auch sein mag, ihre Folgen sind immer lästig. Außerdem hinterläßt das Kohlepapier stets unerwünschte Spuren, die oft nur mit dem Zieheisen beseitigt werden können, das seinerseits den bereits geschnitzten Schriftzug ruinieren kann. Darüber hinaus kann die Tafel für eine spätere Fertigbehandlung auch besonders präpariert worden sein.

Ein weit besseres Verfahren, das zwar eine größere Geschicklichkeit erfordert, ist das Aufzeichnen der Zeilenbegrenzungslinien mit dem Anschlagwinkel und einem weichen, gut gespitzten Bleistift. Nach der Originalzeichnung tragen Sie dann freihändig die dicken aufrechten Stege der einzelnen Buchstaben Wort für Wort dazwischen ein, immer wieder mit der Anordnung in der Zeichnung vergleichend. Notfalls prüfen Sie mit dem Zirkel nach, ob Sie die in der Zeichnung vorgesehene Wortlänge nicht überschritten haben. In ähnlicher Weise tragen Sie auch die anderen Buchstaben ein. Kümmern Sie sich dabei nicht um Serifen usw., denn diese schaffen die Werkzeuge auch ohne Zeichnung.

Diese Methode ist sauberer und schneller und erfordert nach dem Schnitzen nichts weiter als die Beseitigung der überflüssigen Bleistiftstriche mit einem Radiergummi. Bleiben Sie von Anfang an bei diesem Verfahren und üben Sie es, denn es stärkt Ihr Vertrauen und führt zu einem besseren Resultat. Schildermaler haben es schon immer erfolgreich angewandt.

Schnitzen der Buchstaben

Nun zum eigentlichen Schnitzen. Zu Ihrer Information: Zum Einstechen des Alphabets in Abb. 16.3 wurden sechs Beitel mit den in Abb. 16.4 angegebenen Stichen verwendet, und zwar Balleisen, Blumeneisen, Flach- bzw. Hohleisen.

Abb. 16.3 Alphabet in römischen Großbuchstaben (Antiqua) auf einer Tafel von 38 x 26 cm; Höhe der Buchstaben 44 mm

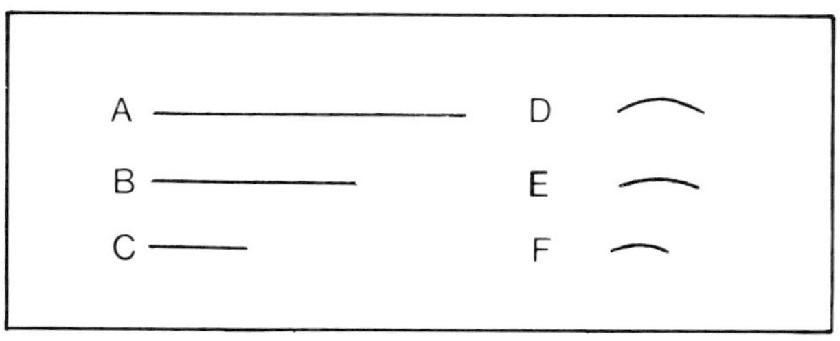

Abb. 16.4 Beitelstiche zum Schnitzen der Tafel in Abb. 16.3

Nach einiger Übung werden Sie feststellen, daß das Blumeneisen leichter zu handhaben ist, weil es die Sicht weniger behindert.

Im allgemeinen werden die geraden Elemente aller Buchstaben in der Mitte senkrecht eingestochen, wobei der Stich unmittelbar vor den Serifen aufhören muß. Für eine Buchstabenhöhe von 25 mm brauchen Sie also eine 19 mm breite Schneide, für 31 mm Höhe eine solche von 25 mm Breite, usw. Die Balleisenschneide muß demnach immer ca. 6 mm schmaler sein als der Buchstabe hoch ist. Für größere Buchstaben von 50 mm Höhe und mehr hat sich der Gebrauch des Geißfußes bewährt; Sie dürfen allerdings nicht versuchen, die Serifen damit auszustechen. Der Umgang damit erfordert eine größere Geschicklichkeit, aber ist einen Versuch wert. Auf der Schrifttafel in Abb. 16.5 und Abb. 16.14 sind Hilfslinien für die Serifen gezogen, worauf jedoch nach einiger Übung verzichtet werden kann, denn der Übergang aus dem geraden Stich in die Serifen ergibt sich mit der Zeit fast automatisch. Für den senkrechten Einstich in der Mitte brauchen Sie keine Linie, denn die Mitte zwischen den beiden äußeren Begrenzungslinien ist leicht abzuschätzen.

Diese Stiche bringen Sie mit Balleisen und Klüpfel an, nachdem Sie die Tafel auf die Werkbank gespannt haben. Bei hartem Holz, z.B. Eiche, sollten Sie nicht versuchen, sofort auf volle Tiefe einzustechen, es sei denn, es handelt sich um kleine und daher nicht tiefe Buchstaben. Stechen Sie statt dessen nur leicht ein und schrägen Sie das Material auf beiden Seiten ab, wobei Sie aber den äußeren Begrenzungslinien noch fernbleiben. Diese erreichen Sie dann anschließend beim Fertigstechen. Der Vorteil einer passend breiten Beitelschneide macht sich dadurch bemerkbar, daß keine Anschlüsse zwischen schmaleren Beitelstichen hergestellt werden müs-

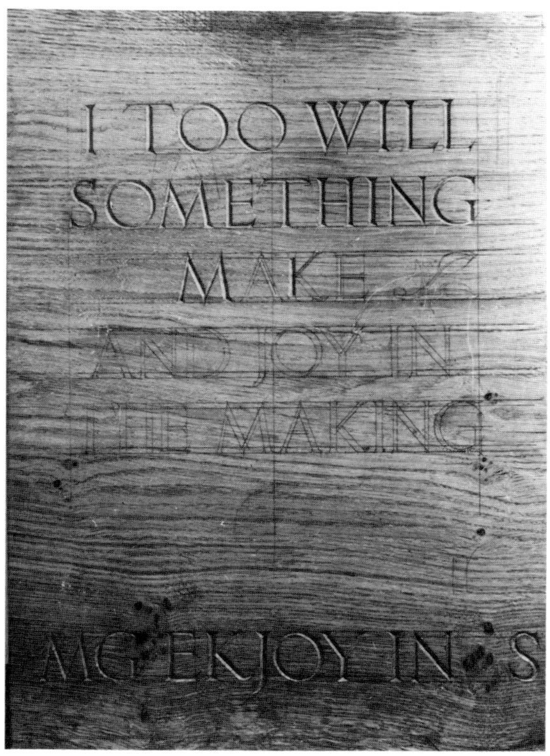

Abb. 16.5 Anfangsstadium beim Schnitzen der Tafel in Abb. 16.14. Die unteren Buchstaben dienten zur Übung.

Abb. 16.6 Senkrechtes Einstechen in Buchstabenmitte. Die Breite der Beitelschneide soll möglichst der Buchstabenhöhe entsprechen, um unregelmäßige Anschlußstellen zu vermeiden.

Abb. 16.7 Seitliches Schrägstechen. Beide Schrägen müssen genau im senkrechten Mittelstich zusammenlaufen.

sen. Für solche Fertigstiche genügt vielfach der Druck mit der Hand oder ein Schlag mit dem Handballen, aber für wirklich hartes Holz brauchen Sie den Klüpfel.

Der Winkel dieses V-förmigen Einstichs beträgt etwa 55°. Bei einem kleineren Winkel würde der Buchstabe ziemlich "stumpf" aussehen, denn die Schatten, die ihm Form verleihen, gingen weitgehend verloren. Ein größerer Winkel würde andererseits bedeuten, daß nutzlos mehr Holz abgenommen werden müßte und die Enden der Buchstaben, insbesondere die Serifen, schwierig zu schnitzen wären.

Damit die Späne sauber abgehoben werden können, müssen die schrägen Seitenfacetten im senkrechten Mittelstich zusammenlaufen. Führen Sie den letzteren jedoch nicht zu tief, denn offene Schnitte im Grunde des Buchstabens wirken unansehnlich.

Hier noch ein Rat: Bringen Sie alle senkrechten Mittelstiche und schrägen Seitenstiche zuerst ein – oder zumindest Zeile für Zeile. Das Fertigstechen der schrägen Facetten erfordert nämlich eine besonders scharfe Beitelschneide, die durch das senkrechte Einstechen rasch stumpf wird.

Wenn Sie also diese Arbeit hinter sich gebracht haben, können Sie den Beitel erneut auf die gewünschte Schärfe abziehen und damit die Schrägstiche ausführen.

Es hätte keinen Sinn, die senkrechten Mittelstiche vorweg auf der ganzen Tafel anzubringen, weil diese wahrscheinlich auf der Werkbank verschoben werden muß, aber für eine oder zwei Zeilen ist es schon von Vorteil. Für die kürzeren Geraden, z.B. die wagerechten Elemente des Buchstabens "E", wird ein schmaleres Balleisen oder Blumeneisen benötigt. Die Abb. 16.6 und Abb. 16.7 zeigen die Anbringung der senkrechten Mittelstiche bzw. seitlichen Schrägstiche.

Rundungen

Die runden und gekrümmten Elemente bestimmter Buchstaben bieten zunächst einige Schwierigkeiten. Wesentlich dabei ist die Auswahl von Flach- oder Hohleisen, deren Schneidenform zum V-förmigen Ausstechen der jeweiligen Kurve oder Rundung am besten geeignet ist. In einigen Fällen können zwei oder gar drei Hohleisen zur Herstellung einer Rundung oder Kurve erforderlich sein. Achten Sie auf die passende Krümmung der Schneide, denn Improvisieren kann im Verlauf der Arbeit zu allen möglichen

Fehlern führen. Wenn das Ausstechen einer Krümmung oder Rundung mit den gewählten Hohleisen Schwierigkeiten bereitet, versuchen Sie es mit einem leicht gekrümmten Flacheisen (wie für die Serifen vorgeschlagen), das Sie mit einer schälenden Bewegung um die ganze Kurve herum führen, und zwar in der Richtung, die dem Faserverlauf in den beiden schrägen Facetten am besten angepaßt ist. An der äußeren Facette geht das leichter. Bei den mit der Faser verlaufenden Partien ist besondere Aufmerksamkeit geboten.

Serifen

Nach Fertigstellung der geraden und gekrümmten Elemente müssen die Serifen in Angriff genommen werden; vorzugsweise Zeile für Zeile, wie bei den anderen Stichen. Sie brauchen hierfür nur ein Werkzeug, nämlich ein Blumeneisen von 6 mm Breite, das sich erfahrungsgemäß als ideal erwiesen hat.

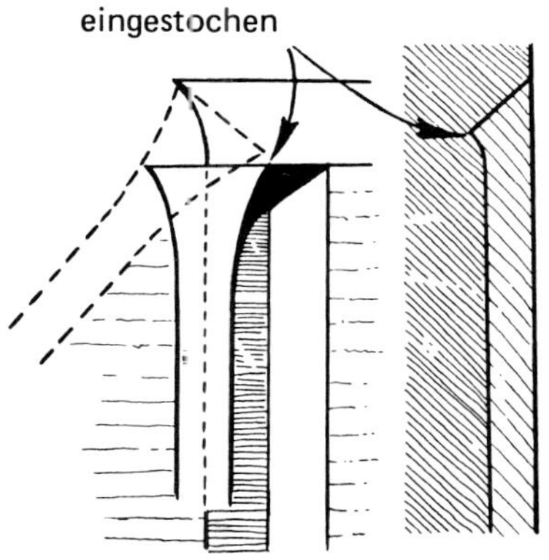

Abb. 16.8 Schnitzen der Serifen; man beachte den tieferen Einstich

Abb. 16.8 zeigt den ersten Arbeitsgang. Das Werkzeug wird an der schrägen Seite des Buchstabens angesetzt, nach vorne gedrückt und gleichzeitig seitlich und leicht nach unten gedreht. Durch diese seitliche Bewegung kann der Beitel in die Serifenkrümmung hineingelangen und den durchgehenden Anschluß an das gerade Buchstabenelement herstellen. Jetzt braucht nur noch das Ende nach innen abgeschrägt zu werden, so daß der Abfall sauber ausgehoben werden kann. Abb. 16.9 zeigt diese Reihenfolge. Bei größeren Buchstaben ist es allerdings ratsam, den Serif zunächst in der Mitte einzustechen (ganz ähnlich wie beim Kerbschnitzen) und Seiten und Oberteil dorthin abzuschrägen. Bei eingeschnittenen Buchstaben aller Art wird die mittlere Vertiefung der Serifen – d.h. dort, wo der Serif sich an den Hauptsteg des Buchstabens anschließt – tiefer als im übrigen Bereich eingestochen, wodurch ein besseres Aussehen erreicht wird.

Wo ein schmales waagerechtes Element mit einem breiten senkrechten zusammenläuft, ist der Serifenform besondere Beachtung zu schenken, denn das breite Element ist zwangsläufig tiefer als das schmale. Diesen Vorgang zeigt Abb. 16.11, wo das schmale (und folglich flache) Element nur in eine Schrägseite des breiten Elements ausläuft. Dieses Detail macht sich bei kleinen Buchstaben kaum bemerkbar, ist aber bei großen Buchstaben zu beachten.

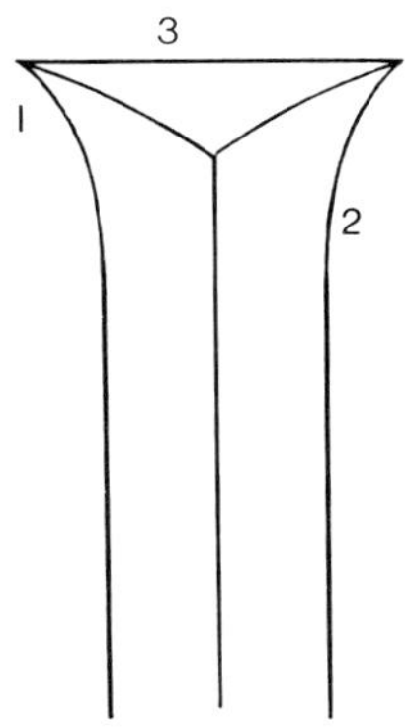

Abb. 16.9 Reihenfolge beim Ausstechen der Serifen

Abb. 16.10 Blumeneisen für Serifen

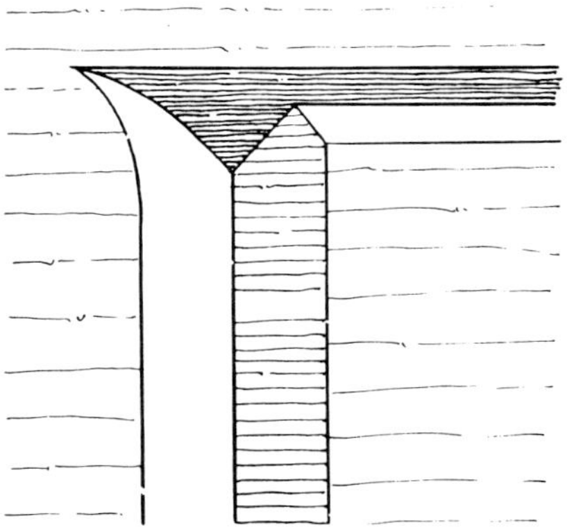

Abb. 16.11 Anschlußstelle zwischen breiten und schmalen Stichen

Abb. 16.12 Schnitzen von Serifen mit einem schmalen Ball- oder Blumeneisen. Tafelgröße 35 x 31 cm; Buchstabenhöhe 31 mm

Abb. 16.13 Nacharbeit an einem Serif

In Verbindung mit dem Schnitzen mehrzeiliger Schriftzüge wäre noch zu sagen, daß es immer angebracht ist, eine Zeile komplett fertigzustellen, bevor mit der nächsten begonnen wird. Es kommt oft vor, daß eine kleine Einzelheit übergangen wird und der Schnitzer sich vornimmt, solche Kleinigkeiten später zu korrigieren. In der Praxis aber werden sie unweigerlich vergessen oder übersehen. Besser ist es also, jede Zeile vor Beginn der nächsten restlos in Ordnung zu bringen.

Säubern

Wenn die ganze Schrifttafel fertiggeschnitzt ist, müssen die zurückbleibenden Bleistiftstriche beseitigt werden. Feines Glaspapier über einem Korkklotz, in Faserrichtung bewegt, ist alles, was Sie hierfür brauchen. Es ist kaum zu vermeiden, daß an einigen Stellen besonders aufgepaßt werden muß, denn ein Bleistiftstrich kann nur zu leicht beim Schnitzen mit dem Schatten einer Kante verwechselt werden. Derartige Ungenauigkeiten fallen erst ins Auge, nachdem die Bleistiftstriche mit Sandpapier entfernt worden sind. Der Gebrauch des letzteren sollte allerdings auf ein Mindestmaß beschränkt werden, weil es Schmirgelpartikel im Holz hinterläßt, die der Beitelschneide abträglich sind.

Praktische Übungen

Als Hilfe bei der Herstellung glatter und sauberer Stiche, die beim Schnitzen von Buchstaben und Schriftzügen äußerst wichtig sind, werden folgende Übungen an einem Stück Eichenholz empfohlen. Stechen Sie ohne Vorzeichnen mit Balleisen (19 mm) und Klüpfel senkrecht und quer zur Faser in das Holz, dann einmal schräg von der rechten und noch einmal schräg von der linken Seite, so daß ein V-förmiger Einstich entsteht. Üben Sie diesen Arbeitsablauf zehn- bis zwanzigmal nacheinander, jedesmal im Rhythmus "eins – zwei – drei".

Nun fügen Sie jedem V-Stich an den Enden die Serifen hinzu. Hierzu benutzen Sie das bereits erwähnte Flacheisen, aber nicht den Klüpfel.

Stechen Sie mit einer schälenden oder schneidenden Bewegung erst von rechts und dann von links her so ein, daß der Serif sich mittig an den geraden V-Stich anschließt. Zum Schluß stechen Sie den Serif von der Oberkante her fertig, wobei Sie den oben erwähnten Rhythmus beibehalten. Halten Sie sich nicht mit der Korrektur von fehlerhaften Stichen auf, sondern fahren Sie mit weiteren Übungen fort, bis das Ergebnis zufriedenstellend ist. Abgesehen von der Befriedigung über Ihre Fortschritte hat die fachgerechte Handhabung von nur zwei Werkzeugen auch einen wirtschaftlichen Wert.

Abb. 16.14 Die fertige Eichenholztafel

Erhabene Schriftzüge

Bis jetzt haben wir uns mit eingeschnittenen oder eingestochenen Buchstaben und Schriftzügen befaßt, die für den Anfänger am besten geeignet sind und wahrscheinlich für Inschriften auf Holztafeln am meisten verwendet werden. Es kann außerdem erhaben geschnitzt werden, aber die Wahl eines solchen Schriftbildes richtet sich weitgehend nach der zukünftigen Lage und Anordnung der erhaben geschnitzten Tafel. Sie ist auch eine Kostenfrage, denn im Gegensatz zum Einstechen in die Oberfläche muß der gesamte Untergrund um die Buchstaben herum auf eine bestimmte Tiefe ausgehoben werden, was natürlich viel mehr Zeit in Anspruch nimmt. Ein erhabener Schriftzug ist indessen äußerst wirkungsvoll und dort, wo schlechte Lichtverhältnisse herrschen, besser geeignet als der V-förmige Querschnitt. Die geschnitzte Schrifttafel bildet praktisch ein Flachrelief. Ihre Anfertigung dürfte keine Schwierigkeiten bereiten, wenn nach den Anleitungen verfahren wird, die bereits über das Grundausstechen gegeben worden sind.

Aus technischen Gründen fallen die Buchstaben in ihrem allgemeinen Aufbau schwerer aus und sind im Gegensatz zu den V-Stichen gut zum Schnitzen in jeder Faserrichtung geeignet. Grundsätzlich ist der Querschnitt in Abb. 16.15 B mit seinen leicht abgeschrägten Kanten zu empfehlen. Ein Buchstabe macht sich niemals gut, wenn seine Kanten senkrecht abgestochen sind, und noch schlechter sieht er mit unterschnittenen Kanten aus. Die Serifen sind im allgemeinen klein und ein wenig klobig. Beim Ausstechen der Konturen, besonders an Rundungen und Krümmungen, ist sorgfältig vorzugehen, denn diese sind sichtbar und wichtige Bestandteile des Buchstabens. Sorgen Sie von Anfang an für die richtigen Werkzeuge; ohne diese fangen Sie am besten gar nicht erst an. Der behelfsmäßige Versuch, mit einem falschen Werkzeug die richtige Form zu erzielen, führt unweigerlich zur Katastrophe, und Fehler sind nur schwer zu beheben. Beiderseits gut geschärfte schmale Blumeneisen und Hohleisen eignen sich am besten.

Ein Grundhobel, auf die entsprechende Tiefe eingestellt, kann zum Glätten des Untergrundes sehr hilfreich sein. Viel Zeit spart man auch mit der elektrischen Handoberfräse, indem man sie zwischen den Zeilen hindurchführt und dann den Bereich unmittelbar um die Buchstaben mit dem Grundhobel an den übrigen Untergrund angleicht. Der Untergrund braucht nicht unbedingt völlig glatt zu sein, aber ein solcher Zustand sollte angestrebt werden. Seine Bearbeitung mit Punktierstiften ist nicht zu empfehlen. Sie macht sich nie gut und dient vielfach nur zum Verbergen von Oberflächenmängeln. Keinesfalls verbessert sie das Aussehen gut geschnitzter Reliefbuchstaben.

Erhabene Schrift sieht auch in Stein und Metall gut aus. Die Tafel in Abb. 16.17 wurde zuerst in Kiefernholz geschnitzt und dann in Bronze gegossen. Gehen Sie in der Reliefhöhe nicht über 1/3 der unteren Breite der senkrechten Buchstabenelemente hinaus. Die in Abb. 16.15 C gezeigte Form macht sich gut in Gold und Farbe, besonders wenn das Blattgold blankgeprägt wird, solange die schrägen Kanten unberührt bleiben.

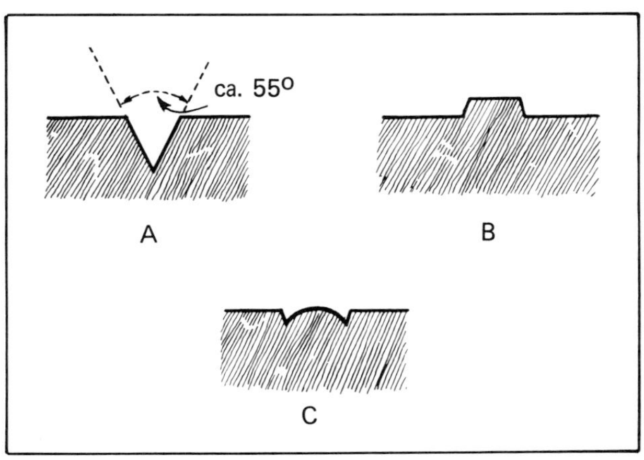

Abb. 16.15 Verschiedene Querschnitte für Buchstaben

A — vertieft oder eingeschnitten
B — erhaben
C — gerundet und versenkt

Andere Querschnitte werden gewöhnlich für größere Buchstaben (auf Namensschildern usw.) verwendet, die normalerweise einzeln aufgezeichnet, ausgesägt und geformt werden. Sie können bis zu 60 cm hoch sein und werden auf eine Grundtafel gedübelt, geleimt oder geschraubt. Wieder andere dienen mit Blattornamenten als Zahlen und Monogramme. Ein ganz interessantes Gebiet, das jedoch nicht zum Aufgabenbereich dieses Buches gehört.

Abb. 16.16 Dekorativer Buchdeckel in Birnbaum mit erhabenem Schriftzug

Abb. 16.17 Tafel mit erhabener Schrift und Flachrelief-Bildnis, in Holz geschnitzt und anschließend in Bronze gegossen; Gesamtgröße 60 x 40 cm

Kapitel 17
Figurenschnitzen

Diese Art des Schnitzens unterscheidet sich von der bisher behandelten dadurch, daß die Arbeit immer von allen Seiten betrachtet werden muß, wie bei einer Büste, einem Tier oder einer anderen Figur und bei einigen fein ausgearbeiteten Ornamenten. Gewiß sind damit zahlreiche Probleme verbunden, die wir bei den flachen und leicht modellierten Schnitzwerken nicht kennengelernt haben.

Die Arbeitsweise ist bei den einzelnen Schnitzern sehr unterschiedlich. Die einen benutzen vom Anfang bis zum Ende praktisch nur Bildhauerbeitel und gehen bei der Arbeit nach Gefühl vor. Dies ist ein subjektiver Vorgang, mit einer festen Vorstellung vom Endergebnis von Anfang an. Und im Vergleich zu den heutigen Arbeitsmethoden wahrscheinlich auch ein langsamer und unwirtschaftlicher Prozeß, aber immerhin für bestimmte Schnitzer der einzige Weg. Manche erreichen die Vollendung ihrer Arbeit durch ständiges Nachdenken, das sich in erster Linie in sorgfältigen Studien und Skizzen – nicht nur von dem Gegenstand der Arbeit, sondern auch von der endgültigen Komposition – ausdrückt, wobei das gegebene Material und die festgelegten Maße nie aus den Augen verloren werden.

Die anderen haben keine Bedenken, die Hauptmasse des Holzes auf der Bandsäge entfernen zu lassen, besonders wenn eine Fertigzeichnung mit Vorderansicht und Seitenansicht von der Figur angefertigt worden ist. Dies ist ohne eingehende Kenntnis des Gegenstandes kein leichtes Verfahren. Am besten fertigen Sie ein kleines Modell an, etwa in einem Viertel der vollen Größe der Figur. Beträgt diese z.B. 60 cm, so stellen Sie das Modell aus Ton, Plastilin oder Wachs her. Durch die Arbeit an einem kleineren Modell erkennen Sie die Beschränkungen, die das zu schnitzende Material Ihnen auferlegt. Wenn Sie die maßstäbliche Skizze ohne Einzelheiten angefertigt haben, erstellen Sie danach Arbeitszeichnungen im Maßstab 1:1, insbesondere von der Vorder- und Seitenansicht, denn an deren Konturen beginnt die Schnitzarbeit.

Nachdem die Gesamtform der Figur genau bekannt ist, kann der Abfall ohne weiteres auf die leichteste und schnellste Weise beseitigt werden, denn nur in der Zerspanungsarbeit als solcher liegt kein Sinn.

Abb. 17.1 Lindenholzbüste, Gesamthöhe 37 cm (geschnitzt von Donald Wellman)

Vorbearbeitung auf der Bandsäge

Als Beispiel hierfür zeigt Abb. 17.2 die Seitenansicht und die Draufsicht eines Sittichs. Es ist ganz klar, daß es sich bei allem Holz außerhalb der Konturen in der Vorder- und Seitenansicht um Abfall handelt, der zuerst von vorn und dann seitlich abgesägt werden kann, so daß eine in der Draufsicht rechteckige oder quadratische Figur entsteht, deren Ecken abgerundet werden müssen. Abgesehen von der Zeit- und Arbeitsersparnis liegt der Vorteil dieser Arbeitsweise darin, daß vier Flächen vorhanden sind, die alle an irgendeiner Stelle die Umrißlinie der Figur ausmachen.

Ein oder zwei technische Gesichtspunkte sind allerdings zu beachten. Die Vorder- und Seitenansicht sind auf zwei angrenzenden Flächen aufzuzeichnen (Abb. 17.3), die beide auf derselben Ebene liegen müssen; der Schnabel muß beispielsweise auf beiden Flächen auf einer Höhe liegen. Die Vorderansicht wird jetzt auf der Bandsäge ausgesägt, wobei man die Abfallstücke auf beiden Seiten möglichst als Ganzes beibehält. Daß dies nicht immer möglich ist, zeigt Abb. 17.4 mit ihren zweigeteilten Abfallstücken.

Vermeiden Sie jedoch, daß diese in mehrere Teile zerbrechen – aus Gründen, die Ihnen sofort klar werden, wenn Sie zum Aussägen der Seitenansicht übergehen.

Beim Aussägen der Vorderansicht sind die Linien auf der Seitenansicht natürlich verlorengegangen. Deshalb setzen Sie die Abfallstücke wieder auf und befestigen sie nötigenfalls mit zwei in eine Abfallpartie geschlagenen Nägeln. So wird die Kontur der Seitenansicht wieder hergestellt, und das Stück hat erneut eine glatte Fläche, die flach auf den Tisch der Bandsäge gelegt werden kann. Abb. 17.5 zeigt das Werkstück nach den zweiten Sägeschnitten, durch die die in Abb. 17.6 dargestellte quadratische Figur entstanden ist.

Es ist darauf hinzuweisen, daß hohe Figuren fast in Lebensgröße einen wohldurchdachten Plan erfordern, nach dem die Masse des Holzes, manchmal unter Mitwirkung eines Schreiners, zusammengesetzt wird. Die Einzelteile können durch Schlitzschrauben oder Dübel miteinander verbunden werden; für ein großes Kruzifix ist beispielsweise eine schwere Maschinenschraube mit Mutter erforderlich. Welche Verbindung auch immer gewählt wird, sie muß in jedem Fall gut ausgeführt sein, denn nichts ist beim Figurenschnitzen ärgerlicher als eine offene Fuge und die lästige Arbeit ihrer Ausfüllung mit einer Vergußmasse, die man hinterher fast immer sieht.

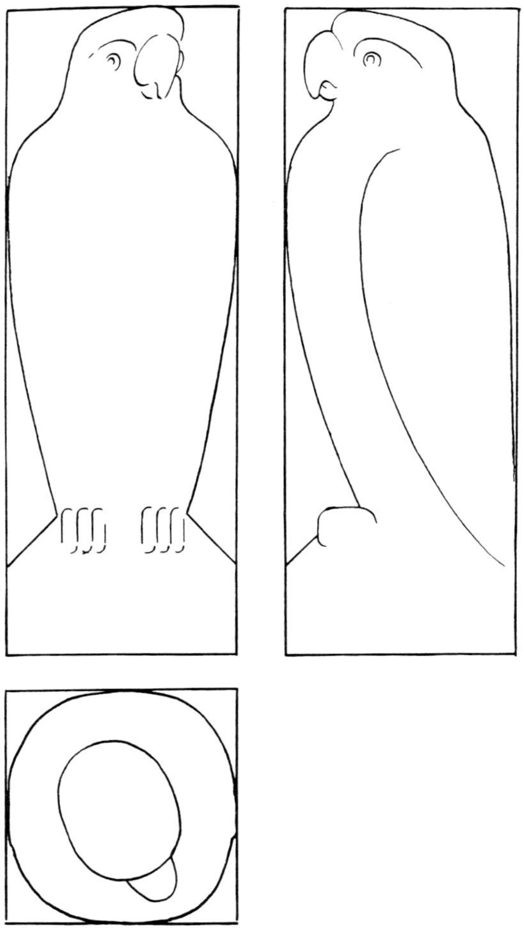

Abb. 17.2 Vorderansicht, Seitenansicht und Draufsicht des zu schnitzenden Sittichs. Die beiden ersteren sind auf zwei angrenzende Seitenflächen des Holzklotzes aufzuzeichnen.

Eine häufig erwähnte Alternative ist das Schnitzen aus dem vollen Baumstamm; auf den ersten Blick scheinbar eine gute Idee, der jedoch nie ein Erfolg beschieden ist, wie gut das Holz auch abgelagert sein mag. Wenn nämlich das Herzholz in dem Baum verbleibt, treten Risse verschiedener Art auf, und das um so mehr, als der Stamm bei den verschiedenen Arbeitsgängen des Schnitzens mit Werkzeugen geöffnet wird. Bei genauerer Betrachtung alter, rißfreier Bildwerke stellt man fest, daß das Holz von einem Schreiner fest zusammengefügt wurde, allerdings so, daß die Figur hohl geblieben ist. Wenn sie nicht freistehend, sondern an einer Wand aufgestellt waren, wurden solche Figuren ähnlich ausgehöhlt, gewöhnlich durch den Schnitzer, der sichergehen wollte, daß das zerstörerische Herzholz nicht mehr vorhanden war. Im Victoria and Albert Museum in London gibt es Beispiele hierfür.

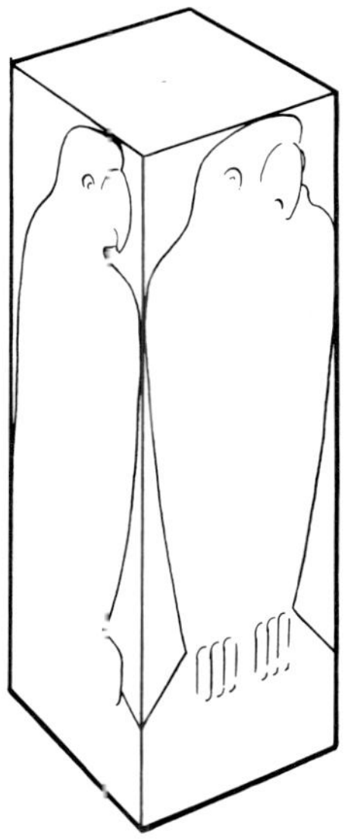

Abb. 17.3 Zeichnungen auf dem Holzklotz

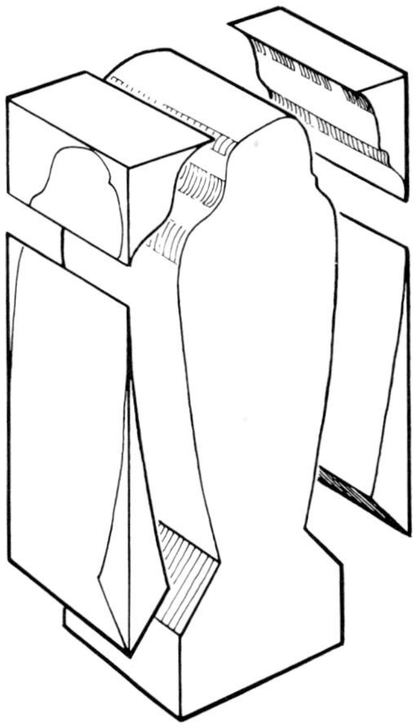

Abb. 17.4 Umriß der Vorderansicht nach Bearbeitung auf der Bandsäge

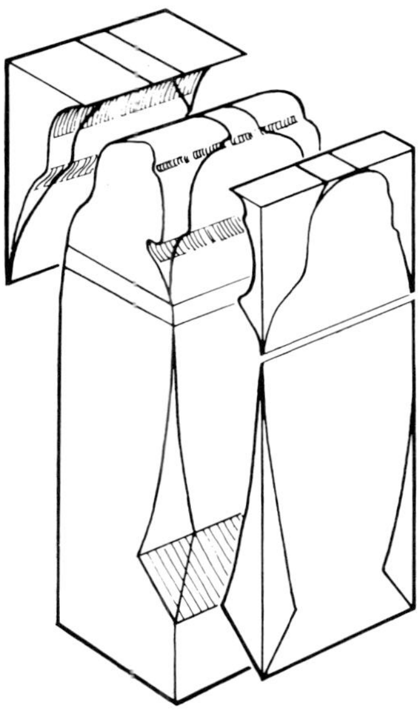

Abb. 17.5 Aussägen der Kontur der Seitenansicht nach Wiederanbringung der vorher ausgesägten Teile

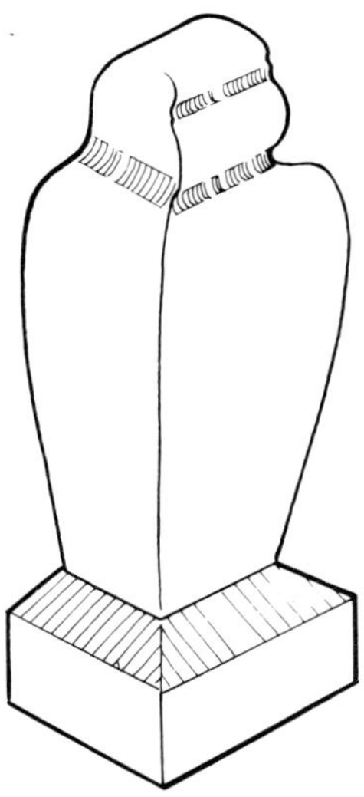

Abb. 17.6 Der quadratische Klotz nach dem Fertigsägen

Größere Figuren, die anschließend grundiert, vergoldet und eingefärbt werden sollen, werden normalerweise aus Weichholzstücken zusammengesetzt, wobei zahlreiche Hochreliefteile aufgeleimt werden. Wenn, wie im Kapitel über das Vergolden erläutert, Leinenstreifen vor dem Vergolden über die Fugen und Fehlerstellen geklebt werden, ist alles in Ordnung, und das Bildwerk wird Jahrhunderte überdauern, so wie dies bei den Statuen aus dem Mittelalter der Fall ist.

Das fertige Modell kann dann zum Anlegen von Meßpunkten, Prüfen von Dickenmaßen usw. verwendet werden. Manche Schnitzer benutzen das Modell jedoch nur bis zum Stadium des Form-

Abb. 17.7 Engel, in Holz geschnitzt und wasservergoldet (geschnitzt von William Wheeler)

Abb. 17.8 Figur in Eichenholz (geschnitzt von William Wheeler)

stechens. Wenn dies erreicht ist, wird das Modell vernichtet, so daß der Schnitzer sich ganz auf seine Arbeit konzentrieren kann. Ein weiterer Punkt in bezug auf das Modell liegt darin, daß man es sich in Holz ausgeführt vorstellen muß. Dünne und empfindliche Kleinelemente sind ganz und gar unangebracht und oft unmöglich zu verwirklichen.

Bei vielen kleinen und einigen mittelgroßen Figuren wird heute die Oberfläche so beibehalten, wie sie von den Werkzeugen erzeugt worden ist, oder zur Erhöhung der Wirkung einer bestimmten Holzart und ihres Gefüges geglättet. Wer diese Behandlung vorzieht, sollte Fugen im Holz zu vermeiden trachten. Wenn solche Verbindungsstellen unbedingt notwendig sind, sollten sie in möglichst geringer Anzahl und möglichst weit entfernt von den augenfälligen Partien der Figur angelegt werden. Sonst zerstören sie den ästhetischen Eindruck der Skulptur, besonders wenn einzelne Stückchen, z.B. Teile eines Gesichts, zur Verstärkung des Reliefs aufgeklebt werden.

Wenn eine große Figur zum Schnitzen aufgebaut und der größte Teil des Abfalls auf der Bandsäge entfernt worden ist, kann sie in den ersten Arbeitsstufen außerordentlich schwer und umständlich zu handhaben sein. Die weitaus beste Lösung ist in diesem Fall, die Figur nach weiterer Abfallbeseitigung mit der Säge auf den Boden zu stellen, wo sie dann mit einem Dechsel (Dachsbeil) und einem Hohleisen von etwa 50 mm Schneidenbreite in der Form vorgestochen und dabei von Zeit zu Zeit mit dem Fuß hin- und hergeschoben wird. Wird die Figur zwischen beide Füße genommen, so wird die Unfallgefahr im Umgang mit dem Beil verringert. Beseitigen Sie bei diesem Arbeitsgang so viel Abfallholz wie möglich. Ohne ein Schnellverfahren von der hier vorgeschlagenen Art zur Beseitigung der Masse des Abfallholzes wäre vor Beginn des eigentlichen Formschnitzens noch eine mühselige Arbeit zu verrichten.

Bei großen Figuren wird das Formstechen fast ausschließlich mit schweren Hohleisen und Klüpfel vorgenommen. So weit wie möglich wird dabei quer zur Faser gearbeitet, weil dies im allgemeinen leichter und mit geringerem Risiko des Absplitterns verbunden ist. Nach Beseitigung der Hauptmasse des Abfallholzes ist die weitere Bearbeitung, besonders von gerundeten Oberflächen, mit einer breiten Raspel oder einem Schabhobel manchmal hilfreich. Mit diesen Werkzeugen lassen sich bei zurückhaltendem Einsatz im Modellieren gute, nicht "klumpig" wirkende Formen und Umrisse schneller als mit Hohlbeiteln erreichen.

Betrachten der Figur

Machen Sie es sich bei allen Arbeiten dieser Art zur Gewohnheit, die Figur immer wieder von allen Seiten zu betrachten und sich stets vor Augen zu halten, in welcher Stellung oder Lage sie schließlich befestigt werden soll. Ist ihre Aufstellung beispielsweise auf einem hohen Podest vorgesehen, so muß dies selbstverständlich berücksichtigt werden. Insofern ist der dreibeinige Arbeitsständer von Vorteil, weil man um ihn herumgehen und die Figur aus jedem Blickwinkel betrachten kann.

Abb. 17.9 Ausdrucksvoller Pferdekopf in Rüster (geschnitzt von Thomas Brookbank)

Ein weiterer Punkt, der nicht vergessen werden darf, ist die Beleuchtung der Figur an ihrem Aufstellungsort. Sie sollte möglichst schon in der Werkstatt ausprobiert werden, weil sonst das Licht Ihnen einen Streich spielen und eine unvorhergesehene Wirkung hervorrufen könnte. Dies gilt allerdings nur für große, fest aufgestellte oder angebrachte Figuren.

Wenn nach einem Modell geschnitzt wird, müssen ein oder zwei Bezugspunkte festgelegt werden, von denen Abmessungen abgegriffen werden können, denn sonst gibt es nichts, von wo aus Sie messen könnten. Wenn solche Punkte schon zu Beginn sowohl am Modell als auch am Schnitzwerk festgelegt werden, dann ist das Abgreifen weiterer Größen unter Zuhilfenahme von Zirkeln und anderen Meßgeräten einfach. Ist eine genaue Wiedergabe in Holz von einem Gipsabguß herzustellen, so muß ein Gerät zum Vorpunktieren verwendet werden. Wenn mehrere Bezugspunkte angelegt werden, müssen diese sowohl am Modell als auch an der Holzplastik in einem genauen Verhältnis zueinander stehen und dürfen nicht weggeschnitten werden, ehe die Schnitzarbeit so weit fortgeschritten ist, daß die Punkte nicht mehr benötigt werden.

Kapitel 18
Figurenschnitzen – Der Adler

Der Vogel in Abb. 18.1 ist in natürlichen Farben bemalt, was insofern ein Vorteil ist, als fast jede beliebige Holzart verwendet werden kann. Wer es jedoch vorzieht, kann ihn auch in Eiche oder Teakholz schnitzen und auf die Bemalung verzichten.

Benötigt wird hierfür ein Holzklotz in der Größe 330 x 130 x 100 mm. Eine Vergrößerung oder Verkleinerung ist jedoch möglich, wobei man statt des Quadratgitters in Abb. 18.2 und Abb. 18.3 (25 mm Seitenlänge) ein solches aus Quadraten von 20 oder 30 mm Seitenlänge nimmt und die Proportionen entsprechend anpaßt. Vermeiden Sie ein zu kleines Schnitzwerk, weil an ihm die kleinen Einzelteile schwierig anzubringen sind.

Abb. 18.1 Adler in natürlichen Farben. Figur einer südamerikanischen Harpyie, 33 cm hoch (geschnitzt von Charles H. Hayward)

Zeichnung

Eine Zeichnung in voller Größe mit Vorderansicht und Seitenansicht muß zuerst angefertigt werden. Legen Sie ein Quadratgitter wie in Abb. 18.2 und Abb. 18.4 an und zeichnen Sie die Linien darin ein. Es werden zwar im wesentlichen die Hauptumrisse benötigt, aber auf gewisse Einzelheiten – Augen, Schnabel, Kopfform usw. – sollten Sie dennoch nicht verzichten, damit deren Lage später aufgetragen werden kann.

Sägen Sie einen passenden Holzklotz zurecht und hobeln Sie ihn auf Fertigmaß. Aus Abb. 18.4 können Sie entnehmen, daß der Schnabel über die Blockmaße hinausragt. Statt einen dickeren Klotz zu wählen und zu zerspanen, ist es viel einfacher, für den Schnabel nachträglich ein Stück anzuleimen. Aber davon später, fürs erste lassen wir den Schnabel noch unberücksichtigt.

Herstellung der Rohform

Zum Aufreißen der Form fertigen Sie nach den Konturen der Vorderansicht (Abb. 18.4) eine dünne Pappschablone an. Diese legen Sie auf das Holz und zeichnen die Umrißlinie nach. Es ist ratsam, auch auf der Rückseite so zu verfahren,

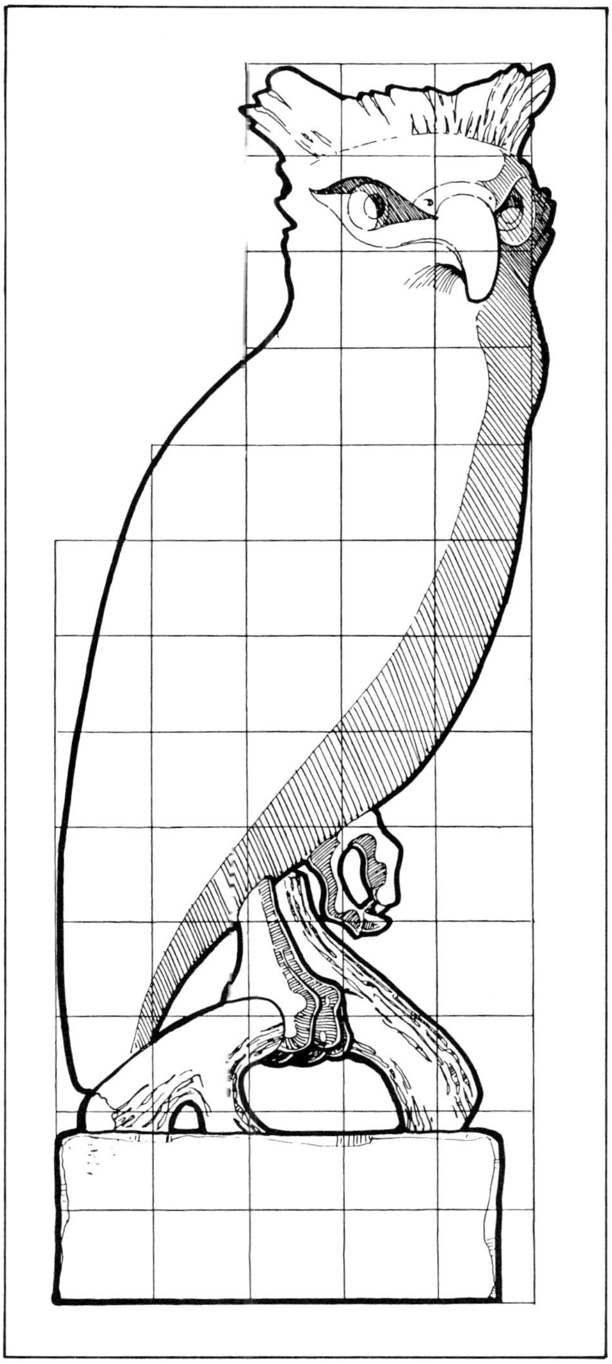

Abb. 18.2 Seitenansicht im Gitter aus Quadraten von 25 mm Seitenlänge

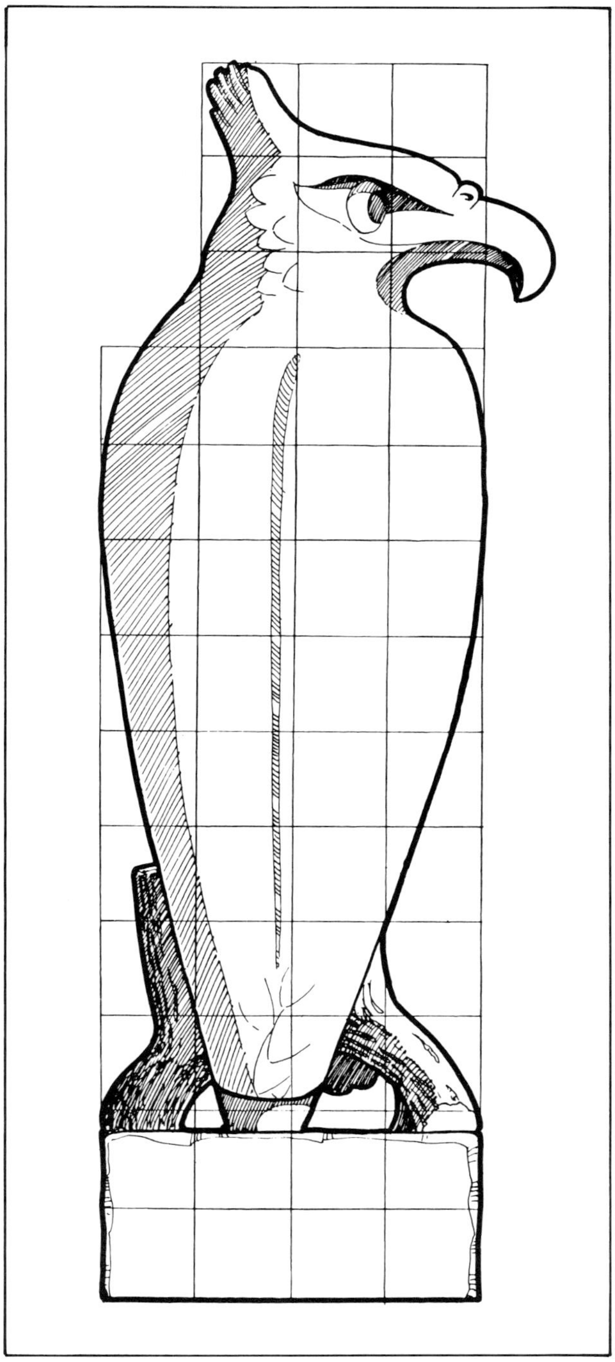

Abb. 18.3 Hinteransicht

wobei Sie die Schablone so wenden, daß der Vogel in dieselbe Richtung blickt. Nach diesen Anhaltspunkten auf der Rückseite können Sie die Begrenzungen beurteilen und die Rohform sowohl von der Vorder- als auch von der Rückseite her herausarbeiten. Dieser rückseitige Aufriß ist nicht erforderlich, wenn eine Bandsäge zur Verfügung steht.

Das Abfallholz beseitigen Sie mit einer Reihe von Sägeschnitten quer zur Faser bis kurz außerhalb der Umrißlinie, anschließend mit Ball- und Hohleisen. Dadurch entsteht in etwa die Kontur, wie sie von vorne zu sehen ist.

Jetzt muß die Seitenansicht aufgerissen werden, wobei notwendigerweise auf die wellige Ober-

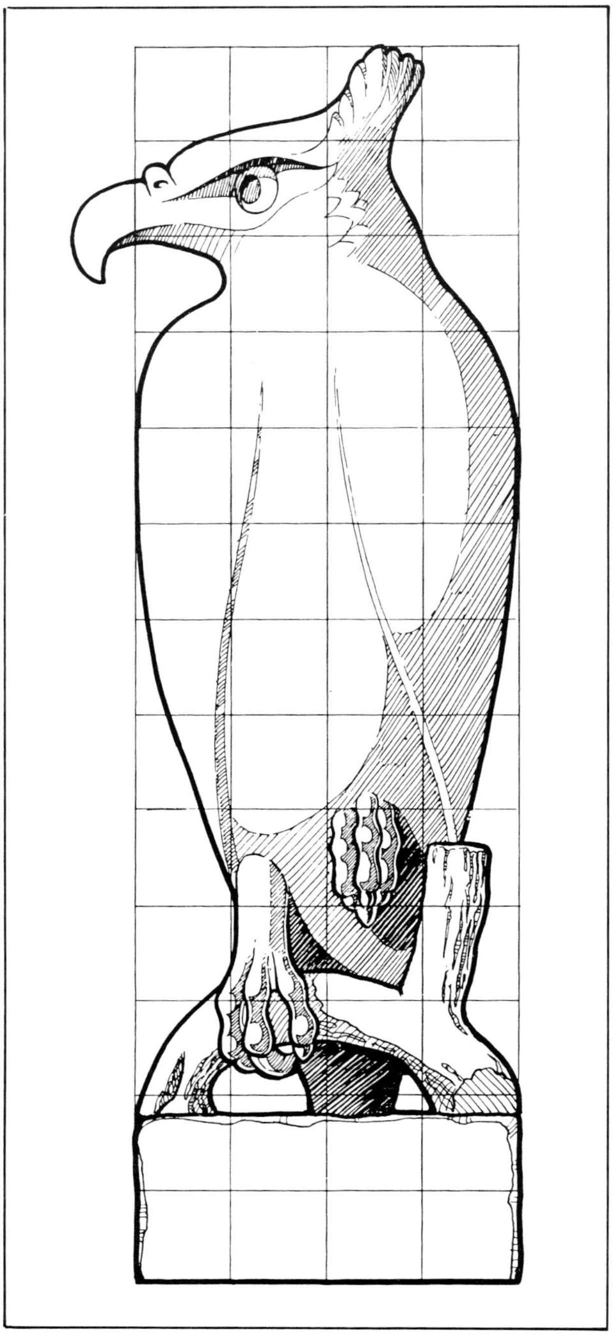

Abb. 18.4 Vorderansicht

fläche zu zeichnen ist. Am einfachsten ist die Festlegung bestimmter Punkte durch Abmessen von der Seiten- und Oberkante und Verbindung dieser Punkte zu einer durchgehenden Linie. Reproduzieren Sie diese Punkte auch auf die Rückseite, damit die Arbeit von vorne und hinten in Angriff genommen werden kann.

Wiederholen Sie die Sägequerschnitte quer zur Faser und beiteln Sie das Abfallholz weg. Wenn Sie den Beitel von den Kanten her nach innen führen, neigt das Holz an den Ecken nicht zum Absplittern. Jetzt haben Sie die in Abb. 18.5 gezeigte Form, die in etwa den richtigen Aufrissen seitlich und von vorne entspricht, zwangsläufig aber im Querschnitt quadratisch ist. Diese quadratische Rohform hat, abgesehen davon, daß sie seitlich und auf der Vorderfläche in etwa der richtigen Form entspricht, noch den Vorteil, daß Sie Maße daran feststellen können.

Formvorstechen

Der nächste Arbeitsgang umfaßt die Rohabrundung des Körpers, das Formen des Kopfes sowie die grobe Positionierung der Klauen und des Sitzastes. Im allgemeinen ist es einfacher und einer guten Formgebung förderlich, wenn das Abstechen mit dem Hohleisen, wie in Abb. 18.6 gezeigt, quer zur Faser vorgenommen wird. Beachten Sie, daß der Vogel den Kopf zur Seite gedreht hat, und zwar nicht ganz im rechten Winkel. Diese Stellung halten Sie nun nach der Draufsicht fest und sorgen für einen leichten Übergang des Kopfes in den Rumpf.

Betrachten Sie die Figur von allen Seiten und streben Sie fließende Kurven an. Die Beitelspuren lassen Sie vorerst außer acht; wichtig ist zunächst, zu einer Figur zu gelangen, die in etwa der Grund- oder Hauptform entspricht. Die meisten Schnitzer, die sich erstmals an eine solche Arbeit heranwagen, machen den Fehler, die Figur im Querschnitt allzu kantig zu lassen. Vergessen Sie nicht, daß Formstechen mehr ist als das bloße Abrunden der Ecken. Benutzen Sie ein halbrundes Hohleisen von etwa 16 mm Schneidenbreite und arbeiten Sie quer zur Faser, denn letzteres ist besonders wichtig, um eben jene "kantige" Wirkung und auch das Ausreißen an den Ecken weitgehend zu vermeiden.

Sie werden selbst schon erkannt haben, daß in Richtung auf den Fuß der Figur kein Abrunden mehr stattfindet. Stattdessen muß der Sitzast des Vogels herausgebildet werden, der diagonal von einer Ecke zur anderen verläuft. Stechen Sie das Anfallholz so weit aus, daß die allgemeine Richtung des Astes zu erkennen ist, und lassen Sie das Material in voller Dicke, damit genügend Holz für die Krallen zur Verfügung steht. Hinterlassen Sie eine Verdickung für den rechten Lauf auf dem Ast und eine weitere etwas höher für den linken Lauf, so wie in Abb. 18.6 angedeutet. Ein Durchstich zum Formen der Läufe ist jetzt noch nicht erforderlich, aber Vertiefungen können Sie zur Kennzeichnung der Lage dieser Teile schon anbringen.

Abb. 18.5 Holzklotz nach dem Zuschneiden auf der Bandsäge

Abb. 18.6 Erste Phase des Formvorstechens mit Hohleisen

Wenn dem Kopf die richtige Form im richtigen Winkel verliehen und der Hals in Kopf und Rumpf übergehend bearbeitet worden ist, kann mit dem Balleisen eine Fläche zum Anleimen eines Holzstücks gestochen werden, aus dem der Schnabel geschnitzt wird. Wenn der Leim getrocknet ist, kann die gekrümmte Seitenform und die konisch zulaufende Spitze des Schnabels herausgearbeitet werden. In Wirklichkeit ist der Schnabel des Vogels wesentlich schlanker, aber da wir in Holz schnitzen, sollte er einigermaßen kräftig gehalten werden. Auch in der Federholle (Federhaube) am Hinterkopf weicht der geschnitzte Vogel von dem in der Natur ab. Diese Federn sind ebenfalls dicker als in Wirklichkeit.

Modellieren

Jetzt gehen Sie zum Modellieren der Einzelheiten über, ohne jedoch die Kleinigkeiten selbst endgültig fertigzumachen. So schnitzen Sie beispielsweise die tiefen Augenhöhlen, wobei Sie genügend Holz für die Augen selbst stehenlassen.

Beachten Sie, daß diese Augen nach vorne und nicht, wie z.B. bei einer Ente, zur Seite gerichtet sind. Das Ausstechen der von der Braue gebildeten Kurve auf der Unterseite mit einem Geißfuß oder schmalen Hohleisen ist zu empfehlen.

Zwischen der Vorderseite der Augen und dem Schnabel ist die Höhlung besonders ausgeprägt. Dahinter ist sie weit weniger tief, weil die Augen rechtwinklig zur vorderen Ebene ausgerichtet sind. Geben Sie den Augäpfeln eine möglichst glatte Oberfläche, indem Sie, ebenso wie bei dem Schnabel, das Hohleisen mit der Schneidenwölbung nach oben halten.

Im übrigen kann der Vogel jedoch Beitelriefen aufweisen, da diese den Eindruck von Federn verstärken. Führen Sie deshalb das Werkzeug in die Richtung, in welcher die Federn liegen würden. Benutzen Sie ein Flacheisen für alle gerundeten Partien. Auf Brust und Rücken können die Stichfacetten ziemlich ausgeprägt sein, während sie oben auf dem Kopf viel kleiner sein sollten, weil auch der Vogel selbst hier kleinere Federn hat.

Läufe

Das Durchstechen des Holzes zum Trennen von Lauf und Sitzast erfordert Sorgfalt und Geduld.

Mit einem schmalen gekröpften Hohleisen kommen Sie sehr gut in schwer zugängliche Stellen hinein. Wenn der Ast in seiner Grundform ausgestochen ist, benutzen Sie ein Ziereisen zum Andeuten der Baumrinde.

Zum Schnitzen der Klauen stechen Sie die Fänge auf ihre Grundform aus und trennen die Klauen durch Stiche mit einem Ziereisen. Damit wird ein großer Teil des Abfallholzes ausgeräumt, so daß die Form der Gelenke mit einem Flacheisen eingestochen werden kann. Die Querstriche auf den Fängen und Klauen sind nur aufgemalt und nicht geschnitzt.

Richten Sie sich bei der ganzen Arbeit nach folgenden Regeln: Beenden Sie das Formvorstechen, bevor Sie sich an die Details machen. Folgen Sie in den letzten Arbeitsphasen der Faserrichtung, um Reißen und Splittern zu vermeiden. Halten Sie die Beitel rasiermesserscharf, besonders beim Fertigstechen.

Oberflächenbehandlung

Wenn die Figur ihre natürliche Holzoberfläche behalten soll, kann sie im geschnitzten Zustand bleiben oder mit Wachs behandelt werden. Zum Bemalen können entweder Künstlerölfarben oder Plakatwasserfarben (Plaka-Farben) verwendet werden; letztere erhalten anschließend eine farblose Lackierung. Plaka-Farben decken gut und sind ziemlich undurchsichtig; außerdem trocknen sie schnell. Zu den Farben selbst: Körper schwarz bis grau, Federn stellenweise in Weißtönen. Schnabel schieferblau. Augen mittelbraun mit schwarzen Pupillen. Augenhöhlen vor den Augen gelb mit blaugrauen Markierungen. Fänge und Klauen blaßgelb mit schwarzen Querstrichen. Krallen schwarz.

Bei dem Adler handelt es sich um eine südamerikanische Harpyie nach einem Vorbild im Londoner Museum für Naturgeschichte.

Kapitel 19
Vergolden – Werkzeug und Material

Im allgemeinen kann man sagen, daß das Handwerk des Vergolders offenbar eine Parallele zum Leben schlechthin ist. Ob Werkzeuge, Werkstoffe, Verfahren oder deren Anwendung, sein Ursprung ist uns völlig unbekannt. Darüber hinaus tritt es uns immer in einer im wesentlichen gleichen Form entgegen, in welchen Teil der Welt wir uns auch begeben. In Ägypten gibt es Nachweise aus den Jahren um 3000 v. Chr. über methoden und Materialien sowie deren Herrichtung, die größtenteils den heute gebräuchlichen entsprechen. Für die Dauerhaftigkeit der Glanz- oder Wasservergoldung gibt es unter normalen Bedingungen scheinbar überhaupt keinen Zeitfaktor. In Luxor schmückt sie die Liege, auf der der Pharao Tutenchamun geruht hat, und der polierte Kopf, der diese Liege an einem Ende ziert, ist heute noch so vollkommen wie vor 3000 Jahren.

Abb. 19.1 Spiegelrahmen, von Clifford Wright in Kiefernholz geschnitzt und glanzvergoldet

Der Vergolder von heute kann immer noch stolz darauf sein, daß er die Haltbarkeit seiner Arbeit in gleicher Weise garantieren kann. Im Gegensatz zu anderen Verschönerungsformen tritt bei der Vergoldung nie eine Änderung mit der Mode ein, sei es in Verbindung mit architektonischem Zierat oder mit der Dekoration von Möbelstükken. Es macht auch kaum einen Unterschied, ob sie sich auf Holz oder Stein, Leder oder Pergament befindet. Auf den Tempera-Malereien in den Galerien der ganzen Welt, auf den Ikonen in den Kirchen Rußlands oder auf den prächtigen Bilderrahmen in den Kunstmuseen – immer ist die Technik des Vergoldens im wesentlichen die gleiche.

Was immer im Hinblick auf neue Werkstoffe oder Verfahren in dem Bestreben versucht werden mag, die Kunst des Vergoldens den heutigen Leitbildern und wirtschaftlichen Maßstäben anzupassen, es gibt nichts Besseres und Beständigeres als die Methoden, deren Resultat dem Zahn der Zeit über Jahrhunderte widerstanden hat. Damit möchten wir uns auf den folgenden Seiten befassen.

Herstellung von Blattgold

Zunächst wollen wir uns ein allgemeines Bild davon machen, wie das Blattgold hergestellt wird, bevor der Vergolder es in Form praktischer Hefte und Bücher in die Hand bekommt. Ebenso wie die Technik im Umgang mit Blattgold hat seine Herstellung, die Goldschlägerei, eine uralte Tradition. Es sind Verfahren aus der Zeit vor 4000 Jahren bekannt, und was die Größe und das Gewicht des einzelnen Goldblatts betrifft, so wissen wir, daß sich hieran im großen und ganzen bis heute nichts geändert hat. Interessant ist, daß im Louvre in Paris Blattgold zu finden ist, das sich bei der Nachprüfung als ein wenig dicker als das heutige Material erwiesen hat. Die Ursache hierfür könnte darin zu suchen sein, daß der heute benutzte Goldschlägerhammer von 4 kg aus Stahl ist, während der ägyptische Goldschläger einen Bronzehammer verwendet hat.

Das Gold wird in einem Tiegel geschmolzen und zu Stangen oder Zainen von 150 x 25 x 3 mm gegossen. Diese Zainen werden mehrfach durch Stahlwalzen gezogen, wobei der Walzdruck von Zeit zu Zeit erhöht und das Material mehrmals geglüht wird. So entstehen Goldbänder von etwa 30 mm Breite und 0,0025 mm Dicke. Damit ist die mechanische Bearbeitung beendet; der Goldschläger übernimmt das Material und schlägt es auf eine Dicke von 0,00001 mm.

Er zerteilt das Goldband in quadratische Stücke von 25 mm Seitenlänge und legt sie vorsichtig zwischen Pergamentblätter von 120 x 120 mm Größe. Hierbei verwendet er jedesmal 480 Blätter, die er mit einem Kreuzband aus Pergament versieht. Unter dem Federhammer bearbeitet er nun dieses Pack, bis sich das kostbare Metall auf die Größe der Pergamentblätter ausgebreitet hat, was ungefähr 15 Minuten dauert. Eine solche Einheit nennt man Quetsche.

Jetzt nimmt er die Goldblätter zwischen den Pergamentblättern hervor und schneidet sie mit einem Messer in vier gleiche Teile, die wiederum zwischen ca. 1300 Rinderhäute von etwa 160 x 160 mm Größe gelegt werden und damit ein sogenanntes Lot bilden. Dieses Lot hämmert er nun so lange, bis die Goldblätter soeben über den Rand der Häute ausgetreten sind. Das Blattgold wird dann herausgenommen und erneut in Viertelstücke zerteilt.

Die einzelnen Viertelstücke werden noch einmal zwischen 1300 Goldschlägerhäute (aus Ochsenblinddarm gewonnen) gelegt und auf einer Werkbank mit einer dicken Marmorplatte einige Stunden mit einem Hammer von 5 kg Gewicht bearbeitet. Dabei richtet der Goldschläger seine Hammerschläge auf die Mitte des Packs, bis das Gold sich nach außen ausgebreitet hat – und zwar frei von Rissen, kleinen Löchern und sonstigen Mängeln, was großes Geschick und langjährige Erfahrung erfordert. Nachdem das fertige Blattgold auf einem Lederpolster mit Hilfe eines geschärften Rohrblatts auf die Größe von 80 x 80 mm geschnitten worden ist, wird es Stück für Stück – von Hand und mit einer Pinzette aus Buchsbaumholz – in Heften von 25 Blatt dünnem Papier untergebracht. Zwölf solcher Hefte (300 Blatt) bilden ein Buch.

Die verschiedenen Farbtöne von Weiß bis Rot entstehen durch den Zusatz kleiner Mengen Kupfer oder Silber, die in den ersten Phasen der Herstellung hineinlegiert werden. Ein solcher Legierungsanteil ist auch für den eigentlichen Prozess des Goldschlagens notwendig, denn ohne ihn würde das Material reißen. Von dem Goldschatz, den die Engländer im indischen Pandschab erbeutet hatten, ging ein großer Teil bei der Kennzeichnung zu Bruch, weil das Gold zu rein war.

Werkzeuge und Geräte

Ebenso wie beim Holzschnitzen wollen wir auch hier mit den Werkzeugen und Geräten beginnen; sie sind weder zahlreich noch teuer und samt und sonders heute erhältlich (Abb. 19.2).

Ein **Vergolderkissen** (A) kann man sich selbst anfertigen. Es besteht aus einem Stück Weichholz von 200 x 140 x 13 mm, das zuerst mit 3 Lagen feinem Flanellstoff belegt und dann mit weichem Wildleder überzogen wird. An einer Schmalseite und teilweise um die beiden Längsseiten herum wird ein ca. 75 mm hoher Windschutz aus Pergament angebracht, der eingeklappt werden kann. Der geringste Luftzug würde nämlich das Blattgold vom Kissen wehen, und wegen seiner hauchdünnen Beschaffenheit wäre es fast unmöglich, es vom Boden zurückzuholen. Auf der Unterseite des Kissens wird eine Lederschlaufe angebracht, so daß das Kissen wie eine Malerpalette gehalten werden kann.

Der **Anschießer** (B) ist eine Art Flachpinsel, der in verschiedenen Breiten hergestellt wird. Er besteht meistens aus Dachshaaren, die zwischen zwei dünnen Kartonstücken eingeklemmt sind. Er dient zum Aufnehmen des Blattgoldes vom Kissen und Auftragen (Anschießen) auf die zu vergoldende Fläche.

Ein **Vergoldermesser** (C) hat einen runden oder rechteckigen Griff und ist gut ausbalanciert. Seine ziemlich biegsame und nicht allzu scharfe Klinge dient dem Zerteilen des Blattgoldes auf dem Kissen in passend große Stücke.

Bei dem **Anstauchpinsel** (D) handelt es sich um einen weichen Kamel- oder Marderhaarpinsel mit Federkiel und Holzstiel, auf den eine etwa 38 mm lange Hülse (Federkiel o.ä.) geschoben wird. Er dient dem Andrücken des Blattgoldes unmittelbar nach dem Einlegen in Wasser.

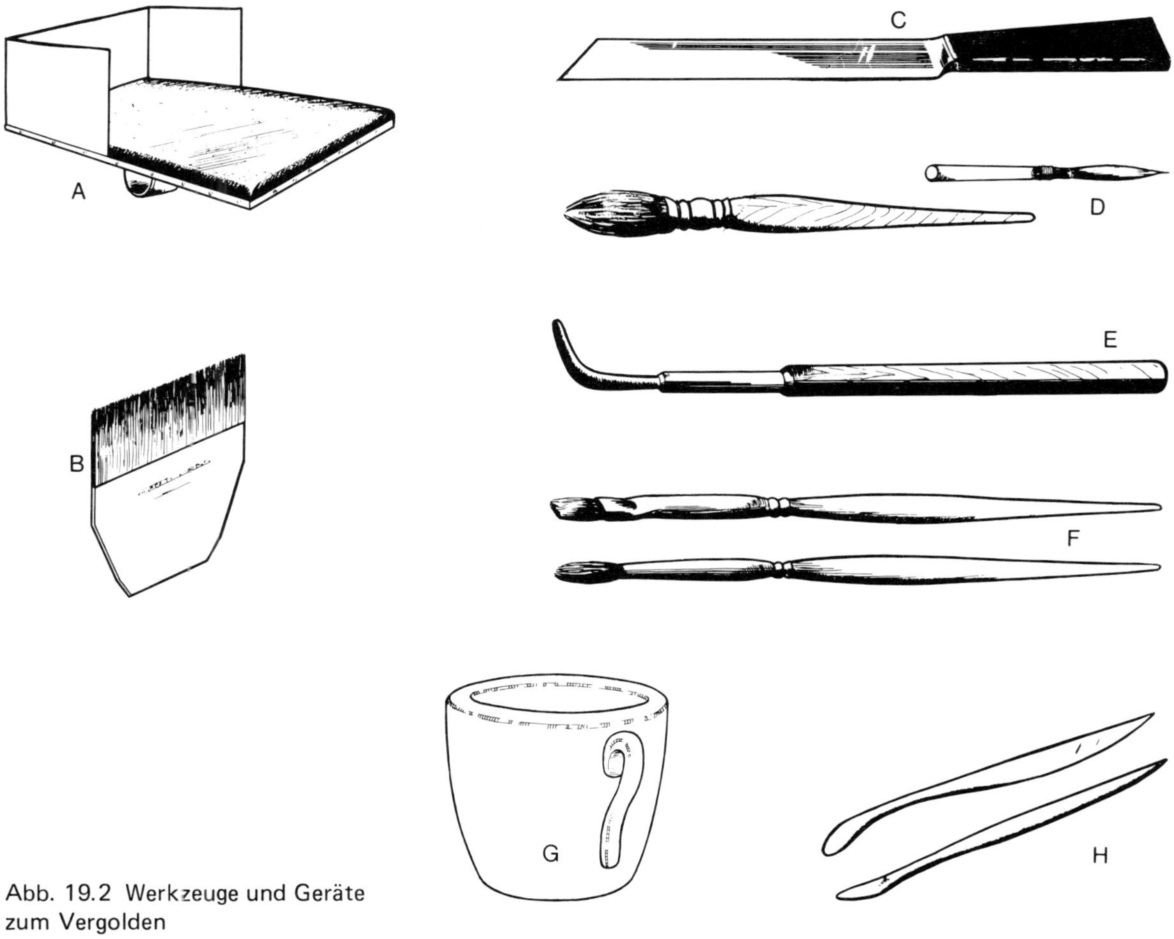

Abb. 19.2 Werkzeuge und Geräte zum Vergolden

Poliersteine (E) haben Köpfe aus Achat oder Feuerstein, die absolut glatt sein müssen, um Kratzer und Schnitte im Blattgold zu vermeiden. Am besten ist es, wenn diese Köpfe auf Holzgriffen befestigt sind. Es gibt sie auch mit Metallgriffen, die jedoch nach stundenlanger Polierarbeit unbequem werden. Für die meisten Arbeiten genügen zwei Poliersteine.

An **Auftragpinseln** (F) brauchen Sie echte Kunstmalerqualität mit Schweinsborsten, einen runden und einen flachen, zum Auftragen des Kreidegrundes oder für ähnliche Arbeiten. Der Vergolder kürzt ihre Stiele meist auf die Hälfte der Länge. Als Auskehr- oder Versäuberpinsel werden solche mit Zobel- oder Kamelhaaren benutzt.

Bei den **Näpfen** (G) handelt es sich um kleine Keramiktöpfe mit einem Öffnungsdurchmesser von etwa 125 mm, die mit Innenglasur und Henkel versehen sind. Sie werden zum Anrühren von Leim, Mixtion, Kreidegrund usw. benötigt und sind heute schwierig zu beschaffen. Ersatzweise ist ein Suppennapf oder der Wasserbehälter eines Leimtopfes zu verwenden, in den ein irdener Krug gestellt werden kann.

Modellierwerkzeuge (H) gibt es in verschiedenen Formen aus Metall und Holz, aber auch selbstgemachte Improvisationen aus Zahnbürstenstielen. Sie dienen dem Modellieren von Ornamenten auf dem Kreidegrund, entweder bei der Neuanfertigung oder beim Ausbessern.

Werkstoffe

1. **Schnitzel** aus Kalbspergament oder Kaninchenhaut zur Leimzubereitung, beide billig und leicht zu beschaffen. Pergamentleim ist ein wenig schwieriger herzustellen, hat aber im allgemeinen eine bessere Wirkung.

2. **Vergolder- oder Kreidegrund**, in seiner besten Sorte als Champagner- oder Chinakreide, ist feiner und nicht so körnig wie der im Bauwesen und Haushalt verwendete Weißgrund.

3. **Anlegelack** (Mixtion), auch 18-Stunden-Lack genannt, weil er ungefährt 18 Stunden braucht, um für die Aufnahme des Blattgoldes entsprechend klebrig zu werden. Für Außenarbeiten und an Stellen mit Farbuntergrund wird ein schnelltrocknender Lack, meistens Japanlack, verwendet, der in etwa einer Stunde klebtrocken ist.

4. **Armenischer Bolus** (Tonerde) und seine verschiedenfarbigen Zusätze sind im Handel erhältlich. Sie werden mit Pergamentleim zu der Konsistenz von dünnflüssiger Sahne vermischt Der Auftrag erfolgt nach dem Verlegen des Kreidegrundes und vor dem Vergolden.

5. **Malergold** verleiht der Öl- oder Mattvergoldung eine tiefere und vollere Färbung und bildet einen wunderbaren Kontrast zur polierten Wasser- oder Glanzvergoldung. Vor Verwendung wird es meistens mit Pergamentleim gemischt und zum Schutz der fertigen Vergoldung manchmal mit einem farblosen Goldlack überzogen.

6. **Blattgold** ist in Heften mit je 25 Blatt und in Büchern mit je 300 Blatt zu beziehen, und zwar in Loseblatt- oder Abziehausführung (Transfergold). Bei der ersteren sind, wie der Name schon andeutet, die Goldblätter einzeln und lose zusammengelegt, so daß sie entnommen und auf dem Goldkissen zerteilt werden können. Zum Abziehen sind sie jeweils mit einem Stück Seidenpapier versehen, das auf einem Wachsfilm haftet und zum Ölvergolden, besonders bei Außenarbeiten, leicht abgezogen werden kann.

Alle vorgenannten Werkzeuge und Materialien sind in Fachgeschäften für Künstlerbedarf erhältlich.

Kapitel 20
Vergolden – Die praktische Arbeit

Der geschnitzte Spiegelrahmen in Abb. 20.2 soll als Beispiel für die Anwendung von zwei Vergoldeverfahren dienen, nämlich für die Öl- oder Mattvergoldung und die Wasser- oder Glanzvergoldung, auch Polimentvergoldung genannt. Gleichzeitig zeigt er die in den Kreidegrund eingeprägten einfachen Rautenmuster (Diamantierung), die auf Temperabildern oft im Hintergrund und auf Gewändern sowie auf Bilderrahmen zu sehen sind. Außerdem soll er die Abtönung des Goldes veranschaulichen.

Schnitzwerk

Der Rahmen besteht aus einem Zierprofil mit Rundungen und Aushöhlungen sowie teilweise aus Reliefschnitzereien. Als Material kommt Kiefer, Mahagoni, Linde oder Nußbaum in Betracht, jedoch kein Eichenholz, das insofern ungeeignet ist, als seine offene Faser nicht die zum Vergolden erforderliche Glätte und Glanzfähigkeit erbringt. Für diejenigen, die den abgebildeten Rahmen nachbauen möchten, ist in Abb. 20.1 eine Querschnittdarstellung hinzugefügt. Die Außenmaße des Rahmens sind 48 x 36 cm.

Das Schnitzwerk hat eine Reliefhöhe von etwa 6 mm, das ist die Höhe an den Gehrungsstößen und an dem mittleren Muster auf jeder Rahmenseite. Die Schnitzarbeit an den Perlschnurstäben und Bandleisten richtet sich, was die Reliefhöhe betrifft, nach den vorhandenen Querschnitten. Im allgemeinen sollen Schnitzereien, die später vergoldet werden, breit und weich fließend angelegt werden, ohne tiefe Geißfußstiche und so weit wie möglich ohne Unterschneidungen, da sich solche Stelle mit Kreidegrund vollstopfen können.

Herstellen des Kreidegrundes

Zuerst muß der Leim für den Kreidegrund zubereitet werden. Pergamentschnitzel von etwa 20–30 mm Länge werden gut mit Wasser bedeckt und über Nacht stehengelassen. Am nächsten Morgen schütten Sie das Wasser ab und legen die Schnitzel in den inneren Behälter eines Leimkessels; gießen Sie dreimal soviel Wasser darüber, wie der Rauminhalt der Schnitzel beträgt. Den äußeren Behälter des Kessels füllen Sie mit heißem Wasser, das Sie 3–4 Stunden sieden lassen; dann werden sich fast alle Schnitzel aufgelöst haben.

Abb. 20.1 Ein Stück des in Abb. 20.2 gezeigten Rahmens mit Schnittdarstellung

Abb. 20.2 Hölzerner und glanzvergoldeter Spiegelrahmen (geschnitzt von William Wheeler)

Gießen Sie die Flüssigkeit durch ein feines Sieb oder einen alten Nylonstrumpf in einen Napf oder Krug und die Siebrückstände zurück in den Leimtopf zur späteren Verwendung. Den durchgesiebten Leim lassen Sie abkühlen und gerinnen; er kann nur in diesem Zustand auf seine Eignung für die verschiedenen Vergoldearbeiten geprüft werden. Der kalte Leim ist zu stark, wenn Sie den Finger hineinstecken können, ohne daß die Masse reißt, und wenn er eine elastische Zähigkeit aufweist, oder wenn Sie zwei- oder dreimal mit der flachen Hand gegen den Napf schlagen, ohne daß sich sichtbare Anzeichen des Zerfalls einstellen. In diesem Fall gießen Sie ein wenig Wasser hinzu, wärmen den Leim an, lassen ihn abkühlen und wiederholen die besagte Prüfung. Wenn der Leim jetzt zerfällt oder in etwa die Konsistenz von Obstgelee hat, ist er gebrauchsfertig.

Wärmen Sie ihn nochmals auf, geben Sie Weißgrund hinzu und mischen Sie mit einem Rührholz oder einem stumpfen Tafelmesser alles gründlich durch, wobei Sie vorhandene Klumpen an der Napfwand zerdrücken, so daß die Mischung die Konsistenz von streichfertiger Farbe bekommt. Jetzt fügen Sie noch zwei Tropfen Leinöl oder ein erbsengroßes Stück Unschlitt hinzu und rühren nochmals gründlich durch. Nach dem Anwärmen und erneutem Rühren kann die Mischung verwendet werden.

Auftragen des Kreidegrundes

Mit einem Borstenplattpinsel tragen Sie behutsam die erste Schicht auf. Lassen Sie dabei den Napf in dem Behälter mit heißem Wasser, um das Material streichfähig zu halten. Jetzt folgen noch 6 bis 8 weitere Schichten, bis eine gute Grundlage aufgebaut ist.

Beachten Sie die folgenden Hinweise, die der Erfahrung entstammen. Bereiten Sie stets genügend Leim für acht Deckschichten vor, denn obwohl jede Schicht vor dem Auftragen der nächsten trocken sein muß, sind alle Schichten in einem Tag fertigzustellen. Das Trocknen am Feuer oder auf einem Heizkörper ist weder für das Holz noch für den Kreidegrund zu empfehlen.

Denken Sie daran, daß Kreidegrund mit zu starkem Leim zum Abblättern neigt und mit zu schwachem Leim zerstäuben kann. Wenn Äste und Fugen (besonders an den Gehrungsstößen) auftreten, schneiden Sie feines Leinen oder Seide passend für die betreffenden Stellen zurecht. Bevor Sie die zweite Schicht Kreidegrund auftragen, tauchen Sie den Stoff in den Kreidegrund und spannen ihn über die Stellen, die zum Öffnen oder Bewegen neigen. Die nachfolgenden Schichten legen Sie dann darüber.

Benutzen Sie zwischen den einzelnen Schichten kein Glaspapier. Das Material für die letzten zwei oder drei Schichten kann sich im Napf verdickt haben, was Sie mit ein wenig Wasser (kein Leim) abstellen können. Diesen Hinweis sollten Sie sich gut merken. Kommt der Leim oder Kreidegrund zufällig zum Kochen, so werfen Sie ihn weg, um Blasenbildung und andere, nicht leicht zu überwindende Schwierigkeiten zu vermeiden.

Achten Sie beim Auftragen der einzelnen Schichten auf gute Deckung, denn vielfach hat das Material die Tendenz, über vertiefte Stellen kleine "Brücken" zu bilden, die beim Trockenwerden dann reißen und brechen. Zum Ausbessern von kleinen Löchern oder Fehlerstellen mischen Sie ein wenig Leim und Grundweiß zu einer Art Kitt zusammen, den Sie als Füllmaterial verwenden.

Eine andere Leimart

Bevor wir zur nächsten Arbeitsphase übergehen, soll noch die Leimherstellung aus Kaninchenhaut erwähnt werden, die Sie in Form von etwas dunkleren Gelatinetafeln von einem Fachgeschäft für Vergolderbedarf beziehen können. Brechen Sie eine solche Tafel in Stücke, legen Sie sie in einen Napf und überdecken Sie sie mit kaltem Wasser. Nach ein paar Stunden Einweichen erwärmen Sie die Flüssigkeit in einem Leimkessel und verfahren dann damit wie beim Pergamentleim. Das geht etwas schneller, und in der Leimqualität besteht kaum ein Unterschied.

Als Alternative zum Kreidegrund (Weißgrund) wäre noch der gelöschte Gips zu erwähnen. Beschaffen Sie sich einen 3 kg-Sack von guter Qualität und entleeren ihn in eine Wanne. Nachdem Sie reichlich Wasser (ungefähr 1 Liter pro Kilogramm) dazugeschüttet haben, rühren Sie die Masse eine Zeitlang merhfach durch, und anschließend mehrere Tage lang täglich. Das Wasser sollten Sie gelegentlich erneuern. Bis dahin wird sich jegliche Wärme verloren haben, so daß der Gips als völlig gelöscht betrachtet werden kann. Nachdem er 3 bis 4 Tage gestanden hat, nehmen Sie ihn aus dem Behälter, legen ihn in einen Lappen und drücken das ganze Wasser heraus. Bis zur Verwendung wird er zu kleinen Kuchen geformt, um dann wie der Kreidegrund mit Pergamentleim angerührt zu werden. Unter dem Mikroskop weist gelöschter Gips lange, fadenartige und miteinander verwobene Kristalle auf, während die Kristalle im Kreidegrund annähernd würfelförmig sind. Nach dem Auftragen läßt sich Gipsgrund viel besser als Kreidegrund polieren. Jahrhunderte hindurch war dieses Verfahren das einzige, das in der ganzen Welt sowohl zur Glanzvergoldung als auch zum Grundieren von Temperagemälden oder für beides zusammen angewendet wurde.

Bedeutung eines guten Untergrundes

Um eine vollständige Durchmischung mit dem Leim zu gewährleisten, ist es ratsam, die Kreide durch ein Haarsieb zu streichen. Wenn acht Schichten (oder je nach Art des Gegenstandes weniger) einwandfrei verlegt worden sind, braucht an der letzten Schicht nichts mehr getan zu werden. Anfängern gelingt das leider nur selten, aber Sie müssen von Anfang an bedenken, daß das hergerichtete Grundmaterial in erster Linie zur Aufnahme des Blattgoldes dient, das wiederum mit dem Achatstein poliert werden muß. Auf dem Grundmaterial darf also nichts zurückbleiben, was das Gold beeinträchtigen würde; vergessen Sie nicht, es ist nur 0,00001 mm dick. Die Oberfläche muß deshalb absolut glatt sein — eine Garantie, die bei fachmännisch hergerichtetem Kreide- oder Gipsgrund von dessen Natur her schon gegeben ist.

Das Auftragen verläuft nicht immer erfolgreich, und manchmal ist die Oberfläche rauh und wesentlich unebener als erwartet. Mit feinstem Glaspapier, wovon die Oberfläche gerade soeben angeschliffen werden darf, können Sie die betreffenden Partien bearbeiten. Wenn sich beispielsweise in Hohlräumen oder an sonstigen Stellen zu viel Grundmaterial angesammelt hat, so können Sie diesen Mangel leicht dadurch beheben, daß Sie einen Leinenlappen in Wasser tauchen, auswringen und um ein passendes Modellierwerkzeug oder um ein Stück Holz wickeln, das der Kontur der zu säubernden Stelle angepaßt ist. Wie bei der Benutzung von Glaspapier müssen Sie auch hierbei sehr vorsichtig arbeiten und daran denken, daß die Oberfläche des Grundmaterials nicht beeinträchtigt werden darf, also eben und glatt bleiben muß.

Es ist angeregt worden, das Grundmaterial in diesem Stadium nachträglich mit Schnitzwerkzeugen zu bearbeiten, um die Form des darunterliegenden Schnitzwerks hervorzuheben.

Natürlich treten dabei die Umrisse und Formen deutlicher hervor, aber die Qualität der Glanzvergoldung wird dadurch keineswegs erhöht. Wenn also der Kreidegrund die Formen ein wenig abgerundet hat, lassen Sie ihn so, denn durch das Polieren wird damit ein metallisch besseres Ergebnis erzielt.

Auftragen des Poliments

Nun ist sogenanntes Poliment auf den Kreidegrund aufzutragen. Dabei handelt es sich um Tonerde (Bolus), die durch verschiedene Zusätze präpariert und in verschiedenen Farbtönen – weiß, gelb, grau, blauschwarz, schwarz und rot – im Handel ist. Der gewünschte Farbton kann durch Mischen erzielt werden. Zum Auftragen wird das Poliment mit lauwarmem Leimwasser bis zur Konsistenz von dünnflüssiger Sahne angerührt und durch ein engmaschiges Sieb gegeben. Der Leim darf dafür nur halb so stark sein wie der Leim, der zur Herrichtung von Kreidegrund verwendet wird. Bereiten Sie genug Poliment für drei oder vier Schichten vor, damit Sie sicher sein können, daß immer die gleiche Leimstärke vorhanden ist.

Für die erste Schicht benutzen Sie einen Borstenpinsel, für den Rest einen Kamelhaarpinsel. Lassen Sie jede Schicht trocknen, bevor Sie die nächste auftragen. Manche Vergolder legen die erste Schicht dünner an (d.h. mit wenig Bolus-Tonerde) und setzen bei den folgenden Schichten immer ein wenig mehr Tonerde hinzu. Wenn die letzte Schicht fertig und trocken ist, sieht sie aus wie mit einer dunkelroten Mattierung gestrichen, die den darunterliegenden Kreidegrund völlig verdeckt. Beim Auftragen des Poliments besteht die Neigung zur Bildung von Rippen oder Wülsten, wogegen der Gebrauch von Kamelhaarpinseln hilft. Lassen Sie das Poliment über Nacht trocknen und decken Sie es zum Schutz gegen Staub usw. gut ab.

Cennino Cennini, der italienische Maler, Schriftsteller und Verfasser des "Trattato della Pittura", regt in seinem Kapitel über das Vergolden an, die Bolus-Tonerde mit Eiweiß anzurühren. Zuerst solle das Eiweiß abgesondert, dann in ein Glas oder eine Schale gegeben, zu einem dicken Schaum geschlagen und zum Klären über Nacht stehengelassen werden. Dann käme die gleiche Menge Wasser nebst der Tonerde hinzu. Weitere Behandlung wie bei geleimtem Poliment. Wir halten dieses Verfahren für wenig wirksam, mit der Ausnahme, daß das Eiklarmaterial weniger von Feuchtigkeit angegriffen wird. Es gibt fertiges Poliment in sogenannten Hütchen, das bereits Eiklar enthält und sehr praktisch ist, wenn nur kleine Mengen benötigt werden. Man braucht nur mit einem nassen Kamelhaarpinsel über ein Hütchen zu streichen und das Material aufzutragen, was bei kleinen Ausbesserungsarbeiten besonders günstig ist.

Endbehandlung des Poliments

Mit einem Leinenlappen polieren Sie nun das Poliment mit größter Vorsicht. Vorher werden möglicherweise Flecken oder kleine Erhebungen in Stecknadelkopfgröße auf der Oberfläche festgestellt. Diese beseitigen Sie zuerst mit feinstem Glaspapier, das Sie vorher zusammendrücken und aneinanderreiben, damit die Schleifwirkung nicht zu stark ist. Jetzt sollte eine dunkelrote, glänzend polierte Fläche entstanden sein. Auch bei diesem Arbeitsgang ist es ratsam, das Werkstück abzudecken, wenn nicht daran gearbeitet wird, denn Fremdkörper wie Staub oder Sand können, so klein sie auch sein mögen, katastrophale Folgen vor oder nach dem Polieren zeitigen.

Umgang mit Blattgold

Für den nächsten Arbeitsgang brauchen Sie das Goldkissen (Abb. 19.2 A), den Anschießer (Abb. 19.2 B), das Messer (Abb. 19.2 C), den Anstauchpinsel (Abb. 19.2 D) mit aufgesteckter Hülse und ein Heft loses Blattgold, ferner einen Napf oder eine Tasse mit reinem Wasser, in das Sie einen Eßlöffel von dem für den Kreidegrund hergerichteten Leim geben. Stecken Sie das Kissen auf den Daumen der linken Hand und richten Sie den Windschutz auf. Öffnen Sie das Blattgoldheft und legen Sie ein Blatt mit Hilfe eines Messers auf das Kissen, einigermaßen glatt ausgerichtet. Wenn Sie jetzt darauf hauchen und alles gutgeht, dürfte es so glatt auf dem Kissen liegen, als wäre es aufgeklebt.

Hauchen Sie nicht auf das Vergoldermesser, denn sonst könnte es das Blattgold aufheben. Um dies zu vermeiden, reiben Sie das Messer hin und wieder mit feinstem Glaspapier ab. Versuchen Sie nicht, das Blattgold auf das Kissen zu blasen, denn dann verschwindet es schnell und ist nur sehr schwer zurückzuholen. Mit dem Messer in der rechten Hand zerteilen Sie das Blattgold, wobei Sie die Messerschneide über ihre ganze Länge aufsetzen. Dann legen Sie das Messer ab und ergreifen dafür den Anschießer, den Sie zwei- oder dreimal schnell über das Haupthaar oder die Wange streichen. Nach dieser leichten

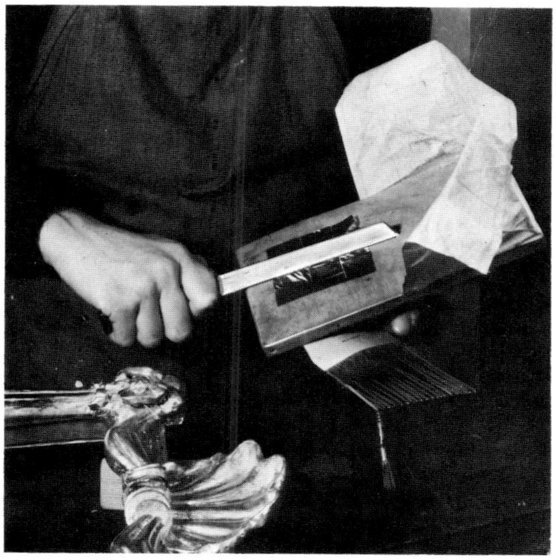

Abb. 20.3 Zerteilen des Blattgoldes auf dem Kissen

Berührung mit Ihrem Hautfett nimmt der Anschießer die Blattgoldstücke mit seiner Kante ohne weiteres auf, halten Sie ihn dann mit Daumen und Zeigefinger unter das Kissen.

Auftragen des Blattgoldes

Jetzt tauchen Sie den Anstauchpinsel in das bereitgestellte Wasser und feuchten die Partie, für die das zugeschnittene Stück Blattgold bestimmt ist, gut an. Dann nehmen Sie den Anschießer mit dem anhaftenden Blattgold und tragen dieses schnell auf, wobei Sie die aufgesteckte Pinselhülse zum Andrücken benutzen. Einige Vergolder benutzen hierfür zwar den Anschießer selbst, was aber wegen der damit verbundenen Nachteile (Nasswerden der Haare usw.) nicht zu empfehlen ist.

Der erste Versuch wird nicht sehr ermutigend ausfallen, doch obwohl das vorstehend beschriebene Verfahren schwierig erscheinen mag, macht auch hier die Übung den Meister. Es ist erstaunlich, wieviele Hefte Blattgold ein geschickter Vergolder an einem Arbeitstag verlegen kann. Für eine gute und rasche Arbeit sollten folgende Richtlinien beachtet werden: Halten Sie Fenster und Türen geschlossen, damit das Blattgold auf dem Kissen liegenbleibt. Schneiden Sie das Material sparsam zurecht. Die Stücke für den Perlschnurstab des Rahmens in Abb. 20.1 sind beispielsweise schmaler als die für die Bandzierleiste. Ansonsten gilt für den Rahmen: Je größer die Blattgoldstücke, desto besser. Nach einiger Übung werden Sie feststellen, daß das Aufnehmen und Verlegen eines halben Goldblatts gar nicht so schwierig ist.

Vermeiden Sie möglichst die Bildung von "Brükken" mit dem Blattgold; wickeln Sie es vielmehr um jede Reliefpartie herum. Auch werden Sie bemerken, daß das Gold nicht haftet, wenn die Oberfläche nicht naß genug ist, und daß zu viel Nässe das Gold fleckig macht und ihm eine gelbe Färbung verleiht, die durch Polieren nicht zu beseitigen ist. Streben Sie gute und saubere Übergänge zwischen den einzelnen Stücken an, indem Sie das bereits aufgelegte Blattgold nicht mit dem Leimwasser in Berührung kommen lassen. Überlappte Stöße hauchen Sie kräftig an und drücken sie mit dem Anstauchpinsel oder auch mit einem Wattebausch schnell glatt.

Abb. 20.4 Auflegen des Blattgoldes mit dem Anschießer

Polieren

Mit dem Achatstein (Abb. 19.2 E) wird das Blattgold nun poliert. Wann damit begonnen werden soll, richtet sich weitgehend nach den atmosphärischen Verhältnissen im Arbeitsraum. Nach etwa einer Stunde polieren Sie zunächst versuchsweise, indem Sie den Achatstein am Arbeitskittel reiben, um ihn zu reinigen und anzuwärmen, und dann auf einer kleinen Fläche hin- und herbewegen – zuerst nur mit dem Eigengewicht des Steins, dann mit geringfügig zunehmendem Druck. Nach ungefähr einer Minute müßte sich ein gewisser Glanz bemerkbar machen. Wenn nicht, unterbrechen Sie die Arbeit für eine Weile und versuchen Sie es dann noch einmal. Für manchen mag dies eine Frage des Temperaments sein, für die es aber keine gewalt-

Abb. 20.5 Polieren mit dem Achatstein

same Lösung gibt. Feuchtes und mildes Wetter ist der Arbeit scheinbar zuträglicher als trockenes Sommerklima, aber das sollte man nicht wörtlich nehmen, auch wenn es stimmen mag. Bis zum Beginn der Polierarbeit ist die Unterbringung in einem feuchten Raum jedenfalls günstiger als in einem sehr trockenen.

Zwischen dem Auftragen des Poliments und dem Polieren sollte nicht zu lange gewartet werden. Ein Tag etwa genügt, denn sonst wird die Grundierung zu hart und läßt sich nicht mehr so einwandfrei polieren. Sollten Sie aus irgendeinem Grunde erst nach 3 bis 4 Wochen zum Polieren kommen, versuchen Sie folgendes: Legen Sie ein Taschentuch über die zu polierende Partie. Ein zweites Taschentuch tauchen Sie in sauberes Wasser, wringen es so weit wie möglich aus und legen es über das trockene. In einer Stunde, je nach Jahreszeit auch weniger, wird das Material wieder zum Polieren bereit sein.

Sie werden bereits bemerkt haben, daß die hochliegenden und runderen Formen beim Polieren den höchsten Glanz annehmen, und so sollte es auch sein. Versuchen Sie das Polieren nicht an Stellen, die selbst der kleinste Achatstein nicht erreichen kann. Lassen Sie diese Bereiche matt, denn die Wirkung der Oberfläche wird durch den Kontrast zwischen Matt- und Hochglanz verstärkt. Der Vergolder legt sich gewöhnlich sogar einen Plan für die verschiedenen Oberflächen zurecht, bevor er seine Arbeit aufnimmt. Zur Hervorhebung der matten Flächen bestreicht man diese üblicherweise mit sehr schwachem Pergamentleim, dem man pro Tasse einen Eßlöffel Malergold beigegeben hat. Eine so behandelte Oberfläche muß auch vorhanden sein, wenn die Vergoldung farbig ausgelegt werden soll.

Nach dem Vergolden und kurz vor dem Polieren können sich bei mangelhafter Deckung rote Tonerdeflecken zeigen. Am schnellsten beseitigt man diese, indem man kleine, übriggebliebene Blattgoldstücke mit dem Zobelhaarpinsel aufnimmt, die Stellen mit Leimwasser betupft und das Blattgold auflegt. Dann haucht man kräftig darauf und drückt das Gold mit einem Wattebausch leicht an. Durch das Anhauchen werden die ungeleimten Flächen miteinander verbunden, und der Polierstein besorgt den Rest.

Schutzüberzug

Poliertes, auf Poliment verlegtes Blattgold braucht normalerweise keinen Schutzüberzug. An Stellen, die oft mit der Hand angefaßt werden, wie Truhengriffe, Kerzenständer usw., bringt man jedoch manchmal einen feinen Silber- oder Zelluloselack an, der den Glanz nicht beeinträchtigt.

Gravierwerkzeuge

Für das Rautenmuster auf dem breiten Rundstab des Rahmens wurden selbstgemachte, sehr stumpfe und den Konturen angepaßte Metall- oder Holzwerkzeuge, für die Punkte ein Gravierstift benutzt. Fertigen Sie zunächst eine Schablone vom Muster an und tragen Sie die Rauten mit Bleistift darauf ein. Um ein wenig Übung zu bekommen und sich ein Bild von dem fertigen Muster zu machen, drücken Sie das Werkzeug in das Papier, und wenn Sie zufrieden sind, übertragen Sie das gleiche Muster auf die Vergoldung. Achten Sie darauf, daß die Oberfläche frei von Bleistiftstrichen und Kohlepapierspuren bleibt. Sie müssen also "freihändig" arbeiten, aber mit Hilfe eines Zirkels und eines Briefpapierblattes, dessen Rand zu geradliniger Führung dient, werden Sie es gewiß schaffen.

Versuchen Sie es zuerst mit den Punkten, indem Sie den Gravierstift senkrecht in das Blattgold drücken. Der Stift darf weder das Blattgold noch das Poliment darunter beschädigen. Sollten Sie hin und wieder einen kleinen roten Tonerdefleck sehen, so lassen Sie ihn stehen, denn er ist dem Gesamteindruck nicht abträglich. Fahren Sie mit den anderen Mustern fort, wobei Sie natürlich die vorher angefertigten Werkzeuge benutzen.

Die kleinen dunklen Blumen in den großen Rauten sind poliert. Um ihre Wirkung zu verstärken, bestreichen Sie den Rest des Rautenmusters mit dünnem Pergamentleim, dem Sie pro Tasse einen Eßlöffel Malergold beigeben. Dadurch entsteht ein leuchtender und schillernder

Glanz. Es gibt zahllose Möglichkeiten. Feine Schrift kann beispielsweise durch Gravieren der Konturen so behandelt werden. Hinterher bestreichen Sie dann den Untergrund mit Leimwasser und lassen die Schrift im polierten Zustand. Es lohnt sich, in ein Museum zu gehen, nur um sich anzuschauen, wie dieses Verfahren auf Temperabildern und auch auf Bilderrahmen angewendet worden ist Nach fachmännischem Polieren "wird das Gold durch seinen eigenen Glanz fast dunkel erscheinen", sagt Cennino Cennini.

Ölvergoldung

Bis jetzt haben wir uns um jenen Glanz bemüht, den nur die Polimentvergoldung erbringen kann. Nun wollen wir uns mit der Ölvergoldung befassen. Der Vergolder, der dieses Verfahren möglicherweise aus wirtschaftlichen Gründen anwenden muß, würde die Grundierung wie bei der Glanzvergoldung anbringen, allerdings nur in zwei oder drei Schichten, so daß der Kreidegrund die Poren und Fasern ausfüllen kann; nachgeschliffen wird mit feinstem Glaspapier.

Jetzt trägt er das Goldgrund- oder Anlegeöl (das sogenannte Mixtion) auf, dem er hellen Ocker beigemischt hat und das zwar trocken werden muß, aber seine Klebrigkeit nicht ganz verlieren darf.

Das Anlegeöl wird gut durchgerührt und mit einem Borstenplattpinsel von geeigneter Größe gründlich und deckend aufgetragen, wobei unbedingt darauf zu achten ist, daß das Öl sorgfältig verstrichen wird; in Hohlräumen dürfen sich keine Pfützen und auf höheren Teilen keine Anhäufungen bilden, die nicht mit der übrigen Fläche zusammen trocknen und das Blattgold nicht festhalten würden. Nach dem Einölen decken Sie das Arbeitsstück zu, damit sich kein Staub darauf ablagern kann. Von Zeit zu Zeit prüfen Sie die Klebrigkeit des Mixtions durch leichte Berührung mit dem Finger, bis dieser fast klebenbleibt. Je trockner das Mixtion, desto besser.

Jetzt schneiden Sie das Blattgold wie bei der Polimentarbeit auf dem Kissen zurecht, tragen es mit dem Anschießer auf und drücken es mit einem Wattebausch an, um den Sie einen alten Leinenlappen gewickelt haben und der in dieser Form auch für Abzieh- oder Transfergold verwendet werden kann. An kleinen und schwer zu erreichenden Stellen benutzen Sie hierfür ein geeignetes Modellierwerkzeug. In diesem Zusammenhang ist darauf hinzuweisen, daß zum Ölvergolden nicht unbedingt Kreidegrund verlegt werden muß, denn das Blattgold kann darauf nicht poliert werden, obwohl es auf Kreidegrund stets besser aussieht. Statt dessen können Sie dem Holz zwei Schichten Vorstrichlack, zum gründlichen Abdecken der Holzstruktur auch drei Schichten geben, diesen mit Glaspapier gut abschleifen und eine Lage Glanzlack darüberstreichen. Wenn Sie sich davon überzeugt haben, daß die Oberfläche einwandfrei glatt und frei von störenden Staubeinlagerungen ist, können Sie das Blattgold anschießen.

Für Außenarbeiten, z.B. an Reklameschildern mit großen Buchstaben und Zeichen, lackieren Sie wie beschrieben vor, verwenden dann jedoch japanisches Mixtion (Japanöl), das in etwa einer halben Stunden klebtrocken ist — sehr wichtig bei der Arbeit im Freien. Hier verwenden Sie immer Transfergold, das zum Schutz gegen Witterungseinflüsse keines Überzugs bedarf. Sollte es nach etwa einem Jahr verschmutzt sein, wischen Sie es vorsichtig ohne Kratzen ab, reinigen es nur mit warmem Wasser und einem sauberen Schwamm und lassen es an der Luft trocknen.

Schriftvergoldung

Auch das übliche Verfahren beim Vergolden von Buchstaben (siehe Kap. 16) soll erwähnt werden. Je nach Materialquerschnitt, Werkstoffart und Kosten gibt es hier mehrere Möglichkeiten. Zum Vergolden eines in Eiche eingestochenen Schriftzuges bestreichen Sie jeden Einstich mit Schellack und anschließend mit Anlegeöl. Das Transfergold wird mit den Fingern und entsprechend geformten Modellierwerkzeugen angedrückt. Wenn die Buchstaben sauber ausgestochen sind, dürfte dies genügen, es sei denn, daß die später durchtretende Holzfaserstruktur Sie stört. Ein besseres Ergebnis wird erzielt, wenn die Struktur ganz ausgefüllt ist.

Ölfarbe ist für solche Arbeiten weniger gut geeignet, weil das Öl gelegentlich an den Oberkanten der Buchstaben austritt und das angeschossene Blattgold an den öligen Stellen ungleichmäßig haftet, statt glatt anzuliegen. Zelluloselacke sind besser. Denken Sie daran, daß ein vergoldeter stumpfer Winkel besser aussieht als ein spitzer, abgesehen davon, daß das Blattgold dabei leichter anzuschießen ist und sich nicht so viel Staub darin ansammeln kann. Sollten sich kleine Blattgoldstücke auf der Oberfläche der Schrifttafel abgesetzt haben, so können sie mit einem Radiergummi leicht entfernt werden. Die Querschnitte B und C (Abb. 16.15) können genauso behandelt werden wie der V-Stich A. Die schrägen Ränder in dem Rundstich C werden jedoch nicht vergoldet.

Abb. 20.6 Königliches Wappen in Eichenholz, durchbrochen und auf einer Mahagonitafel befestigt (hergestellt von Anthony Steel)

Polierte Buchstaben

Für diejenigen, die alle Buchstaben poliert haben möchten – und wie schön das aussieht! – ist hier ein Verfahren, das sich als höchst erfolgreich erwiesen hat und auf den Querschnitt C (Abb. 16.15) angewendet wird. Zunächst bestreichen Sie die gerundeten Buchstabenflächen ein- oder zweimal mit heißem Leim von der Stärke, die auch beim Anrühren von Kreidegrund verwendet wird. Auf einer schrägen Porzellanpalette und mit dem Palettenmesser mischen Sie nun Mennige, Mixtion und Kaseinleim wie folgt: Einem Teelöffel Mennige geben Sie gerade so viel Wasser bei, daß eine gute Durchfeuchtung eintritt. Mit einem Farbpinsel fügen Sie genügend Kaseinleim bei, um die Mischung verarbeitungsfähig zu machen. Mischen Sie mit dem Palettenmesser durch. Ein wenig Mixtion (Lepage-Kleber), etwa die Hälfte der Kaseinleimmenge, geben Sie mit der Messerspitze hinzu und mischen noch einmal durch. Nach dem Mischen dürfen Sie nie Wasser dazugeben. Mit zu wenig Wasser wird die Mischung nach der Behandlung von zwei oder drei Buchstaben steif, mit zu viel Wasser wird die Grundierung schwach und zerbricht unter dem Polierstein zu Pulver. Enthält die Mischung zu viel Mixtion und Leim, so bleibt sie nach dem Auftragen etwa eine Stunde lang als Pfütze stehen. Darin sinkt die Mennige zu Boden und der Leim härtet darüber aus. Dabei bildet er eine Schuppe, die beim Polieren abblättert und pulverförmige Mennige freilegt. Kaseinleim erfordert häufiges Durchmischen. Geben Sie dabei zehn Tropfen Ammoniak hinzu. In einem Behälter, unter dessen Stopfen Sie einen in Kreosot getauchten Wattebausch befestigt haben, hält er sich 3 bis 4 Tage.

Bereiten Sie so viel Grundierungsmittel vor, daß Sie jedesmal etwa 15 Buchstaben von 30 mm Höhe bestreichen können. Die fertige Mischung tragen Sie mit einem Zobelhaarpinsel auf die Buchstaben auf. Nach dem Trocknen haben Sie eine gute Auflagefläche für das Blattgold, das Sie jetzt vorzugsweise in doppelter Lage mit sehr dünnem Eiweiß oder Leim anschießen. Nachdem Sie entsprechend lange gewartet haben, können Sie polieren.

Kapitel 21
Holzarten zum Schnitzen

Bei der Auswahl eines Holzes zum Schnitzen sind verschiedene Punkte in Betracht zu ziehen. Es kann z.B. das äußere Erscheinungsbild von ausschlaggebender Bedeutung sein, weil das Schnitzwerk zu seiner Umgebung passen, eine attraktive oder einfache Maserung haben oder eine passende Färbung aufweisen muß. Dieses Äußere spielt andererseits keine große Rolle, wenn es bemalt oder vergoldet werden soll. Die Haltbarkeit ist natürlich bei Schnitzwerken wichtig, die der Witterung ausgesetzt sind. Auch bei solchen, die sich nicht im Freien befinden, hat die Haltbarkeit ihre Bedeutung, weil einige Hölzer mehr als andere unter dem Holzwurm zu leiden haben. Auch die Größe des Schnitzwerks ist zu berücksichtigen, denn kleine Figuren erfordern ein feinringiges (dichtfaseriges) Hartholz, während für große Bildwerke eine Holzart zu wählen ist, die in entsprechend großen Abmessungen beschafft werden kann. Vom rein technischen Standpunkt aus wäre schließlich noch hinzuzufügen, daß bestimmte Hölzer wesentlich leichter als andere zu schnitzen sind; sie sind zwar fest genug zum sauberen Ausstechen, aber nicht übermäßig hart.

Abb. 21.1 Engel in Lindenholz, frühes 16. Jahrhundert (geschnitzt von Tilman Riemenschneider)

Sehr häufig muß zwischen diesen Anforderungen ein Kompromiß geschlossen werden. Die folgende Aufstellung enthält die Eigenschaften verschiedener, zum Schnitzen verwendeter Holzarten mit Angaben über Färbung und Gewicht, letzteres in Kilogramm pro Kubikfuß (28,3 dm^3) im trockenen Zustand. Da Holz ein naturgewachsener Werkstoff ist, muß in dieser Hinsicht natürlich mit starken Abweichungen gerechnet werden. Eine allgemeine Gewichtsangabe ist dennoch nützlich, denn man kann anhand dieser das Gewicht eines unbekannten Holzes mit dem einer bekannten Holzart vergleichen. Wenn Sie beispielsweise bisher meistens in Eiche gearbeitet haben und das Gewicht dieses Holzes zum Vergleich heranziehen, dann können Sie sich von dem Gewicht eines Holzes, mit dem Sie nicht vertraut sind, eine ganz gute Vorstellung machen.

Linde (Tilia vulgaris)

Ca. 17 kg; gelblich-weiße Färbung, feinringig mit geringer Maserung; gut zum Schnitzen, da fest, aber nicht übermäßig hart; nicht besonders haltbar und anfällig für Nagekäfer, im trockenen Zustand formbeständig.

Nußbaum (Juglans regia)

18–20 kg; etwas kalte Braunfärbung, ziemlich feinringig und vielfach fein gemasert, manchmal jedoch nach Aufsägen ungemasert; in jeder Hinsicht gut zum Schnitzen; für Schnitzwerke in geschlossenen Räumen ausgezeichnet, aber anfällig für Nagekäferbefall; im trockenen Zustand formbeständig. Der schwarze amerikanische Nußbaum ist etwas leichter und nicht so üppig gemasert, aber dennoch ein gutes Holz zum Schnitzen.

Honduras-Mahagoni (Swietenia macrophylla)

15–17 kg; rotbraune Färbung, mittelfein geringt; Maserung zwischen sehr üppig und fast ungemasert stark unterschiedlich; gut zum Schnitzen, besonders die geradfaserigen Arten; Faserverlauf bei einigen Arten allerdings schwierig, da Streifen mit geänderter Richtung auftreten; gut für Schnitzwerke in geschlossenen Räumen, unanfällig für Käferbefall; formbeständig.

Kuba-Mahagoni (Swietenia mahagoni)

18 kg; dunkle rotbraune Färbung mit kalkigweißen Porenablagerungen; Maserung unterschiedlich von arm bis üppig; härter als Honduras-Mahagoni; gut zum Schnitzen und Polieren, neigt jedoch zur Brüchigkeit; formbeständig; schwierig zu beschaffen.

Afrikanisches Mahagoni (Khaya ivorensis)

14–18 kg, je nach Art; rotbraune Färbung; sehr unterschiedlich in der Qualität, manchmal wollig und grobgeringt; mittelhart bis verhältnismäßig weich; einige Arten sind gut, andere weniger gut zum Schnitzen; verschiedentlich besteht Neigung zum Verdrehen in Längs- und Querrichtung.

Englische Eiche (Quercus robur)

20–23 kg; im allgemeinen hart, jedoch gut zum Schnitzen; grobringig und daher ungeeignet für kleine zierliche Schnitzwerke; haltbar und im getrockneten Zustand formbeständig, jedoch Neigung zum Verwerfen bei Platten mit liegenden Jahresringen. Im Quartierschnitt gesägte Platten (Bretter) zeigen die üppige silberige Maserung (Strahlen), die von unregelmäßigen Markierungen bis zu kleinen Flecken unterschiedlich sein kann. Im Quartierschnitt gesägte Bretter sind am verläßlichsten.

Birnbaum (Pyrus communis)

Ca. 22 kg; blasse gelblich-rote Färbung; ausgezeichnet zum Schnitzen, gleichmäßiges Gefüge, glatt auszustechen; Neigung zum Verwerfen, falls nicht sorgfältig getrocknet.

Europäische Eiche

Ähnliche Eigenschaften wie die englische Eiche, jedoch ist das Holz im allgemeinen weicher.

Japanische Eiche (Quercus mongolica)

Leichter als die englische Eiche, jedoch ähnlich im Aussehen; weicher und grober geringt, jedoch gut zum Schnitzen und im getrockneten Zustand formbeständig.

Weißahorn (Acer preudoplantatus)

Ca. 17 kg; milchweiße Färbung, die jedoch bei Freilegung in ein weniger ansehnliches Gelbbraun übergeht; in praktischen Größen erhältlich; feinringig und ziemlich schwer zu schnitzen; im getrockneten Zustand formbeständig.

Teak (Tectona grandis)

20 kg; kalte gelbbraune Färbung, manchmal mit schwarzen Streifen; grob geringt und fettig; schlecht zu leimen, aber gut zum Schnitzen und hervorragend für Schnitzwerke in geschlossenen Räumen; formbeständig.

Agba (Gossweilerodendron balsamiferum)

Ca. 14 kg; in der Färbung gelblich-rosa bis rotbraun; mittelfein geringt und ziemlich weich; gut zum Schnitzen.

Kiefer

Gewaltige Unterschiede in Art und Qualität. Weimutskiefer (Pinus strobus) bester Sorte läßt sich gut schnitzen, jedoch nur mit scharfen Werkzeugen mit langen Schneidenfasen. Die Riga-Kiefer (Pinus sylvestris) ist nicht gut geeignet, denn abwechselnd harte und weiche Fasern erschweren die Schnitzarbeit, scharfe Beitel auch hier wesentlich; astige Platten sollten vermieden werden; Parana-Kiefer ist zum Schnitzen nicht geeignet.

Padouk oder Rotholz

(Pterocarpus dalbergioides)

24—17 kg, lebhafte rötliche Färbung, verschiedentlich dunkler gestreift; bei Freilegung besteht Neigung zum Verblassen und Verdunkeln; ziemlich grob geringt und daher ungeeignet für kleine zierliche Arbeiten; dennoch trotz Härte gut zum Schnitzen.

Kompakte Harthölzer

Hierzu gehören Ebenholz, Pockholz (Lignum vitae), Buchsbaum, Rebhuhnholz, Kokosholz usw. Sie werden meistens nach Gewicht verkauft und sind nur in verhältnismäßig kleinen Größen erhältlich. Durch ihre dichte kompakte Faser sind sie für kleine Schnitzereien geeignet, setzen jedoch den Werkzeugen starken Widerstand entgegen. Lange und schlanke Schneidenfasen sind nutzlos und neigen zum Ausbrechen.

Häufig werden zum Schnitzen Graviermeißel verwendet, jedenfalls am Hirnholz.

Stichwortverzeichnis

Stichwortverzeichnis

Stichwortverzeichnis

BEISPIELE AUS DEM BUCHPROGRAMM

AUGUSTUS VERLAG AUGSBURG

Johann Friedrich Welsch

Vollständige Anweisung zur Restauration der Gemälde

Öl-, Wachs-, Tempera-, Wasser-, Miniatur- und Pastellfarben. Unveränderter fotomechanischer Nachdruck der Quedlinburger und Leipziger Ausgabe von 1834. 132 Seiten, Format 17,5 x 10,5 cm, gebunden.
ISBN 3-8043-2671-4

Dieses Buch zeigt dem Leser die Restaurierungs- und Erhaltungspraxis von alten Gemälden zu Beginn des 19. Jahrhunderts. Damals konnte sich ein Restaurator nicht auf eine profunde Ausbildung in handwerklichen, materialkundlichen, naturwissenschaftlichen und kunsthistorischen Kenntnissen stützen, wie sie der Spezialist heutzutage hinter sich hat. Damals erwarb man sich lediglich ein mehr oder weniger zufälliges und lückenhaftes Erfahrungswissen. Der Leser erfährt einiges über die zeittypischen ästhetischen Zielvorstellungen, die der damaligen Restaurierungspraxis zugrunde lagen.

Besonders interessant ist dieses Buch für den fachhistorisch interessierten Gemälderestaurator. Er kann anhand der vielen aufgeführten Rezepturen erkennen, wie und mit welchen Substanzen Kunstgegenstände vor 150 Jahren behandelt worden sind. Dies kann für die richtige Restaurierungsmethode heute entscheidend sein.

George Buchanan

Möbelrestaurierung – selbstgemacht

Eine Anleitung in rund 1000 Bildern

1988, 285 Seiten, darunter 15 s/w- und 6 Farbfotos, Format 21 x 29,6 cm, gebunden.
ISBN 3-8043-2633-1

Der Autor zeigt, wie jeder aus alten Möbelstükken wertvolle Antiquitäten machen kann. Er erklärt Grundlegendes zu Werkzeugen und Maschinen und beschreibt die wichtigsten Hölzer, ihre Eigenschaften und Verwendungsmöglichkeiten. Die Restaurierung selbst kann der Leser anhand von 1000 Bildern einfach nachvollziehen: vom einfach zu restaurierenden Tisch bis zu „schwierigen Fällen“ wie fast völlig zerstörten Stühlen und Kommoden. Die notwendigen Techniken der Holzbearbeitung werden lückenlos erklärt: vom Drechseln über das Furnieren bis zum Ausbessern von Lackschäden.

Beispiele aus dem Buchprogramm

Augustus Verlag
Augsburg

Bruce Boulter

Holzdrehen

Künstlerisches Drechseln in Freizeit und Beruf in 488 Bildern

1989, 176 Seiten, 488 Schritt-für-Schritt-Fotos, Format 21 x 29,6 cm, gebunden.
ISBN 3-8043-2660-9

„Holzdrehen in Bildern" macht den Leser Schritt für Schritt mit den elementaren Arbeiten und Techniken des Drechslers vertraut. Bruce Boulter beginnt mit dem Schärfen der Werkzeuge und beschreibt an einer Vielzahl von Arbeiten deren Funktion und Handhabung. Beim Längsdrechseln von Vasen, Pfeffermühlen und Leuchten wie beim Quer- und Hohldrechseln von Schalen, Behältern und Deckeln wird der Leser in die Problematik eingeführt und zur Entwicklung eigener Ideen und Techniken angeregt.

Bruce Boulter

Holzdrehen für Fortgeschrittene

in 487 Bildern

1987, 152 Seiten, 487 Schritt-für Schritt-Fotos, Format 21 x 29,6 cm, gebunden.
ISBN 3-8043-2592-0

Die Weiterführung des Bandes „Holzdrehen — Künstlerisches Drechseln in Freizeit und Beruf". Auf diesem vorhandenen Wissen baut der Autor auf und behandelt das Drechseln von Schichthölzern und ihre Verarbeitung zu Hohlkörpern. Der Vorteil dieser Methode: weitaus weniger Holz-Abfälle. Ein Beispiel: beim Drechseln von Schalen aus einem aus Holzschichten aufgebauten Rohling kann man $^{2}/_{3}$ des Abfalls sparen (enorme Materialkosten-Ersparnis!). Außerdem können nur mit Schichthölzern spezielle dekorative Effekte erzielt werden.

Beispiele aus dem Buchprogramm

Augustus Verlag Augsburg

Hal Rogers / Ed Reinhardt

Bilderrahmen selbstgemacht

Anleitung in 430 Fotos

1989, 137 Seiten, 430 Demonstrations-Fotos und zahlreiche Zeichnungen, Format 21 x 29,6 cm, gebunden.
ISBN 3-8043-0105-3

Ein vollständiges, praktisches Arbeitsbuch für die Anfertigung von über 80 Rahmen. Versehen mit Hunderten von Schritt-für-Schritt-Fotos ist dieser Band lückenlose Anleitung für jeden, der perfekte Bilderrahmen preiswert selbermachen will. Mit einer Handvoll Werkzeugen und nur ein paar grundlegenden Rahmentypen demonstrieren die Autoren

— wie man jeden Rahmenstil vom Beginn bis zum Ende ausführt
— wie man das Werkzeug auswählt und benutzt
— wie man die einzelnen Rahmenteile abmißt, schneidet, leimt, nagelt, festklemmt, trimmt, verbindet, zusammensetzt und montiert
— wie man antike Rahmen restauriert

und anderes mehr.

Jeff Burke / Fiona Nevile / Ron Fuller / Dik Garrood

Holzspielzeug zum Selbermachen

1989, 142 Seiten, durchgehend Farbfotos, Schnittskizzen und Montage-Zeichnungen, Format 22 x 25,5 cm, gebunden.
ISBN 3-926187-81-6

Robustes und bunt bemaltes Spielzeug für Kinder von 6 Monaten bis 8 Jahre — selbstgemacht aus massivem Holz. Reich bebilderte Schritt-für-Schritt-Bauanleitungen • ein lustiges Mobile mit bunten Häschen schon für die Kleinsten • ein stabiles und sicheres Go-Kart mit lenkbarer Vorderachse • ein geräumiges Puppenhaus • ein Feuerwehrauto mit aufklappbarer Leiter • eine Rechentafel mit bunten Kugeln • ein Steckenpferd • ein bewegliches Wandbild • und vieles mehr. Jedes Spielzeug wird auf einem großen Farbfoto gezeigt, präzise Schnitt-Zeichnungen mit Maßangaben und Montage-Abbildungen machen das Selberbauen einfach. Zusätzliche Erleichterungen bringen übersichtliche Tabellen der benötigten Materialien und Werkzeuge.